Doğan Tezel
Ali Tuğutlu

Sprachkurs Türkisch

Schnell & intensiv

Übungsbuch

Hueber Verlag

Das Werk und seine Teile sind urheberrechtlich geschützt.
Jede Verwertung in anderen als den gesetzlich zugelassenen
Fällen bedarf deshalb der vorherigen schriftlichen
Einwilligung des Verlags.

Hinweis zu § 52ª UrhG: Weder das Werk noch seine Teile dürfen ohne
eine solche Einwilligung überspielt, gespeichert und in ein Netzwerk
eingespielt werden. Dies gilt auch für Intranets von Firmen, Schulen
und sonstigen Bildungseinrichtungen.

Eingetragene Warenzeichen oder Marken sind Eigentum des jeweiligen Besitzers,
auch dann, wenn diese nicht gekennzeichnet sind. Es ist jedoch zu beachten,
dass weder das Vorhandensein noch das Fehlen derartiger Kennzeichnungen
die Rechtslage hinsichtlich dieser gewerblichen Schutzrechte berührt.

4.	3.	2.		Die letzten Ziffern
2017	16	15	14	13	bezeichnen Zahl und Jahr des Druckes.

Alle Drucke dieser Auflage können, da unverändert,
nebeneinander benutzt werden.
1. Auflage
© 2011 Hueber Verlag, 85737 Ismaning, Deutschland
Umschlaggestaltung: creative partners GmbH, München
Umschlagfotos: Basar © mauritius images/Author's Image, Tee © fotolia/matttilda
Redaktion: Jürgen Frank, Hueber Verlag, Ismaning
Satz: Sieveking · Verlagsservice, München
Druck und Bindung: APPL, aprinta druck, Wemding
Printed in Germany
ISBN 978–3–19–005414–5 (Package)
01.5414 (Buch)

Inhalt

Vorwort   6

Ders 1: Merhaba *Guten Tag*   9

Situationen: jemanden begrüßen, sich und andere vorstellen, etwas verneinen, buchstabieren, um Wiederholung bitten

Grammatik: die Personalpronomen, das türkische Alphabet, Vokale, stimmlose und stimmhafte Konsonanten, *değil* (nicht, kein), die zweiförmige Vokalharmonie, das Pluralsuffix *-ler/-lar*

Wortschatz: Begrüßung, erste Kontakte, die Anredeformen *Bey* (Herr) und *Hanım* (Frau)

Ders 2: Nasılsınız? *Wie geht es Ihnen?*   25

Situationen: nach dem Befinden fragen und darauf antworten, etwas in einem Teegarten bestellen, sich verabschieden, sich bedanken

Grammatik: die Personalpronomen und Personalsuffixe des 1. Typs, die Fragewörter *nasıl?* (wie?), *ne?* (was?) und *kim?* (wer?), die Demonstrativpronomen *bu, şu, o*, die Possessivpronomen und Possessivsuffixe *benim* (mein), *senin* (dein) und *sizin* (euer/Ihr), *ya und ve* (und), die Partikel *de* (auch), das Verneinungswort *değil* (nicht, kein), die vierförmige Vokalharmonie

Wortschatz: höfliche Bitten, Verabschiedung, Familienmitglieder, Zahlen bis 100

Ders 3: Nerelisin? *Woher kommst du?*   43

Situationen: fragen und angeben, welche Nationalität man hat, aus welcher Stadt man ist, wo man wohnt und welche Telefonnummer man hat

Grammatik: die Fragepartikel *mi*, das Suffix *-li* zur Herkunftsangabe, der Lokativ und das Lokativsuffix *-de*, die Fragewörter *nerede?* (wo?), *kimde?* (bei wem?) und *nereli?* (woher?), die Personalpronomen im Lokativ, die Ortspronomen *burada* (hier), *şurada* (da) und *orada* (dort)

Wortschatz: Ländernamen und Nationalitätsbezeichnungen, Zahlen bis 1.000.000

Ders 4: Ne iş yapıyorsun? *Was bist du von Beruf?*   59

Situationen: über den Beruf und den Arbeitsplatz sprechen, das Alter und den Familienstand angeben, fragen und sagen, wohin man geht und woher man kommt, Zufriedenheit und Unzufriedenheit ausdrücken

Grammatik: Wiedergabe von „haben": *var, yok*, das Suffix *-ci*, das Suffix *-lik*, der Vokalausfall, der Singular bei Mengenangaben, der Dativ mit *-(y)e*, der Ablativ mit *-den*, der Zirkumflex ^, der Konsonantenwechsel, das *-yor*-Präsens

Wortschatz: Berufe, Arbeitsplatz, persönliche Angaben (Alter, Familienstand, Kinder)

Inhalt

Ders 5: Hadi sen de gel! *Komm doch mit!*   79

Situationen: nach der Uhrzeit fragen, die Uhrzeit angeben, den Tagesablauf beschreiben, nach Freizeitaktivitäten fragen, Freizeitaktivitäten angeben, etwas kaufen

Grammatik: der Akkusativ, die Fragewörter *saat kaç?* (wie spät?) und *saat kaçta?* (um wie viel Uhr?), die Suffixe *-li* und *-siz,* Zeitadverbien, die Postpositionen *-den beri* (seit), *-den önce* (vor) und *-den sonra* (in, nach), der Imperativ

Wortschatz: Uhrzeit, Freizeitaktivitäten, Alltag, im *muhallebici*

Ders 6: Buralarda seyahat acentesi var mı? *Gibt es hier in der Nähe ein Reisebüro?*   97

Situationen: eine Reise planen, sich nach einem Hotel erkundigen, einen Wunsch bzw. eine Absicht äußern, fragen und angeben, wo etwas gelegen ist, nach dem Weg fragen, den Weg beschreiben, nach Sprachkenntnissen fragen, Sprachkenntnisse beschreiben

Grammatik: *istemek* (möchten, wollen), der Genitiv und die Genitiv-Possessiv-Verbindungen, Possessivpronomen und Possessivsuffixe, die Postposition *ile* (mit), *var* (haben) und *yok* (nicht haben) in Genitiv-Possessiv-Verbindungen, zusammengesetzte Substantive, der Bindekonsonant *-n-* (pronominales *-n-*), Orts- und Richtungsangaben, die Postposition *-(y)e kadar* (bis, bis zu/nach), das Suffix *-ce* für Sprachbezeichnungen

Wortschatz: Reisen, Urlaubsaktivitäten, Wochentage, Himmelsrichtungen, Verkehrsmittel, Sprachbezeichnungen

Ders 7: Ne içelim? *Was wollen wir trinken?*   115

Situationen: ein Zimmer buchen, etwas in einem Restaurant bestellen, die Rechnung bezahlen, über das Essen sprechen, eine höfliche Bitte äußern, einen Vorschlag machen, einen Wunsch äußern

Grammatik: *-mek niyetinde olmak* (wollen, vorhaben, beabsichtigen), die Postposition *-(y)e kadar* (bis) und *-den ... -(y)e kadar* (von ... bis), die Postposition *-(y)e doğru* (gegen), die Postpositionen *dahil* (inklusive, mit) und *hariç* (exklusive, ohne), die Wunschform, das *r*-Präsens (der Aorist), das Suffix *-lik*, die Ordnungszahlen und das Suffix *-(i)nci*

Wortschatz: im Hotel, an der Rezeption, im Restaurant, Speisen und Getränke

Inhalt

Ders 8: Geçmiş olsun! *Gute Besserung!*   135

Situationen:	nach körperlichen Beschwerden fragen, Beschwerden angeben, fragen und angeben, wo es jemandem weh tut, einen Rat geben, über etwas berichten, telefonieren, fragen und angeben, ob etwas möglich ist, eine höfliche Bitte/Frage formulieren, sagen, was man gemacht hat
Grammatik:	der Vokalausfall *boyun-boynu*, die Fragewörter *ne?, nere?* und die Ortspronomen *bura, şura, ora* mit den Possessivsuffixen, die Postposition *-(y)e karşı* (gegen), die Vergangenheit auf *-di*, das Suffix *-sin* (er/sie soll), *demek* (sagen, meinen), die direkte Rede mit *demek*, die Wiedergabe von „können" und „dürfen"
Wortschatz:	beim Arzt, Körperteile, Krankheiten, körperliche Beschwerden, Medikamente, Freizeitaktivitäten, Arbeiten im Haushalt

Ders 9: Bize ne lazım? *Was brauchen wir?*   157

Situationen:	über das Einkaufen sprechen, sagen, was man braucht, auf dem Wochenmarkt einkaufen, die Menge angeben, nach dem Preis fragen, den Preis angeben, sagen, was man machen muss, weitererzählen, was man erfahren hat, über die Wohnung sprechen, etwas vergleichen, sagen, was man gern macht, Eigenschaften erfragen und angeben
Grammatik:	*lazım* (brauchen), *lazım* (müssen), die Postposition *için* (für), die Vergangenheit auf *-mış* und die grammatikalische Form *imiş*, die Verbalsubstantive auf *-mek* und *-me* (der Vollinfinitiv und der verkürzte Infinitiv), Infinitivsätze mit „zu", Graduierung und Steigerung der Adjektive (der Komparativ und der Superlativ), Vergleichssätze
Wortschatz:	Obst und Gemüse, Mengenangaben, Wohnungsvokabular

Ders 10: Sizi çok özleyeceğim *Ich werde euch sehr vermissen*   177

Situationen:	sagen und fragen, was man vorhat, Gefallen und Missfallen ausdrücken (*beğenmek, hoşa gitmek*), die Abflugzeit und den Abflugort erfragen und angeben, Kleidung kaufen, über Kleider sprechen, über das Wetter sprechen
Grammatik:	das Futur und das Futursuffix *-(y)ecek*, das Konverb auf *-(y)ip*, die Fragewörter *nasıl bir?* (was für ein?) und *hangi?* (welcher?), das Fragewort *kaç?* (am wievielten?), das Reflexivpronomen *kendi* (eigen, selbst)
Wortschatz:	Kleidung, Farben, Jahreszeiten, Monatsnamen, Wetter

Anhang   195

Grammatikübersicht	196
Wiedergabe der CD-Übungen und Lösungen der schriftlichen Übungen	208
Alphabetischer Wortschatz Türkisch – Deutsch	239

Vorwort

Hoş geldiniz (Herzlich willkommen)! Sie haben eine gute Wahl getroffen: Mit dem **Sprachkurs Türkisch** können Sie auf unterhaltsame Weise Grundkenntnisse des Türkischen erwerben. Bitte lesen Sie sich diese Einleitung aufmerksam durch, denn Sie erhalten wichtige Hinweise zur Benutzung des Kurses sowie eine detaillierte Beschreibung des Lektionsaufbaus.

Hinweise zur Benutzung des Kurses

Da Ihnen kein(e) Lehrer(in) zur Verfügung steht, sollten Sie alle Hilfsmittel nutzen, die Ihnen das Buch und die CDs bieten. Ein Inhaltsverzeichnis mit den Lernzielen jeder Lektion finden Sie auf den Seiten 3–5. Bitte lesen Sie sich die entsprechenden Angaben durch, bevor Sie eine neue Lektion beginnen. Im Anhang finden Sie die Lösungen der schriftlichen Übungen, den Text der CD-Übungen sowie ein alphabetisches Wörterverzeichnis.

Bitte arbeiten Sie die Lektionen der Reihe nach durch, da sie aufeinander aufbauen. Die Sprachaufnahmen folgen genau den einzelnen Schritten im Buch. Wo Sie das Piktogramm finden, sollen Sie mit der CD arbeiten. Im Piktogramm stehen jeweils zwei Zahlen: Die erste gibt an, um welche der drei CDs es sich handelt, die zweite den Track, den Sie ansteuern können.

Ein Selbstlernkurs gibt Ihnen die Möglichkeit, Tempo, Rhythmus und Intensität des Lernprozesses selbst zu gestalten. Versuchen Sie daher, Ihre eigene Lernstrategie zu entwickeln. Sie kennen sich selbst am besten und wissen, ob Ihnen das Lernen z. B. morgens oder abends leichter fällt. Bedenken Sie aber, dass es sinnvoller ist, öfter und in kurzen Lernperioden zu arbeiten, statt einmal im Monat einen Lerntag einzulegen.

Hören Sie sich so oft wie möglich die CDs an. Wiederholen Sie auch die Lektionen, die Sie bereits bearbeitet haben. Dadurch wird das Gelernte vertieft und Ihr Ohr gewöhnt sich schneller an die fremde Sprache. Das kommt auch Ihrer Aussprache zugute. Nehmen Sie das von Ihnen Gesprochene selbst auf und vergleichen Sie es kritisch mit dem von den Sprechern..

Finden Sie heraus, wie Sie am besten Vokabeln lernen. Sie können sich selbst testen, indem Sie die deutsche Übersetzung des Wortschatzes am Ende jeder Lektion abdecken. Sie können es auch umgekehrt machen und aus dem Deutschen ins Türkische übersetzen, obwohl Ihnen das wahrscheinlich schwerer fallen wird.

Vorwort

Lektionsaufbau
Jede Lektion (*Ders*) besteht aus den folgenden Teilen:
- *Konuşmalar* **(Dialoge)**
  Türkische Lehrdialoge
  Deutsche Übersetzung
  Sözlü Alıştırmalar (Übungsdialoge)
  Erläuterungen zu Grammatik, Wortschatz und Landeskunde
- *Dilbilgisi* **(Grammatik)**
  Tabellen, Regeln und Beispiele
- *Alıştırmalar* **(Übungen)**
  Yazılı Alıştırmalar (Schriftliche Übungen)
  CD Alıştırmaları (CD-Übungen)
- *Kelime Dağarcığı* **(Wortschatz)**
  Zusammenfassung wichtiger Wörter und Redewendungen der Lektion
  Zusätzlicher Wortschatz

Konuşmalar **(Dialoge)**
Jede Lektion besteht aus drei Dialogen. Diese bilden mit den Übungsdialogen (*Sözlü Alıştırmalar*) sowie den Erläuterungen zu Grammatik, Wortschatz und Landeskunde den ersten Teil einer Lektion.

Sämtliche Dialoge können Sie auf der CD hören und im Buch auf Türkisch und in der deutschen Übersetzung mitverfolgen (die wörtliche Übersetzung bzw. die stilistisch korrekte Formulierung ist in einigen Fällen in Klammern angegeben, um Ihnen die türkische Konstruktion zu verdeutlichen). Unmittelbar nach einem Dialog folgen in der Regel zwei Übungsdialoge, die ebenfalls auf CD aufgenommen sind. Der Sinn dieser Übungen ist es, eine wichtige in den Dialogen vorkommende Wendung zu trainieren, indem Sie selbst einen Teil des Dialogs sprechen. Nachdem Sie gesprochen haben, hören Sie die richtige Antwort von einer Sprecherin oder einem Sprecher zur Kontrolle. Sie finden im Buch und auf der CD immer zunächst ein Beispiel. Der Teil, den *Sie* sprechen sollen, ist im Buch mit einem ▶ markiert. Neben dem Beispieldialog finden Sie Angaben, mit denen Sie die von Ihnen zu sprechenden Wendungen abändern sollen. Den vollständigen Text der Übungsdialoge finden Sie im Anhang. Was Sie sagen sollen, ist auch dort mit einem ▶ gekennzeichnet.

Bitte hören Sie sich jeden Dialog mindestens drei Mal an:
- das erste Mal, ohne ins Buch zu schauen; versuchen Sie dabei, möglichst viel mithilfe Ihres Vorwissens zu verstehen;
- das zweite Mal, indem Sie den türkischen Text im Buch mitlesen;
- das dritte Mal, nachdem Sie sich vorher die deutsche Übersetzung durchgelesen haben.

Vorwort

Dilbilgisi (Grammatik)
Jede Lektion enthält einen Grammatikteil mit Übersichten, Regeln und Beispielen.

Alıştırmalar (Übungen)
- Schriftliche Übungen zur Festigung der Grammatik; die Lösungen finden Sie im Anhang.
- CD-Übungen in Form von Verständnis- und Sprechübungen, in denen Sie das Gelernte in die Praxis umsetzen sollen. Auch diese Übungen sind wieder im Anhang abgedruckt.

Kelime Dağarcığı (Wortschatz)
Der Wortschatz bildet die letzte Einheit einer Lektion. Hier finden Sie zweispaltig angeordnet zum besseren Lernen die wichtigsten Wörter und Redewendungen der Lektion thematisch gegliedert und ins Deutsche übersetzt sowie weiteren Wortschatz zum Thema der Lektion.

Und nun wünschen wir Ihnen viel Spaß und *başarılar!* (viel Erfolg!) mit dem **Sprachkurs Türkisch**.

1 Ders

Merhaba

1 Ders
Merhaba

Konuşma 1

Leyla ● stellt Yusuf ◆ auf einer Party in Istanbul ihre Freundin Heike ▲ vor.

◆ İyi akşamlar Leyla.
● Merhaba Yusuf. Nasılsın?
◆ Sağ ol, iyiyim. Ya sen?
● Ben de iyiyim. Tanıştırayım: Heike, Yusuf.
▲ Memnun oldum, Yusuf.
◆ Ben de memnun oldum, Heike.

◆ Guten Abend, Leyla.
● Hallo, Yusuf. Wie geht es dir?
◆ Danke, gut. Und dir?
● Es geht mir auch gut. Darf ich vorstellen: Heike, Yusuf.
▲ Sehr erfreut, Yusuf.
◆ Auch sehr erfreut, Heike.

Ders 1
Merhaba

Begrüßung

Morgens wünscht man sich mit *günaydın* wörtlich einen „hellen Tag" (*aydın* = hell, klar, aufgeklärt), was dem deutschen „guten Morgen" entspricht.
Tagsüber begrüßt man sich mit *iyi günler* (guten Tag) und in den Abendstunden mit *iyi akşamlar* (guten Abend). Beides kann man auch als Abschiedsgruß im Sinne von „einen schönen Tag/Abend noch" verwenden. *Merhaba* (grüße dich/Sie, hallo) kann den ganzen Tag über sowohl unter Freunden als auch in formellen Situationen wie z. B. bei einem Geschäftstreffen gebraucht werden. Unter Freunden ist auch *selam* (grüße dich, hallo) üblich.
Mit *iyi geceler* (gute Nacht) verabschiedet man sich vor dem Schlafengehen, aber auch zu später Stunde.

Jemanden vorstellen

Mit *Tanıştırayım* (Darf ich vorstellen, wörtlich: Ich möchte/lass mich vorstellen) wird man jemandem vorgestellt. *Tanıştırayım* wird im Alltag oft als *tanıştırıym* ausgesprochen. Darauf reagiert man mit *Memnun oldum* (Sehr erfreut, wörtlich: Ich habe mich gefreut).

Alphabet und Aussprache

Das Türkische ist in phonetischer Hinsicht dem Deutschen sehr ähnlich. Fast alle türkischen Laute gibt es auch im Deutschen, aber die Schriftzeichen, die diesen Lauten zugeordnet sind, unterscheiden sich in einigen Fällen.
Türkisch wird seit 1928 mit lateinischen Schriftzeichen geschrieben (davor mit arabischen). Das türkische Alphabet besteht aus 29 Buchstaben: *Aa, Bb, Cc, Çç, Dd, Ee, Ff, Gg, Ğğ, Hh, Iı, İi, Jj, Kk, Ll, Mm, Nn, Oo, Öö, Pp, Rr, Ss, Şş, Tt, Uu, Üü, Vv, Yy, Zz.*

Die Vokale *(a, e, ı, i, o, ö, u, ü)* sind in der Regel kurz. Man spricht z. B. das türkische *u* wie in „Mutter", aber nicht wie in „Mut". Das *ı* entspricht einem sehr dumpfen *i*, ähnlich dem *e* in „kommen" oder „machen".

1 Merhaba

Beachten Sie auch, dass das *ı, I* ohne Punkt, aber das *i, İ* mit einem Punkt auch auf dem Großbuchstaben geschrieben wird.
Türkische Wörter enthalten keine Doppelvokale, sie kommen aber in Lehnwörtern oder in zusammengesetzten Wörtern vor. Dann werden beide Vokale hörbar ausgesprochen.

Das Türkische hat 21 Konsonanten, die in zwei Gruppen eingeteilt werden:

stimmhaft	b	c	d	g	ğ		j	l	m	n	r	v	y	z
stimmlos	p	ç	t	k		h	ş					f		s

- Das *ğ (yumuşak g,* wörtlich: weiches g) dehnt den vorangehenden Vokal und entspricht dem deutschen „h" nach einem Vokal, z. B. in „Ahnung". Es kommt nie am Wortanfang vor.
- Das stimmhafte *c* wird wie „dsch" in „Job" oder „Dschungel" gesprochen.
- Das stimmlose *ç* entspricht dem deutschen „tsch" in „Tschechien".
- Das stimmlose *ş* entspricht dem deutschen „sch" in „schön".
- Das *j* wird wie ein stimmhaftes „sch" gesprochen, z. B. wie „j" in „Journalist", und kommt nur in Lehnwörtern vor.
- Das *s* ist im Türkischen stimmlos, wie das Doppel-s im Deutschen, z. B. in „Kasse" oder „lassen".
- Das *z* entspricht dem deutschen stimmhaften „s" im Anlaut, z. B. in „Sonne" oder „Sahne".
- Das *v* ist stimmhaft und entspricht dem deutschen „w" in „Winter".
- Das *y* wird wie das deutsche „j" in „ja" ausgesprochen.
- Das türkische *h* wird schwächer als das deutsche gehaucht.

Sözlü Alıştırmalar

Hören Sie sich zuerst den Beispieldialog an und sprechen Sie dann selbst nach dem Muster, indem Sie die Angaben verwenden. Der von Ihnen zu sprechende Teil ist jeweils mit ▶ gekennzeichnet.

a.

- Tanıştırayım: Heike, Yusuf.
- ▶ Memnun oldum, Yusuf.
- ● Ben de memnun oldum, Heike.

1. Yusuf
2. Ayşe
3. Yasemin
4. Tunç
5. Barış
6. Canan

b.

- İyi akşamlar, Yusuf.
- ▶ İyi akşamlar, Leyla.

1. Leyla
2. Cengiz
3. Akdoğan
4. Jale
5. Ceren
6. Barış

12

Ders 1
Merhaba

Konuşma 2

Selçuk ● möchte Heike ▲ kennenlernen.

● İyi akşamlar.
▲ Merhaba.
● Adım Selçuk. Sizin adınız ne?
▲ Benim adım Heike.
● Memnun oldum, Heike Hanım.
▲ Ben de memnun oldum, Selçuk Bey. Nasılsınız?
● Teşekkür ederim, iyiyim. Ya siz?
▲ Sağ olun, ben de iyiyim.

● Guten Abend.
▲ Grüße Sie.
● Ich heiße Selçuk. Und wie ist Ihr Name?
▲ Mein Name ist Heike.
● Sehr erfreut, Frau Heike.
▲ Auch sehr erfreut, Herr Selçuk. Wie geht es Ihnen?
● Danke, gut. Und Ihnen?
▲ Danke, auch gut.

Sich vorstellen, jemanden nach dem Namen fragen

Um sich auf Türkisch vorzustellen, sagt man *Adım ...* (Mein Name ist ...). Danach kann man seinen Gesprächspartner mit *Senin adın ne?* (Und wie ist dein Name?) bzw. *Sizin adınız ne?* (Und wie ist Ihr Name?) nach seinem Namen fragen. Er erwidert dann meist *Benim adım ...* (Mein Name ist ...). Als Antwort könnte man auch lediglich seinen Namen sagen.

Adım Selçuk.	Mein Name ist Selçuk. / Ich heiße Selçuk.
Benim adım Selçuk.	Mein Name ist Selçuk. / Ich heiße Selçuk.
Senin adın ne?	Wie ist dein Name? / Wie heißt du?
Sizin adınız ne?	Wie ist Ihr Name? / Wie heißen Sie?
Sizin soyadınız ne?	Wie ist Ihr Familienname?

Im Türkischen gibt es keine Entsprechung für das deutsche Verb „heißen". Deshalb kann man „Wie heißt du?" bzw. „Wie heißen Sie?" oder „Ich heiße ..." nur in der obigen Form wiedergeben.

1 Merhaba

Adım Selçuk bedeutet „Mein Name ist Selçuk", aber das Hilfsverb „sein (ist)" kommt im türkischen Satz nicht vor. Mehr über diese Besonderheit des Türkischen lernen Sie in den folgenden Lektionen. Beachten Sie bitte auch, dass das Fragewort *ne* (was) nicht am Satzanfang steht.

Um sich vorzustellen, kann man auch einfach *Ben Selçuk* im Sinne von „Ich bin Selçuk" (wörtlich: Ich Selçuk) sagen. Diese verkürzte Form verwendet man oft, wenn man sich am Telefon meldet (→ *Ders* 5, *Konuşma* 1).

Die Anredeformen *Hanım* und *Bey*

In der Türkei redet man sich mit dem Vornamen an. Die Anredeformen *Hanım* (Frau) und *Bey* (Herr) werden dem Vornamen nachgestellt:

| Heike Oschmann | Frau Oschmann | Heike Hanım |
| Yunus Kaya | Herr Kaya | Yunus Bey |

Man benutzt *hanım* und *bey* auch nach Berufsbezeichnungen. So können Sie z. B. im *dolmuş* (Sammeltaxi) den Fahrer ansprechen: *Şoför Bey!* (Herr Fahrer!)
Weitere Berufe: *Garson Bey!* (Herr Ober!), *Doktor Hanım!* (Frau Doktor!), *Müdür Bey!* (Herr Direktor!)

Sözlü Alıştırmalar

a.
- Adım Selçuk. Sizin adınız ne?
▶ Heike.
- Memnun oldum.
▶ Ben de.

1. Heike
2. Bora
3. Timur
4. Yıldız

b.
- Adım Selçuk. Sizin adınız ne?
▶ Benim adım Heike.
- Memnun oldum, Heike Hanım.
▶ Ben de memnun oldum, Selçuk Bey.

1. Heike – Selçuk
2. Cengiz – Canan
3. Şebnem – Akdoğan
4. Danyal – Havva

BEGRÜSSUNGSRITUALE

Der Handschlag ist in der Türkei die allgemeingültige Begrüßungsform in formalen Situationen und wird häufiger getätigt, als es in Westeuropa üblich ist. Auch beim Kennenlernen ist der Handschlag ein fast obligatorisches Ritual.

Freunde, gute Bekannte und Familienmitglieder küssen sich beim Handschlag auf beide Wangen. Häufig berühren sich dabei lediglich die Wangen und es werden nur „Luftküsse" gegeben. Wenn man sich sehr nahe steht, berühren die Lippen tatsächlich die Wangen. Dieses Ritual der Wangenküsse beschränkt sich meist auf gleichgeschlechtliche Begrüßungssituationen. Bei der Begrüßung zwischen Frauen und Männern bleibt es dagegen höchstens bei einem leichten Händedruck.

Als Zeichen des Respekts küssen jüngere Leute älteren Frauen und Männern mit einer leichten Verbeugung die rechte Hand und bringen sie anschließend leicht zur Stirn. Der Handkuss wird dabei aber auch nur angedeutet, d. h. die Lippen berühren die Hand nicht tatsächlich.

1 Ders
Merhaba

Konuşma 3

Yusuf ◆ setzt das Gespräch mit Heike ▲ fort und fragt sie nach ihrem Familiennamen.

◆ Heike!	◆ Heike!
▲ Efendim?	▲ Ja, bitte!
◆ Senin soyadın ne?	◆ Wie ist dein Familienname?
▲ Oschmann.	▲ Oschmann.
◆ Osman mı?	◆ Osman?
▲ Hayır, Osman değil, Oschmann.	▲ Nein, nicht Osman, sondern Oschmann.
◆ Haa, enteresan.	◆ Ah, interessant.
▲ Peki, senin soyadın ne?	▲ Und wie ist dein Familienname?
◆ Çıkrıkçı.	◆ Çıkrıkçı.
▲ Efendim? Anlamadım.	▲ Wie bitte? Ich habe nicht verstanden.
◆ Benim soyadım Çıkrıkçı.	◆ Mein Familienname ist Çıkrıkçı.
▲ Yine anlamadım. Harf harf söyle lütfen.	▲ Ich habe wieder nicht verstanden. Buchstabiere bitte.
◆ Ç-ı-k-r-ı-k-ç-ı.	◆ Ç-ı-k-r-ı-k-ç-ı.
▲ Haa, şimdi anladım.	▲ Ah, jetzt habe ich verstanden.

Merhaba

Efendim?

Mit *Efendim?* (Wie bitte?) kann man jemanden um Wiederholung des Gesagten bitten. Man benutzt es auch im Sinne von „Ja!" oder „Ja, bitte!".

Verneinung

Mit *değil* (nicht) kann man einen Satz verneinen. *Değil* kann im Deutschen je nach Kontext auch „kein" bedeuten. Wenn es aber wie im Dialog mit einem steigenden Ton ausgesprochen wird, deutet es auf eine Korrektur hin, die man im Deutschen mit „nicht ..., sondern ..." wiedergibt. *Değil* wird im Alltag manchmal auch als *diğil* ausgesprochen.

Soyadım Osman değil (↓).   Mein Familienname ist nicht Osman.
Soyadım Osman değil (↑), Oschmann.   Mein Familienname ist nicht Osman, sondern Oschmann.

Bei *anlamadım* (ich habe **nicht** verstanden) aber erfolgt die Verneinung nicht durch ein eigenes Wort, sondern durch das Negationssuffix *-ma-*, das an den Verbstamm *anla-* (versteh-) angehängt wird. Mehr zu diesem Thema lernen Sie in *Ders* 4.

Sözlü Alıştırmalar

a.

- Ben Atilla Dönmez. Sizin adınız ne?
- Benim adım Gül Karakuş.
- Efendim?
- Benim adım Gül, soyadım Karakuş. Gül Karakuş.

1. Gül Karakuş
2. Ahmet Çalışkan
3. Ayşe Çiçek
4. Turgut Galipoğlu

b.

- Soyadın ne?
- Çıkrıkçı.
- Efendim?
- Benim soyadım Çıkrıkçı.
- Yine anlamadım. Harf harf söyle lütfen.
- Ç-ı-k-r-ı-k-ç-ı.

1. Çıkrıkçı
2. Karakuş
3. Canik
4. Galipoğlu

1 Merhaba

Dilbilgisi

Personalpronomen

	Singular		Plural	
1. Person	*ben*	ich	*biz*	wir
2. Person	*sen*	du	*siz*	ihr, Sie
3. Person	*o*	er, sie, es	*onlar*	sie

In der 3. Person Singular gibt es nur eine Form *o* für „er, sie, es". Mit *siz* (2. Person Plural) spricht man sowohl mehrere Personen an, die man duzt (ihr), als auch eine oder mehrere Personen, die man siezt (Sie).
Die türkischen Personalpronomen werden lediglich zur Hervorhebung oder zum Ausdruck eines Gegensatzes benutzt, weil die Person am Personalsuffix erkennbar ist. Deshalb werden sie oft weggelassen. Im Buch setzen wir sie daher in Klammern.

Personalsuffixe

Das Türkische kennt neben den Personalpronomen auch Suffixe (Nachsilben oder Endungen), die ebenfalls die entsprechende Person kennzeichnen, die sogenannten „Personalsuffixe". Sie werden an ein Wort angehängt, dessen Wortstamm sich dabei nicht verändert:
nasıl? (wie?) → *nasıl**sın**?* (wie bist du?)

		wörtlich
*(Sen) Nasıl**sın**?*	Wie geht es dir?	Wie bist du?
*(Siz) Nasıl**sınız**?*	Wie geht es Ihnen/euch?	Wie sind Sie/seid ihr?

Sprachen, bei denen grammatische Formen und neue Wörter durch Endungen oder Anhängsel gebildet werden, nennt man „agglutinierende" (= anleimende) Sprachen. Das Türkische ist also eine agglutinierende Sprache.

Vokalharmonie

Das Türkische hat acht Vokale, von denen vier im hinteren (*a, ı, o, u*) und vier im vorderen (*e, i, ö, ü*) Gaumen artikuliert werden. Die hinteren Vokale werden als „dunkel" und die vorderen als „hell" bezeichnet. Ein typisch türkisches Wort enthält, abgesehen von wenigen Ausnahmen, entweder nur dunkle oder nur helle Vokale. Diese Besonderheit wird „Vokalharmonie" genannt. Das gilt auch bei der Agglutination, d. h. die Suffixe, die angehängt werden, passen sich lautlich dem Wort an. Im Türkischen unterscheidet man zwei Arten von Vokalharmonie: die zweiförmige und die vierförmige Vokalharmonie.

Merhaba

Die zweiförmige Vokalharmonie am Beispiel des Pluralsuffixes *-ler/-lar*

Der Plural wird im Türkischen mit dem zweiförmigen Suffix *-ler* bzw. *-lar* gebildet. Welche Form gewählt wird, hängt vom letzten Vokal des Wortes ab, an das das Pluralsuffix angehängt wird.

Der letzte Vokal eines Wortes ist
- *a, ı, o* oder *u*: z. B. *akşam* (Abend) → *akşam**lar*** (Abende)
- *e, i, ö* oder *ü*: z. B. *gün* (Tag) → *gün**ler*** (Tage)

Weitere Suffixe, die der zwei- bzw. vierförmigen Vokalharmonie unterstehen, lernen Sie in den folgenden Lektionen.

1 Ders Merhaba

Alıştırmalar

Yazılı Alıştırmalar

1. Markieren Sie die passende Alternative.

a. Senin adım ne?
   ~~adın~~
   adınız

b. Benim ~~adım~~ Suzan.
   adın
   adınız

c. Sizin soyadım ne?
   soyadın
   ~~soyadınız~~

d. Sen nasılım?
   ~~nasılsın?~~
   nasılsınız?

2. Was passt zusammen? Verbinden Sie die beiden Spalten.

a. iyi akşamlar   1. ben de
b. adım   2. merhaba
c. memnun oldum   3. bey
d. hanım   4. soyadım
e. nasılsın?   5. iyiyim

3. Welche Reaktion in den folgenden Kurzdialogen passt <u>nicht</u>? Kreuzen Sie an.

Beispiel:
■ Memnun oldum.
1. Ben de.   ☐
2. Tanıştırayım.   ☑
3. Ben de memnun oldum.   ☐

c.
■ Nasılsın?
1. Sağ ol, iyiyim.   ☐
2. Sağ ol, ben iyiyim.   ☐
3. Sağ ol, ben de iyiyim.   ☑

a.
■ Merhaba, ben Yusuf.
1. Merhaba Yusuf.   ☐
2. Sağ ol, iyiyim.   ☑
3. Memnun oldum, ben Tarık.   ☐

d.
■ Adım Gül, soyadım Kara.
1. Ben de, Gül Hanım.   ☑
2. Memnun oldum, Gül Hanım.   ☐
3. Memnun oldum, ben Danyal Küçük. ☐

b.
■ İyi akşamlar.
1. Günaydın.   ☑
2. Merhaba.   ☐
3. İyi akşamlar.   ☐

e.
■ Sizin adınız ne?
1. İyi günler.   ☑
2. Efendim?   ☐
3. Ayşe Sönmez.   ☐

Ders 1
Merhaba

4. Ordnen Sie den Dialog.

- [5] Efendim?
- [3] Haa, memnun oldum.
- [4] Benim adım Yakup Bakır. Senin adın ne?
- [2] İyi akşamlar.
- [1] Merhaba.

- [8] Ben de.
- [7] Heike Oschmann.
- [6] Benim adım Heike, soyadım Oschmann. Heike Oschmann.

5. *-ler* oder *-lar*? Bilden Sie die Pluralformen.

gece*ler* bey*ler* taksi*ler*
hanım*lar* radyo*lar* sinema*lar*

1 Merhaba

CD Alıştırmaları 🎵 1|10-14

1.

a. Hören Sie zu und sprechen Sie die Buchstaben nach.

A · B · C · Ç · D · E · F · G · Ğ · H · I · İ · J · K · L · M · N · O · Ö · P · R · S · Ş · T · U · Ü · V · Y · Z

b. Stimmhaft oder stimmlos? Ordnen Sie die Konsonanten aus Übung a einer Spalte zu.

stimmhaft	stimmlos
a b d e f g h i	c ç ö

Überprüfen Sie Ihre Angaben, indem Sie die Konsonanten einzeln aussprechen und dabei Ihre Hand an den Kehlkopf halten. Bei einem stimmhaften Konsonanten spüren Sie ein Vibrieren, bei einem stimmlosen dagegen nicht.

2. Sie hören 6 Sätze. Wie heißen die Personen? Kreuzen Sie die richtigen Vornamen an.

a. ☒ Gülşen ☐ Gülsen d. ☐ Özcan ☒ Özkan
b. ☐ Cemal ☒ Kemal e. ☒ Safter ☐ Zafer
c. ☒ Ercan ☐ Erkan f. ☒ Ayça ☐ Ayşe

3.

a. Hören Sie die folgenden Kurzdialoge und ordnen Sie sie den Tageszeiten zu.

b. Hören Sie sie noch einmal und schreiben Sie die entsprechenden Grußformeln auf.

Wann?	Dialognummer	Gruß
morgens	3	Günaydın
tagsüber	2	Merhaba
abends	4	İyi akşamlar
nachts	1	İyi geceler

Ders 1
Merhaba

4. Sprechen Sie die folgenden Wendungen nach und achten Sie dabei auf die Aussprache.

a. Merhaba.
b. İyi günler.
c. İyi akşamlar.
d. Memnun oldum.
e. Ben de.
f. Cengiz
g. Jale Kaya
h. Nasılsın?
i. Sağ ol!
j. Tanıştırayım: İlyas, Ayşe.
k. Efendim?
l. İyiyim.

5. Hören Sie sich zunächst den Beispieldialog an. Übernehmen Sie dann die mit ▶ gekennzeichnete Rolle, indem Sie die jeweilige Grußform verwenden und sich ebenfalls vorstellen.

Beispiel:
■ Merhaba, ben Ali.
▶ Merhaba, ben Peter.

a.
■ Merhaba, ben Cengiz.
▶ (Merhaba, ben ...)

b.
■ Selam, ben Jale.
▶ (Selam, ben ...)

c.
■ Günaydın, ben Tunç Coşkun.
▶ (Günaydın, ben ...)

d.
■ İyi akşamlar, adım Mümtaz, soyadım Kara.
▶ (İyi akşamlar, adım ..., soyadım ...)

e.
■ İyi günler, ben Mehmet Deniz. Adım Mehmet, soyadım Deniz.
▶ (İyi günler, ben ... Adım ..., soyadım ...)

1 Merhaba

Kelime Dağarcığı

Begrüßung

Günaydın.	Guten Morgen.
İyi günler.	Guten Tag.
İyi akşamlar.	Guten Abend.
Merhaba.	Grüße dich/Sie. / Hallo. / Guten Tag.
Selam.	Grüße dich/Sie.

Nach dem Namen fragen

Senin adın ne?	Wie ist dein Name? / Wie heißt du?
Sizin adınız ne?	Wie ist Ihr Name? / Wie heißen Sie?
Senin soyadın ne?	Wie ist dein Nachname?
Sizin soyadınız ne?	Wie ist Ihr Nachname?

Sagen, wie man heißt

Adım Selçuk.	Mein Name ist Selçuk. / Ich heiße Selçuk.
Benim adım Selçuk.	Mein Name ist Selçuk. / Ich heiße Selçuk.
Ben Selçuk.	Ich bin/heiße Selçuk.
Benim soyadım Çiçek.	Mein Nachname ist Çiçek.

Jemanden vorstellen

Tanıştırayım.	Darf ich vorstellen?
Memnun oldum.	Sehr erfreut. / Sehr angenehm.
Ben de.	Ganz meinerseits.

Weitere Wendungen

(Sen) nasılsın?	Wie geht es dir?
(Siz) nasılsınız?	Wie geht es Ihnen?
Sağ ol.	Danke. / Danke schön. *(wenn man sich duzt)*
Sağ olun.	Danke. / Danke schön. *(wenn man sich siezt)*
Teşekkür ederim.	Danke schön. / Danke sehr.

Ders 2
Nasılsın?

2 Ders — Nasılsın?

Konuşma 1

An einem Sommertag trifft sich Heike ▲ mit ihrem Freund Cengiz ● in einem Teegarten am *Haliç* (Goldenen Horn).

▲ Merhaba Cengiz.	▲ Hallo, Cengiz.
● Selam Heike. Buyur, otur.	● Grüß dich, Heike. Bitte setz dich.
▲ Sağ ol. Nasılsın?	▲ Danke. Wie geht es dir?
● Sağ ol, iyiyim. Sen nasılsın?	● Danke, gut. Und wie geht es dir?
▲ Ben biraz yorgunum. Topkapı Sarayı'nı gezdim.	▲ Ich bin ein bisschen müde. Ich habe den Topkapı-Palast besichtigt.
● Ne içiyorsun?	● Was trinkst du?
▲ Ben bir kahve istiyorum. Bir de su.	▲ Ich möchte einen Kaffee. Und (dazu) ein Wasser.
● Ben çay içmek istiyorum.	● Ich möchte Tee trinken.
...	...
● Garson bey!	● Herr Ober!
◆ Buyurun, arzunuz?	◆ Bitte schön, Sie wünschen?
● Bir çay, bir kahve, bir şişe su ve iki bardak, lütfen.	● Einen Tee, einen Kaffee, eine Flasche Wasser und zwei Gläser, bitte.
◆ Memnuniyetle.	◆ Gerne.

Ders 2
Nasılsın?

Nasılsın? (Wie geht es dir?)

Mit *Nasılsın?* (wörtlich: Wie bist du?) können Sie jemanden nach dem Befinden fragen, den Sie duzen. Die Antwort darauf lautet z. B. *İyiyim* (Mir geht es gut, wörtlich: Ich bin gut). Dann folgt die Gegenfrage *Sen nasılsın?* (Und wie geht es dir?) oder einfach die Kurzform *Ya sen?* (Und dir/selbst?).

Personalpronomen und Personalsuffixe: *ben* (ich), *sen* (du)

Im Dialog kommt der Ausdruck *yorgunum* (ich bin müde) vor. *Yorgunum* setzt sich aus dem Wort *yorgun* (müde) und dem Personalsuffix *-um* (ich bin) zusammen, das sowohl die entsprechende Person (ich) kennzeichnet als auch die fehlende Form des Hilfsverbs „sein" (bin) wiedergibt, denn im Türkischen wird das Hilfsverb „sein" durch Personalsuffixe ausgedrückt.
Die Personalsuffixe passen sich lautlich dem letzten Vokal des Wortes an, an das sie angehängt werden.

		Der letzte Vokal des Wortes ist:			
		a oder *ı* *nasıl* (wie)	*o* oder *u* *yorgun* (müde)	*e* oder *i* *iyi* (gut)	*ö* oder *ü* *kötü* (schlecht)
ben	ich		yorgun**um**	iyi**yim**	kötü**yüm**
sen	du	nasıl**sın**?	yorgun**sun**	iyi**sin**	kötü**sün**

Die Personalsuffixe sind für die 1. und 2. Person vierförmig, d. h. der Vokal (oder die Vokale) dieser Endung kann (können) **ı, i, u** oder **ü** sein. Für die 1. Person Singular *ben* (ich) lauten sie *-ım, -im, -um* oder *-üm*. Endet ein Wort auf einen Vokal, dann wird ein *-y-* als Bindekonsonant eingeschoben, wie bei *İyiyim* (Es geht mir gut). Dadurch vermeidet man das Aufeinandertreffen zweier Vokale, was die Aussprache erleichtert.
Die Verneinung erfolgt mit dem Wort *değil* (nicht, kein), das nach dem zu verneinenden Wort steht: z. B. *Yorgun değilim* (Ich bin nicht müde). Beachten Sie, dass das Personalsuffix an *değil* angehängt wird.
Die Personalsuffixe kommen auch bei der Konjugation im Präsens vor, z. B. bei *istiyorum* (ich möchte) steht das *-um* für „ich".
Die Personalsuffixe werden nicht betont.

2  Ders
Nasılsın?

Lütfen und buyurun

Zur höflichen Formulierung einer Bitte oder eines Wunsches verwendet man *lütfen*.
Bir kahve, lütfen.   Einen Kaffee, bitte.

Buyurun dagegen ist ein aufforderndes „bitte schön".
Buyurun.   Ja, bitte? / Bitte schön.
Buyurun, arzunuz.   Sie wünschen? / Was darf's sein?
Buyur, otur.   Bitte, setz dich.

Sözlü Alıştırmalar

a.
- Nasılsın?
▶ Sağ ol, iyiyim. Sen nasılsın?
- Ben biraz yorgunum.

1. iyi
2. biraz yorgun
3. iyice (ganz gut)
4. fena değil (nicht schlecht)

b.
- Buyurun, arzunuz?
▶ Bir çay ve bir kahve, lütfen.
- Memnuniyetle.

1. 1 çay + 1 kahve
2. 1 şişe su + 2 bardak
3. 2 limonata + 1 ayran
4. 2 çay

ÇAY BAHÇESİ

Wie in vielen Mittelmeerländern spielt sich das Leben auch in der Türkei meist unter freiem Himmel ab. Teegärten sind ein fester Bestandteil dieser Tradition. Im Gegensatz zu der Männerdomäne *kahve* (Kaffeehaus) ist der *çay bahçesi* (Teegarten) ein beliebter Treffpunkt für Männer und Frauen, Jung und Alt sowie für Familien mit Kindern. Die Teegärten befinden sich entweder am Meer oder in den Parkanlagen und auf den Grünflächen der Städte, oft unter Platanen. Im Allgemeinen gibt es in einem Teegarten alkoholfreie warme und kalte Getränke und Kleinigkeiten zum Essen, wie z. B. Toast oder belegte Brote. Das Hauptangebot ist natürlich nach türkischer Art zubereiteter *çay* (Tee), den man in der Türkei zu jeder Tageszeit und bei jeder Gelegenheit trinkt.

Ders 2
Nasılsın?

Konuşma 2

Cengiz ● und Heike ▲ setzen ihr Gespräch fort. Dabei schaut sich Cengiz die Fotos an, die Heike im Topkapı-Palast gemacht hat.

▲ Bak, burası Harem.
● Biliyorum. Bu ne?
▲ Bu, Bağdat Köşkü. Bu köşk sekiz köşeli ve çok güzel.
● Peki, bunlar kim?
▲ Benim ailem. Bak, bu babam, bu da kız kardeşim.
● Şu kim? Ablan mı?
▲ Hayır, o ablam değil, annem. Çok genç görünüyor, değil mi?

● Evet. Bu kim?
▲ Ağabeyim.
(Garson siparişi getiriyor.)
◆ Buyurun, kahveniz. Bu da sizin çayınız.
● Sağ olun.
▲ Teşekkür ederim.

▲ Schau mal, hier ist der Harem.
● Ich weiß. Was ist das?
▲ Das ist die Bagdad-Villa. Diese Villa ist achteckig und sehr schön.
● Na gut, und wer sind die hier?
▲ Meine Familie. Schau mal, das ist mein Vater und das ist meine jüngere Schwester.
● Wer ist sie? (Ist sie) deine ältere Schwester?
▲ Nein, sie ist nicht meine ältere Schwester, sondern meine Mutter. Sie sieht sehr jung aus, nicht wahr?

● Ja. Wer ist das?
▲ Mein älterer Bruder.
(Der Kellner bringt die Bestellung.)
◆ Bitte schön, Ihr Kaffee, und das ist Ihr Tee.
● Danke schön.
▲ Danke sehr.

2 Ders Nasılsın?

Die Demonstrativpronomen *bu, şu, o*

Das Demonstrativpronomen *bu* bedeutet „dieser/diese/dieses, der/die/das (hier)" und verweist auf Personen oder Gegenstände in unmittelbarer Nähe.

Bu köşk sekiz köşeli.	Diese Villa ist achteckig.
Bu, Bağdat Köşkü.	Das ist die Bagdad-Villa.

Wenn *bu* im Sinne von „das ist ..." benutzt wird, macht man nach *bu* beim Sprechen eine kurze Pause, beim Schreiben kann man ein Komma setzen.

Şu (dieser/diese/dieses, der/die/das da) drückt eine geringe Entfernung und *o* (jener/jene/jenes, der/die/das dort) eine größere Entfernung aus.

Die Pluralformen lauten *bunlar*, *şunlar* und *onlar*.

Die Fragewörter *ne?* (was?) und *kim?* (wer?)

Bu ne?	Was ist das (hier)?
Bunlar ne?	Was ist das (hier)? (*mehrere Sachen*)
Bu kim?	Wer ist das (hier)?
Bunlar kim?	Wer sind die (hier)? (*mehrere Personen*)

Beachten Sie, dass die Fragewörter *ne?* und *kim?* hier nicht am Satzanfang stehen wie im Deutschen.

Possessivpronomen und Possessivsuffixe: *benim* (mein), *senin* (dein), *sizin* (euer/Ihr)

Im Türkischen werden Besitz und Zugehörigkeit mit den Possessivpronomen *benim* (mein), *senin* (dein) usw. und den Possessivsuffixen (besitzanzeigende Endungen) ausgedrückt. Die Possessivsuffixe werden an das Bezugswort angehängt und sind betont. Dabei unterscheidet man, ob das Bezugswort auf einen Vokal oder einen Konsonanten endet.

- Das Bezugswort endet auf einen Vokal.

Der letzte Vokal des Bezugswortes ist:

		a oder *ı* (Vater)	*o* oder *u* (Wunsch)	*e* oder *i* (Mutter)	*ö* oder *ü* (Bügeleisen)
benim	mein	baba**m**	arzu**m**	anne**m**	ütü**m**
senin	dein	baba**n**	arzu**n**	anne**n**	ütü**n**
sizin	euer, Ihr	baba**nız**	arzu**nuz**	anne**niz**	ütü**nüz**

*benim baba**m*** (mein Vater), *senin anne**n*** (deine Mutter), *sizin arzu**nuz*** (euer/Ihr Wunsch) usw.

Ders 2
Nasılsın?

- Das Bezugswort endet auf einen Konsonanten.

Der letzte Vokal des Bezugswortes ist:

		a* oder *ı (Name)	***o* oder *u*** (Arzt)	***e* oder *i*** (Ehemann/-frau)	***ö* oder *ü*** (Bus)
benim	mein	ad**ım**	doktor**um**	eş**im**	otobüs**üm**
senin	dein	ad**ın**	doktor**un**	eş**in**	otobüs**ün**
sizin	euer, Ihr	ad**ınız**	doktor**unuz**	eş**iniz**	otobüs**ünüz**

benim adım (mein Name), *senin doktorun* (dein Arzt), *sizin eşiniz* (euer/Ihr Ehemann) usw.

Wie Sie der Tabelle entnehmen können, sind die Possessivsuffixe vierförmig, d. h. der Vokal (oder die Vokale) dieser Endung kann *ı*, *i*, *u* oder *ü* sein. Das richtet sich nach dem letzten Vokal des Bezugswortes.
Die Possessivpronomen werden in der Regel weggelassen und nur zur Hervorhebung oder Gegenüberstellung verwendet.
*Adım Ali. **Sizin** adınız ne?*   Mein Name ist Ali. Wie ist Ihr Name?
Die Possessivpronomen der 3. Person Singular und Plural lernen Sie in *Ders* 6.

Sich bedanken

Um sich zu bedanken, können Sie *teşekkür ederim* (ich danke) oder *sağ ol* bzw. *sağ olun* (wörtlich: sei/seien Sie gesund/am Leben) sagen. *Sağ ol* bzw. *sağ olun* ist verbindlicher.

2 Ders
Nasılsın?

AFFEDERSİN ABİ, SAAT KAÇ?

Wundern Sie sich nicht, wenn Sie jemand auf der Straße mit „mein älterer Bruder" anspricht und Sie nach der Uhrzeit fragt. Es handelt sich dabei nicht um eine Anspielung auf die Jahre zurückliegende Studienreise Ihres Vaters nach Istanbul, keine Anbiederung und auch kein Versuch, in Ihre Privatsphäre einzudringen. Es ist eine übliche Anredeform in der türkischen Umgangssprache: Die Verwandtschaftsbezeichnungen werden nämlich im Alltag als Anrede für fremde Personen verwendet. Die Anrede *abi* (älterer Bruder) soll einerseits eine Vertrautheit, andererseits aber auch einen gewissen Respekt zum Ausdruck bringen. Aus demselben Grund wird Ihre Ehefrau prompt zu *yenge* (Schwägerin, Ehefrau des älteren Bruders) gekürt, wenn Sie in der Türkei mit Einheimischen ins Gespräch kommen. Das Gleiche gilt für Ihren Ehemann, der dementsprechend *enişte* (Schwager) genannt wird.

Ältere Leute werden im Alltag liebe- und respektvoll *amca* oder *teyze* genannt und gesiezt. Duzen kann man ältere Leute, wenn eine besondere Vertrautheit ausgedrückt werden soll. Kennt man den Vornamen, so wird er auch hinzugefügt: *Ayşe Teyze* oder *Selim Amca*.

Das Türkische verfügt über eine sehr differenzierte Palette von Verwandtschaftsbezeichnungen. Die wichtigsten sind: *baba* (Vater), *anne* (Mutter), *ağabey/abi* (älterer Bruder), *erkek kardeş* (jüngerer Bruder), *abla* (ältere Schwester), *kız kardeş* (jüngere Schwester), *amca* (Onkel väterlicherseits), *dayı* (Onkel mütterlicherseits), *hala* (Tante väterlicherseits) und *teyze* (Tante mütterlicherseits). Ältere Leute werden weder im weiteren Verwandtschaftskreis noch in der engeren Familie mit dem Vornamen, sondern mit der entsprechenden Bezeichnung des Verwandtschaftsgrades angesprochen. Kein Neffe nennt seinen Onkel (den Bruder des Vaters) z. B. *Ahmet*, sondern *amca*. Auch unter Geschwistern ist es üblich, dass jüngere die älteren mit *ağabey/abi* oder *abla* ansprechen, während sie von ihnen mit dem Vornamen angesprochen werden. Die Eltern sprechen ihre Kinder oft mit *oğlum* (mein Sohn) oder *kızım* (meine Tochter) statt mit dem Namen an.

Ders 2
Nasılsın?

Sözlü Alıştırmalar

a.
- Bu kim?
▶ Ağabeyim.

1. ağabey
2. baba
3. abla
4. anne
5. erkek kardeş
6. kız kardeş

b.
- Şu kim? Ablan mı?
▶ Hayır, o ablam değil, annem.

1. abla – anne
2. ağabey – erkek kardeş
3. kız kardeş – abla
4. eş – arkadaş (Freund/-in)

Konuşma 3

Ahmet ● begegnet an der Bushaltestelle zufällig seiner Nachbarin Suzan ◆.

◆ Günaydın, Ahmet Bey.
● Günaydın, Suzan Hanım. Nasılsınız?
◆ Teşekkür ederim, iyiceyim. Ya siz?
● Sağ olun, ben iyiyim. Eşiniz nasıl?
◆ Eşim de iyi. Şebnem Hanım nasıl?
● O da iyi.
◆ Hayrola, bugün kızınız yok?

● Kızım evde, biraz hasta.

◆ Geçmiş olsun.
● Sağ olun.
◆ Aa, benim otobüsüm geliyor. Hoşça kalın.
● Güle güle.

◆ Guten Morgen, Herr Ahmet.
● Guten Morgen, Frau Suzan. Wie geht es Ihnen?
◆ Danke, ganz gut. Und Ihnen?
● Danke, mir geht es gut. Wie geht es Ihrem Mann?
◆ Meinem Mann geht es auch gut. Wie geht es Frau Şebnem?
● Ihr geht es auch gut.
◆ Was ist denn los, heute ist Ihre Tochter nicht dabei?
● Meine Tochter ist zu Hause, sie ist ein bisschen krank.
◆ Gute Besserung.
● Danke schön.
◆ Oh, mein Bus kommt. Auf Wiedersehen.
● Auf Wiedersehen.

2 Nasılsın?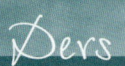

Die formelle Frage nach dem Befinden

Mit *Nasılsınız?* (Wie geht es Ihnen?) fragen Sie jemanden nach dem Befinden, den Sie siezen. Die Gegenfrage lautet dann *Siz nasılsınız?* (Und wie geht es Ihnen?) oder nur *Ya siz?* (Und Ihnen/selbst?). Bei der Frage *Eşiniz nasıl?* (Wie geht es Ihrem Mann/Ihrer Frau?) bedeutet *eş* je nach Kontext „Ehefrau" oder „Ehemann", da es im Türkischen kein grammatisches Geschlecht gibt.

Ya und *ve*

Ya (und) verwendet man in kurzen Gegenfragen, *ve* (und) in Aufzählungen (→ *Konuşma* 1).
Teşekkür ederim, iyiceyim. Ya siz?   Danke, ganz gut. Und Ihnen?
Bir şişe su ve iki bardak, lütfen.   Eine Flasche Wasser und zwei Gläser, bitte.

Personalpronomen und Personalsuffixe: *ben* (ich), *o* (er/sie/es), *siz* (ihr/Sie)

		Der letzte Vokal des Wortes ist:			
		a oder *ı* *nasıl* (wie)	*o* oder *u* *yorgun* (müde)	*e* oder *i* *iyice* (ganz gut)	*ö* oder *ü* *üzgün* (traurig)
ben	ich		yorgun**um**	iyice**yim**	üzgün**üm**
o	er, sie, es	nasıl?	yorgun	iyice	üzgün
siz	ihr, Sie	nasıl**sınız**?	yorgun**sunuz**	iyice**siniz**	üzgün**sünüz**

In der 3. Person Singular *o* (er/sie/es) gibt es kein Personalsuffix.

Die Partikel *de* bzw. *da* (auch)

Die Partikel *de* (auch) steht nach dem Wort, auf das sie sich bezieht. Sie wird getrennt geschrieben und nicht betont. Sie kommt in zwei Varianten vor: *da* oder *de*.
Der letzte Vokal des Bezugswortes ist
a, *ı*, *o* oder *u*:   da   *O da iyi.*   Ihm/Ihr geht es auch gut.
e, *i*, *ö* oder *ü*:   de   *Ben de iyiyim.*   Mir geht es auch gut.
Die Partikel *de* kann auch „und (dazu)" bedeuten (→ *Konuşma* 1).

Ders 2
Nasılsın?

Sözlü Alıştırmalar 1|22-23

a.

- Günaydın, Ahmet Bey.
- ▶ Günaydın, Suzan Hanım. Nasılsınız?
- Teşekkür ederim, iyiceyim. Ya siz?
- ▶ Sağ olun, ben iyiyim.

1. Suzan / iyi
2. Yusuf / yorgun
3. Yasemin / iyice
4. Ali / hasta

b.

- Eşiniz nasıl?
- ▶ Eşim de iyi.

1. eş – iyi
2. baba – yorgun
3. anne – çok iyi

4. kız – fena değil
5. arkadaş – iyice
6. abla – hasta

Geçmiş olsun!

Mit *Geçmiş olsun!* (wörtlich: Es möge vorbei sein!) wünschen Sie jemandem „gute Besserung". Man sagt es auch nach einem schlimmen Ereignis, z. B. einem Unfall.

Sich verabschieden

Um sich zu verabschieden, sagen Sie *Hoşça kal!* (Mach's gut!) bzw. *Hoşça kalın!* (Machen Sie's gut!). Die Antwort darauf kann *Hoşça kal/kalın* lauten bzw. derjenige, der bleibt, kann auch *Güle güle* (wörtlich: lachend, mit Freude) antworten.
Güle güle ist eine allgemeine Wunschformel, die nicht nur bei der Verabschiedung gebraucht wird. Wenn Sie z. B. eine neue Jacke tragen, dann würden Sie den Wunsch *Güle güle giy/giyin!* (Trag/Tragen Sie sie mit Freude!) hören.

2 Nasılsın?

Dilbilgisi

Die vierförmige Vokalharmonie

Neben der zweiförmigen Vokalharmonie, die Sie in *Ders* 1 kennengelernt haben, gibt es im Türkischen eine vierförmige Vokalharmonie, d. h. das Suffix enthält einen der vier Vokale *ı, i, u* oder *ü*. Welcher Vokal verwendet wird, richtet sich nach dem letzten Vokal des Wortes (in den Beispielen unterstrichen), an das das Suffix angehängt wird.

Ist der letzte Vokal des Wortes

a oder *ı,*	dann ist der Vokal des Suffixes *ı,*	z. B.	hast**a**s**ın**	**du bist** krank
o oder *u,*		*u,*	yorg**u**n**sun**	**du bist** müde
e oder *i,*		*i,*	iy**i**s**iniz**	**Sie sind** gut
ö oder *ü,*		*ü,*	üzg**ü**n**sünüz**	**Sie sind** traurig

Übersicht über die Personalpronomen und Personalsuffixe des 1. Typs

Die Personalsuffixe drücken sowohl die entsprechende Person eines Verbs als auch die fehlende Form des Hilfsverbs „sein" aus, weshalb sie auch an Substantive, Adjektive und Fragewörter angehängt werden können. Sie werden nicht betont und sind vierförmig. Sie passen sich lautlich dem letzten Vokal des Wortes an, an das sie angehängt werden.

		Der letzte Vokal des Wortes ist			
		a oder *ı*	*o* oder *u*	*e* oder *i*	*ö* oder *ü*
ben	ich	-(y)ım	-(y)um	-(y)im	-(y)üm
sen	du	-sın	-sun	-sin	-sün
o	er, sie, es	–	–	–	–
biz	wir	-(y)ız	-(y)uz	-(y)iz	-(y)üz
siz	ihr, Sie	-sınız	-sunuz	-siniz	-sünüz
onlar	sie	-(lar)	-(lar)	-(ler)	-(ler)

In der 1. Person Singular und Plural (*ben* und *biz*) wird nach dem Bezugswort der Bindekonsonant **-y-** eingeschoben, wenn das Bezugswort auf einen Vokal endet.
Ben hastayım.   Ich bin krank.
Biz iyiyiz.   Uns geht es gut (wörtlich: Wir sind gut).

Die 3. Person Singular *o* hat kein Personalsuffix. In der 3. Person Plural (*onlar*) steht das zweiförmige Pluralsuffix *-lar* oder *-ler*. Es kann entfallen, wenn das Subjekt genannt wird.
Doktorlar yorgun.   Die Ärzte sind müde.

Ders 2
Nasılsın?

		a oder *ı* (krank)	*o* oder *u* (müde)	*e* oder *i* (gut)	*ö* oder *ü* (traurig)
ben	ich	hasta**yım**	yorgun**um**	iyi**yim**	üzgün**üm**
sen	du	hasta**sın**	yorgun**sun**	iyi**sin**	üzgün**sün**
o	er, sie, es	hasta	yorgun	iyi	üzgün
biz	wir	hasta**yız**	yorgun**uz**	iyi**yiz**	üzgün**üz**
siz	ihr, Sie	hasta**sınız**	yorgun**sunuz**	iyi**siniz**	üzgün**sünüz**
onlar	sie	hasta	yorgun	iyi	üzgün
(onlar)	sie	hasta**lar**	yorgun**lar**	iyi**ler**	üzgün**ler**

Die Personalsuffixe des 2. Typs lernen Sie in *Ders* 8.

Das Verneinungswort *değil* (nicht, kein)

Die Verneinung erfolgt mit *değil* (nicht, kein). Es steht nach dem Wort, das verneint wird.
Die Personalsuffixe werden an *değil* angehängt.

*Yorgun değil**im**.*   **Ich bin** nicht müde.
*Yorgun değil**iz**.*   **Wir sind** nicht müde.

2 Ders Nasılsın?

Alıştırmalar

Yazılı Alıştırmalar

1. Welches Wort passt jeweils zu den Personalpronomen? Ergänzen Sie die Sätze.

nasılsın? • kimsiniz? • üzgün(ler) • kim? • iyiyim • yorgunuz

Ben _iyiyim_   Biz _yorgunuz_
Sen _nasılsın_   Siz _kimsiniz?_
O _kim?_   Onlar _üzgün(ler)_

2.

a. Ordnen Sie den Dialog.
5   Sağ ol.
2   Sağ ol, iyiyim. Ya sen?
3   Ben biraz hastayım.
1   Merhaba Timur, nasılsın?
4   Geçmiş olsun.

b. Schreiben Sie ihn jetzt ab.
▪ _Merhaba Timur, nasılsın?_
▶ _Sağ ol, iyiyim. Ya sen?_
▪ _Ben biraz hastayım._
▶ _Geçmiş olsun._
▪ _Sağ ol._

3. Ergänzen Sie die Suffixe in den beiden Dialogen.

a.
▪ İyi akşam_lar_, Leyla Hanım.
▶ Merhaba, Yusuf Bey. Nasıl_sınız_?
▪ Sağ ol_un_, iyi_yim_. Ya siz?
▶ Fena değil_im_. Burcu Hanım nasıl?
▪ Burcu da_da_ iyi.
...
▶ Hoşça kal_ın_.
▪ Gül_e_ gül_e_.

b.
▪ Affedersiniz, siz kim_siniz_?
▶ Ben_im_ ad_ım_ Nergis.
▪ Memnun old_um_, ben Cengiz.
▶ Ben d_e_ memnun oldum.
▪ Nasıl_sınız_?
▶ Sağ ol_un_, iyi_yim_.
Siz nasıl_sınız_?
▪ Teşekkür eder_im_, ben d_e_ iyi_yim_.

4. Ergänzen Sie die Possessivsuffixe.

Bu benim aile_m_. Bunlar baba_m_ ve anne_m_. Bu ağabey_im_, bu da kız kardeş_im_. Bu bey benim eş_im_, bunlar da benim çocuklar_ım_.

Ders 2 — Nasılsın?

5. Welche Antwort passt zu den folgenden Fragen? Ordnen Sie zu.

a. Bu kim?
b. Bunlar kim?
c. Bu ne?
d. Ayşe nasıl?
e. Nasılsın?
f. Nasılsınız?

1. Kötüyüm.
2. İyiyiz.
3. Fena değil.
4. Ayran.
5. Annem.
6. Leyla ve Atilla.

6. *De* oder *da*? Ergänzen Sie.

a. Teoman _da_ iyi.
b. Aslı _da_ iyi.
c. Otto _da_ iyi.
d. Burcu _da_ iyi.
e. Cem _de_ iyi.
f. Cengiz _de_ iyi.
g. Jörg _de_ iyi.
h. Bengü _de_ iyi.

2 Ders
Nasılsın?

CD Alıştırmaları  1|24-28

1. Hören Sie zu und sprechen Sie nach.

Hastayım.	Hastayız.	Yorgunum.	Yorgunuz.
Hastasın.	Hastasınız.	Yorgunsun.	Yorgunsunuz.
Hasta.	Hastalar.	Yorgun.	Yorgunlar.

2. Sie hören einen Dialog zwischen drei Personen. Wer spricht und wie geht es der jeweiligen Person?

Kim?
 Canan
 Cem
 Ceren

Nasıl?
 iyi
 yorgunum
 hastayım

3. Sie hören die Zahlen von 0 bis 100. Bitte sprechen Sie sie nach.

0	sıfır	10	on				
1	bir	11	on bir	20	yirmi	21	yirmi bir
2	iki	12	on iki	30	otuz	32	otuz iki
3	üç	13	on üç	40	kırk	43	kırk üç
4	dört	14	on dört	50	elli	54	elli dört
5	beş	15	on beş	60	altmış	65	altmış beş
6	altı	16	on altı	70	yetmiş	76	yetmiş altı
7	yedi	17	on yedi	80	seksen	87	seksen yedi
8	sekiz	18	on sekiz	90	doksan	98	doksan sekiz
9	dokuz	19	on dokuz	100	yüz	99	doksan dokuz

4. Kreuzen Sie die Zahl an, die Sie hören.

a. ☐ 19   ☒ 91
b. ☐ 28   ☒ 82
c. ☒ 37   ☐ 73
d. ☐ 46   ☒ 64
e. ☒ 54   ☐ 45
f. ☒ 43   ☐ 34
g. ☐ 32   ☒ 23
h. ☐ 21   ☒ 12

5. Arbeiten Sie nun die weiteren mündlichen Übungen auf der CD durch.

Ders 2
Nasılsın?

Kelime Dağarcığı

Sich bedanken
Teşekkür ederim.	Danke. / Danke schön.
Sağ ol.	Danke dir.
Sağ olun.	Danke Ihnen/euch.

Nach dem Befinden fragen und darauf antworten
Nasılsın?	Wie geht es dir?
Nasılsınız?	Wie geht es Ihnen/euch?
Sağ ol, (ben) iyiyim/iyiceyim.	Danke, mir geht es gut/ganz gut.
Eh, şöyle böyle.	Na ja, es geht so. / So lala.
Fena değilim.	Es geht mir nicht schlecht.
Ya sen (nasılsın)?	Und (wie geht es) dir?
Ya siz (nasılsınız)?	Und (wie geht es) Ihnen/euch?
Sağ olun, ben de iyiyim.	Danke, mir geht es auch gut.
(Senin) Arkadaşın nasıl?	Wie geht es deinem/deiner Freund/-in?
Arkadaşım (da) iyi.	Meinem/Meiner Freund/-in geht es (auch) gut.
(Sizin) Eşiniz nasıl?	Wie geht es Ihrer/Ihrem Ehefrau/-mann?
Eşim yorgun.	Mein Mann/Meine Frau ist müde.
Heike nasıl?	Wie geht es Heike?
Heike hasta.	Heike ist krank.
Geçmiş olsun!	Gute Besserung!

Fragen stellen
Bu ne?	Was ist das (hier)?
Bunlar ne?	Was sind das/diese (hier)?
Bu kim?	Wer ist das (hier)? (*eine Person*)
Bunlar kim?	Wer ist das (hier)? (*mehrere Personen*)
Bu kim? Ablan mı?	Wer ist das? (Ist sie) deine ältere Schwester?
O kim?	Wer ist er/sie/es?
Affedersiniz, siz kimsiniz?	Entschuldigung, wer sind Sie?

Informationen geben
Bu, Bağdat Köşkü.	Das ist die Bagdad-Villa.
Bu köşk sekiz köşeli.	Diese Villa ist achteckig.
Bu, ablam.	Das ist meine ältere Schwester.
Bunlar annem ve babam.	Das sind meine Mutter und mein Vater.
Hayır, bu benim ablam değil, annem.	Nein, das ist nicht meine ältere Schwester, sondern meine Mutter.

2 Ders
Nasılsın?

Um etwas bitten
Bir çay, lütfen.	Einen Tee, bitte.
Lütfen, bir kahve.	Bitte einen Kaffee.
Buyurun.	Ja, bitte. / Bitte schön.
Buyurun, arzunuz?	Sie wünschen? / Was darf's sein?
Buyur, otur.	Setz dich, bitte.
Buyurun, oturun.	Setzen Sie sich/Setzt euch, bitte.

Sich verabschieden
Hoşça kal.	Auf Wiedersehen. / Mach's gut.
Hoşça kalın.	Auf Wiedersehen. / Machen Sie's/Macht's gut.
Güle güle.	Auf Wiedersehen.

Familienangehörige
anne – baba	Mutter – Vater
eş	Ehefrau / Ehemann
çocuk – kız – oğul	Kind – Tochter – Sohn
kardeş	Geschwister
abla – kız kardeş	ältere Schwester – jüngere Schwester
ağabey (abi) – erkek kardeş	älterer Bruder – jüngerer Bruder

Wichtig fürs Gespräch
Evet. / Hayır.	Ja. / Nein.
Tabii.	Klar. / Selbstverständlich. / Ja.
Memnuniyetle.	Gerne. / Mit Vergnügen.
Değil mi?	Nicht wahr?
Hayrola?	Nanu? / Was ist denn los/passiert?
Affedersin. / Affedersiniz.	Entschuldigung. / Verzeihung. *(du/Sie)*

Weitere Wendungen
N'aber? (Ne haber?)	Na, wie geht's? (Was gibt's Neues?)
Kızım evde.	Meine Tochter ist zu Hause.
Ne içiyorsun?	Was trinkst du?
Ne içiyorsunuz?	Was trinken Sie/trinkt ihr?
Ne içmek istiyorsun?	Was möchtest du trinken?
Ne içmek istiyorsunuz?	Was möchten Sie/möchtet ihr trinken?
Ben bir kahve istiyorum.	Ich möchte einen Kaffee.
Ben çay içmek istiyorum.	Ich möchte Tee trinken.
Otobüsüm geliyor.	Mein Bus kommt.

3 Ders
Nerelisin?

3 Ders
Nerelisin?

Konuşma 1

Urs ◆ und seine Frau Renate ▲ fahren mit der Fähre auf die Prinzeninseln (*Adalar*) und unterhalten sich mit Selçuk ●, den sie gerade kennengelernt haben.

(...)

● Urs Bey, siz İsviçreli misiniz?
◆ Hayır, ben İsviçreli değilim, Almanım. Ya siz nerelisiniz?
● Ben Türküm. Renate Hanım, siz de Alman mısınız?
▲ Evet, ben de Almanım.
● Aaa, yunuslar. Görüyor musunuz?
▲ Nerede?
● Bakın şurada.
▲ Haa, evet.
◆ Evet, ben de görüyorum.
▲ Ne güzel yüzüyorlar, değil mi?
● Evet.

(...)

● Herr Urs, sind Sie Schweizer?
◆ Nein, ich bin kein Schweizer, ich bin Deutscher. Und woher kommen Sie?
● Ich bin Türke. Frau Renate, sind Sie auch Deutsche?
▲ Ja, ich komme auch aus Deutschland.
● Ah, Delfine. Sehen Sie (sie)?
▲ Wo denn?
● Schauen Sie mal, da drüben.
▲ Ach ja.
◆ Ja, ich sehe (sie) auch.
▲ Wie schön sie schwimmen, nicht wahr?
● Ja.

Ders 3
Nerelisin?

ADALAR

Adalar (Die Prinzeninseln) liegen im Marmarameer in der Nähe von Istanbul. Vier von den insgesamt neun Inseln, nämlich *Kınalı*, *Burgaz*, *Heybeli* und *Büyükada*, sind besiedelt. Sie sind mit ihren Kiefern- und Pinienwäldern, Stränden und Fischrestaurants ein beliebter Ausflugsort. Man kann mit Pferdekutschen (Kraftfahrzeuge sind nicht erlaubt), Eseln oder zu Fuß sehr schön die Inseln erkunden. *Adalar* sind ganzjährig mit der öffentlichen Fähre (*vapur*) oder Schnellfähre (*deniz otobüsü*) von den Anlegestellen in den Istanbuler Bezirken *Kabataş*, *Kadıköy*, *Bostancı* usw. aus zu erreichen. Die Fahrt dauert etwa 40 Minuten und wenn man Glück hat, sieht man Delfine, die sich dem Schiff nähern, um auf den Wellen zu „reiten".

Nach der Nationalität fragen, die Nationalität angeben

Mit *Nerelisin?* bzw. *Nerelisiniz?* fragen Sie nach der Nationalität oder dem Herkunftsort, wobei die Suffixe *-sin* bzw. *-siniz* für „du bist" bzw. „Sie sind/ihr seid" stehen.

(Sen) Nerelisin? — Woher kommst du?
(Siz) Nerelisiniz? — Woher kommen Sie/kommt ihr?
– *(Ben) Türk**üm***. — Ich komme aus der Türkei. / **Ich bin** Türke/Türkin.
– *(Ben) Alman**ım***. — Ich komme aus Deutschland. / **Ich bin** Deutsche/-r.
– *(Ben) Avusturyalı**yım***. — Ich komme aus Österreich. / **Ich bin** Österreicher/-in.
– *(Biz) İsviçreli**yiz***. — Wir kommen aus der Schweiz. / **Wir sind** Schweizer/-innen.

Die Fragepartikel *mi*

Mit der Fragepartikel *mi* bildet man Entscheidungsfragen, d. h. Fragen, die mit *evet* (ja) oder *hayır* (nein) beantwortet werden.

(Sen) İsviçreli misin? — Bist du Schweizer/-in?
– *Evet, (ben) İsviçreliyim.* — Ja, ich bin Schweizer/-in.
(Siz) Avusturyalı mısınız? — Sind Sie/Seid ihr Österreicher/-innen?
– *Evet, (ben) Avusturyalıyım.* — Ja, ich bin Österreicher/-in.
– *Evet, (biz) Avusturyalıyız.* — Ja, wir sind Österreicher/-innen.
– *Hayır, (ben) Avusturyalı değilim.* — Nein, ich bin kein/-e Österreicher/-in.
– *Hayır, (biz) Avusturyalı değiliz.* — Nein, wir sind keine Österreicher/-innen.

3 Ders
Nerelisin?

Die Fragepartikel *mi* steht nach dem Wort, nach dem gefragt wird. Sie wird nicht betont und getrennt geschrieben. Die entsprechenden Personalsuffixe werden an *mi* angehängt.
Die Fragepartikel *mi* hat vier Formen, d. h. der Vokal der Fragepartikel kann **ı, i, u** oder **ü** sein. Die jeweilige Form richtet sich nach dem letzten Vokal des vorherigen Wortes: nach **a** oder **ı** steht **mı**, nach **o** oder **u** steht **mu**, nach **e** oder **i** steht **mi** und nach **ö** oder **ü** steht **mü**.

Ist der letzte Vokal dann steht	**a** oder **ı**	**o** oder **u**	**e** oder **i**	**ö** oder **ü**
	mı	**mu**	**mi**	**mü**
sen du	İtalyan **mı**sın?	Japon **mu**sun?	Çek **mi**sin?	Türk **mü**sün?
o er, sie, es	Avusturyalı **mı**?	İspanyol **mu**?	İsviçreli **mi**?	Türk **mü**?
siz ihr, Sie	Alman **mı**sınız?	Rus **mu**sunuz?	İngiliz **mi**siniz?	Türk **mü**sünüz?

Sözlü Alıştırmalar  1|30-31

a.
■ Siz nerelisiniz?
▶ Ben Türküm.

1. Türk
2. İsviçreli
3. Çek
4. Alman
5. Avusturyalı
6. İtalyan
7. Rus
8. Japon

b.
▶ Siz İsviçreli misiniz?
■ Hayır, ben İsviçreli değilim, Almanım.

1. siz: İsviçreli
2. siz: Alman
3. sen: Avusturyalı
4. sen: İspanyol
5. siz: Perulu
6. siz: Çek
7. sen: İngiliz
8. sen: Türk

Ders 3
Nerelisin?

Konuşma 2 🎵 1|32

Urs ◆, seine Frau Renate ▲ und Selçuk ● setzen ihre Unterhaltung während der Fahrt nach *Adalar* fort.

◆ Selçuk Bey, siz nerelisiniz?
● Ben İstanbulluyum.
◆ Anneniz ve babanız da İstanbullu mu?
● Hayır, onlar İstanbullu değil. Annem Ürgüplü, babam Iğdırlı. Siz nerelisiniz?
◆ Ben Münihliyim.
● Sizin anneniz nereli?
◆ Annem Düsseldorflu.
● Babanız da Düsseldorflu mu?
◆ Evet, babam da Düsseldorflu.
● Renate Hanım, siz de Münihli misiniz?
▲ Hayır, ben Münihli değilim, Kölnlüyüm.

◆ Herr Selçuk, woher kommen Sie?
● Ich komme aus Istanbul.
◆ Kommen Ihre Eltern (Ihre Mutter und Ihr Vater) auch aus Istanbul?
● Nein, sie kommen nicht aus Istanbul. Meine Mutter kommt aus Ürgüp, mein Vater aus Iğdır. Woher kommen Sie?
◆ Ich komme aus München.
● Woher kommt Ihre Mutter?
◆ Meine Mutter kommt aus Düsseldorf.
● Kommt Ihr Vater auch aus Düsseldorf?
◆ Ja, mein Vater ist auch Düsseldorfer.
● Frau Renate, kommen Sie auch aus München?
▲ Nein, ich komme nicht aus München, sondern aus Köln.

3 Ders Nerelisin?

Das Fragewort *nereli?*

Nereli setzt sich aus dem Fragewort *nere?* (wörtlich: welcher Ort, welche Stelle?) und dem Suffix *-li* für die Herkunftsangabe zusammen und bedeutet wörtlich „woher stammend". Man fragt jemanden nach der Herkunft, indem man das entsprechende Personalsuffix an das Fragewort *nereli* anhängt.

(Sen) Nerelisin?	Woher kommst du?
(Siz) Nerelisiniz?	Woher kommen Sie/kommt ihr?
(Senin) Annen nereli?	Woher kommt deine Mutter?
(Sizin) Anneniz nereli?	Woher kommt Ihre/eure Mutter?

Das Suffix *-li*

Das Suffix *-li* bedeutet „stammend aus" und bildet Herkunftsbezeichnungen von allen Städtenamen, z. B. *Berlinli* (Berliner/-in) oder *Kölnlü* (Kölner/-in) und Nationalitätsbezeichnungen von einigen Ländernamen wie *Avusturyalı* (Österreicher/-in). Sehen Sie sich dazu die Nationalitätsbezeichnungen im Wortschatz an.

*(Ben) İstanbul**lu**yum.*	Ich komme aus Istanbul. / Ich bin Istanbuler/-in.
*(Ben) Münih**li**yim.*	Ich komme aus München. / Ich bin Münchner/-in.
*Annem Ürgüp**lü**.*	Meine Mutter kommt aus Ürgüp.
*Babam Düsseldorf**lu**.*	Mein Vater kommt aus Düsseldorf.

Die Negation erfolgt mit *değil* (nicht, kein). Daran werden die Personalsuffixe angehängt.

(Ben) Münihli değilim.	Ich komme nicht aus München.
Onlar İstanbullu değil(ler).	Sie kommen nicht aus Istanbul. / Sie sind kein/keine Istanbuler/-innen.

Das Suffix *-li* ist vierförmig und richtet sich mit seinen Varianten nach dem letzten Vokal des Wortes, an das es angehängt wird. Ist der letzte Vokal des Bezugswortes

- *a* oder *ı*, dann steht   -*lı*: *Stuttgart**lı*** (Stuttgarter/-in),   *Iğdır**lı***
- *o* oder *u*,   -*lu*: *Bonn**lu*** (Bonner/-in),   *İstanbul**lu***
- *e* oder *i*,   -*li*: *Bern**li*** (Berner/-in),   *Berlin**li***
- *ö* oder *ü*,   -*lü*: *Köln**lü*** (Kölner/-in),   *Ürgüp**lü***

Ders 3
Nerelisin?

Sözlü Alıştırmalar 1|33-34

a.
- Siz nerelisiniz?
▶ Ben İstanbulluyum. Siz nerelisiniz?
- Ben Münihliyim.

1. İstanbullu
2. Kölnlü
3. Stuttgartlı
4. Münihli

b.
- Anneniz nereli?
▶ Annem Düsseldorflu.

1. anne: Düsseldorf
2. eş: Münih
3. Kant: Königsberg
4. Frauke: Köln
5. arkadaş: Ürgüp
6. baba: Weimar
7. Yasemin: Diyarbakır
8. Mozart: Salzburg

IĞDIR UND ÜRGÜP

Iğdır liegt in Ostanatolien in der Nähe des Bergs *Ağrı Dağı* (Ararat) und grenzt an Armenien, an die aserbaidschanische Autonome Republik Nachitschevan und an den Iran.

Ürgüp ist eine Kleinstadt und liegt in Kappadokien, unweit der zentralanatolischen Stadt *Nevşehir*. In der Nähe von *Ürgüp* befindet sich das weltberühmte Tal von *Göreme* mit in das Vulkangestein gehauenen Höhlenwohnungen und frühchristlichen Höhlenkirchen sowie märchenhaften geologischen Formationen, *peri bacaları* (Feenkamine) genannt, die durch Erosion aus dem Tuffstein herausgewaschen wurden.

49

3 Nerelisin?

Konuşma 3 1|35

Urs ◆, Renate ▲ und Selçuk ● unterhalten sich weiter.

▲ Selçuk Bey, siz nerede oturuyorsunuz?
● Ben Kınalıada'da oturuyorum. Ya siz?
▲ Biz şimdi İstanbul'da oturuyoruz.
● İstanbul'da nerede oturuyorsunuz?
▲ Kabataş'ta oturuyoruz.
● Ne tesadüf! Benim bürom da orada. Peki, İstanbul'da ne yapıyorsunuz?
▲ Biz öğretmeniz, bir lisede çalışıyoruz.
● Ha, enteresan. Hangi lisede?
▲ Alman Lisesi'nde.
...

▲ Herr Selçuk, wo wohnen Sie denn?
● Ich wohne auf der Insel Kınalı. Und Sie?
▲ Wir wohnen jetzt in Istanbul.
● Wo in Istanbul wohnen Sie?
▲ Wir wohnen in Kabataş.
● Was für ein Zufall! Mein Büro ist auch da. Und was machen Sie in Istanbul?
▲ Wir sind Lehrer, wir arbeiten an einem Gymnasium.
● Ah, interessant. An welchem Gymnasium?
▲ Am Deutschen Gymnasium.
...

Ders 3
Nerelisin?

- ◆ Sizin telefon numaranız kaç?
- ● 216 - 381 40 67.
- ◆ Benim telefon numaram 212 - 249 50 74.
- ● Bir kez daha lütfen.
- ◆ İki yüz on iki, iki yüz kırk dokuz, elli, yetmiş dört.
- ● Teşekkür ederim.
- ◆ Ben de teşekkür ederim.
- ● İşte Kınalıada. Ben burada iniyorum. Hoşça kalın.
- ◆ Siz de hoşça kalın.
- ▲ Güle güle.

- ◆ Wie ist denn Ihre Telefonnummer?
- ● 216 - 381 40 67.
- ◆ Meine Telefonnummer ist 212 - 249 50 74.
- ● Noch einmal, bitte.
- ◆ Zweihundertzwölf, zweihundertneunundvierzig, fünfzig, vierundsiebzig.
- ● Danke schön.
- ◆ Ich danke Ihnen auch.
- ● Das ist Kınalıada. Hier steige ich aus. Machen Sie's gut.
- ◆ Machen Sie's auch gut.
- ▲ Auf Wiedersehen.

Nach dem Wohnort fragen, den Wohnort angeben

Auf die Frage *nerede?* (wo?) antwortet man mit dem Lokativ (Wo-Fall). Er wird mit dem zweiförmigen Lokativsuffix *-de* bzw. *-da* gebildet und an die Ortsangabe angehängt. Es wird bei Eigennamen mit einem Apostroph abgetrennt.
Wenn die Ortsangabe auf einen stimmlosen Konsonanten (*ç, f, h, k, p, s, ş*) endet, lautet das Lokativsuffix *-te* bzw. *-ta*. Dabei kann Ihnen als Eselsbrücke der Satz *Efe paşa çok hasta* (Efe Pascha ist sehr krank) helfen, der alle stimmlosen Konsonanten enthält.

Der letzte Vokal des Wortes ist

a, ı, o oder *u*:	İstanbul'**da**	in Istanbul
	Düsseldorf'**ta**	in Düsseldorf
e, i, ö oder *ü*:	lise**de**	im/am/auf dem Gymnasium
	Münih'**te**	in München

Das Verb *oturmak* bedeutet „wohnen" oder „sitzen". Wenn Sie die Infinitivendung *-mak* abtrennen, erhalten Sie den Verbstamm *otur-* (wohn-). Daran werden dann das passende Präsenssuffix *-uyor* und die entsprechenden Personalsuffixe angehängt. Weiteres zum Präsens lernen Sie in *Ders* 4.

Sen	nerede	oturuyor**sun**?	Wo wohn**st du**?
Siz	nerede	oturuyor**sunuz**?	Wo wohn**en Sie**/wohn**t ihr**?
Ben	Kınalıada'da	oturuyor**um**.	**Ich** wohn**e** auf Kınalıada.
Biz	Kabataş'ta	oturuyor**uz**.	**Wir** wohn**en** in Kabataş.

3 Nerelisin?

Nach der Telefonnummer fragen, die Telefonnummer angeben

(Senin) Telefon numaran kaç? Wie ist deine Telefonnummer?
(Sizin) Telefon numaranız kaç? Wie ist Ihre/eure Telefonnummer?
(Benim) Telefon numaram 216 - 381 40 67. Meine Telefonnummer ist 216 - 381 40 67.

Die Telefonnummern werden in der Regel paarweise angegeben. Bei ungerader Anzahl der Ziffern wird zuerst eine Dreiergruppe gebildet.
030 - 26 45 88   *sıfır otuz, yirmi altı, kırk beş, seksen sekiz.*
216 - 381 40 67   *iki yüz on altı, üç yüz seksen bir, kırk, altmış yedi.*

Bitte beachten Sie, dass im Türkischen nicht „**ein**hundert" oder „**ein**tausend", sondern nur hundert *(yüz)* und tausend *(bin)* gesagt wird.

Sözlü Alıştırmalar

a.
- Siz nerede oturuyorsunuz?
▶ Ben Kınalıada'da oturuyorum. Ya siz?
- Biz Kabataş'ta oturuyoruz.

1. Kınalıada
2. İstanbul
3. Berlin
4. Köln
5. Kabataş
6. Düsseldorf
7. Paris
8. Ürgüp

b.
- Sizin telefon numaranız kaç?
▶ 216 - 381 40 67.
- Bir kez daha lütfen.
▶ İki yüz on altı, üç yüz seksen bir, kırk, altmış yedi.

1. 216 - 381 40 67
2. 030 - 249 50 74
3. 211 45 58
4. 0539 - 657 14 20

Selçuk Gülcan
Akasya Caddesi 17
34997 Kınalıada-İstanbul
Tel.: 216 – 381 40 67
E-mail: gülsel72@suponline.tr

Avukat
Yasemin Çağlar

Güneşli Sokak 21
34410 Kabataş-İstanbul
Tel.: 212 – 126 99 01
Faks: 212 – 1269902
Cep: 0539 – 417 55 83

Ders 3
Nerelisin?

Dilbilgisi

Der Lokativ und das Lokativsuffix *-de*

Der Lokativ (Wo-Fall) antwortet auf die Frage *nerede?* (wo?) bzw. *kimde?* (bei wem?) und wird mit dem Lokativsuffix *-de* gebildet, das man im Deutschen mit den Präpositionen „an", „auf", „in", „bei" oder „zu" wiedergeben kann.
Im Gegensatz zu der Partikel *de* (auch), die Sie in *Ders* 2 gelernt haben, ist das Lokativsuffix betont und wird an das Bezugswort angehängt. Nach Eigennamen wird es mit einem Apostroph getrennt. Es ist zweiförmig und lautet *-de* bzw. *-da*, nach den stimmlosen Konsonanten (ç, f, h, k, p, s, ş, t) *-te* bzw. *-ta*. Merkspruch: *Efe paşa çok hasta* (Efe Pascha ist sehr krank).

Ist der letzte Vokal dann steht	*a, ı, o* oder *u* *-da, -ta*		*e, i, ö* oder *ü* *-de, -te*	
*nere**de**?* wo?	Ankara'**da**	in Ankara	ev**de**	zu Hause
	Diyarbakır'**da**	in Diyarbakır	diskotek**te**	in der Diskothek
	Düsseldorf'**ta**	in Düsseldorf	Ürgüp'**te**	in Ürgüp
*kim**de**?* bei wem?	Canan'**da**	bei Canan	Güngör'**de**	bei Güngör
	Yusuf'**ta**	bei Yusuf	İpek'**te**	bei İpek

Die Lokativsuffixe kann man auch an Personalpronomen anhängen: *bende* (bei mir), *sende* (bei dir), *onda* (bei ihm/ihr), *bizde* (bei uns), *sizde* (bei Ihnen/euch), *onlarda* (bei ihnen).
Heike sende mi?   Ist Heike bei dir?   *Biz Yusuf'tayız.*   Wir sind bei Yusuf.

Die Fragewörter *kimde, nerede* und die Ortspronomen *burada, şurada* und *orada*

Mit dem Lokativsuffix werden auch Fragewörter und Ortspronomen gebildet. Die Ortspronomen *bura, şura* und *ora* sind von den Demonstrativpronomen *bu, şu* und *o* abgeleitet, die Sie in *Ders* 2 gelernt haben.

kim?	wer?		*kimde?*	bei wem?
nere?	welcher Ort?, welche Stelle?		*nerede?*	wo?, an welchem Ort?
bura	dieser Ort, dieser Ort hier		*burada*	hier, an diesem Ort
şura	der Ort da		*şurada*	da, dort, an dem Ort da
ora	der Ort dort (größere Entfernung)		*orada*	dort (größere Entfernung)

Großschreibung

Im Türkischen werden die Wörter am Satzanfang, Eigennamen, Nationalitäts- und Sprachbezeichnungen, Ortsnamen und davon abgeleitete Wörter sowie Bezeichnungen für Ämter und Institute mit großen Anfangsbuchstaben geschrieben.

3 Ders Nerelisin?

Alıştırmalar

Yazılı Alıştırmalar

1. Ordnen Sie die Nationalitätsbezeichnungen den Ländernamen zu. Wissen Sie, um welche Länder es sich handelt? Wenn nicht, dann finden Sie im Wortschatz die Übersetzungen.

> İsveçli • Alman • İsviçreli • Çinli • İspanyol • Avusturyalı • Macar • Polonyalı • Türk
> • İngiliz • Yunan • İtalyan • Japon • Fransız

a. Almanya *Alman*
b. Türkiye _____
c. Fransa _____
d. İngiltere _____
e. İspanya _____
f. İtalya _____
g. Japonya _____

h. Macaristan _____
i. Yunanistan _____
j. Avusturya _____
k. Çin _____
l. İsveç _____
m. İsviçre _____
n. Polonya _____

Ders 3
Nerelisin?

2. *Mı, mi, mu* oder *mü*? Welche Fragepartikel passt? Ergänzen Sie sie.

a. Herbert hasta _mı_ ?
b. Eşin Stuttgartlı ___ ?
c. O Japon ___ ?
d. Ayşe yorgun ___ ?
e. Anneniz Çek ___ ?
f. Heidi İsviçreli ___ ?
g. Adınız Jörg ___ ?
h. Cem Türk ___ ?

3. *O nereli?* Ergänzen Sie die Suffixe *-lı, -li, -lu* oder *-lü*.

a. Ömür Antalya_lı_ .
b. Heidi Bern___ .
c. Frauke Köln___ .
d. Cem Brühl___ .
e. Ceren Diyarbakır___ .
f. Jacques Paris___ .
g. Björn Oslo___ .
h. Michael Hamburg___ .

4. *-de*, *-da*, *-te* oder *-ta*? Ergänzen Sie die Lokativsuffixe.

a. Ben Ankara'_da_ oturuyorum.
b. Sen Frankfurt'___ oturuyorsun.
c. O Berlin'___ oturuyor.
d. Biz Münih'___ oturuyoruz.
e. Siz Roma'___ oturuyorsunuz.
f. Onlar Paris'___ oturuyorlar.

5. Welche Frage passt zu welcher Antwort?

a. Affedersiniz, siz kimsiniz?
b. Senin adın Jörg mü?
c. Siz nerelisiniz?
d. Siz Berlinli misiniz?
e. Arkadaşın nereli?
f. Eşiniz de Alman mı?
g. Can nerede oturuyor?
h. Sen nerede oturuyorsun?
i. Sen şimdi neredesin?

1. Hayır, benim adım Frank.
2. O Alman.
3. Ben evdeyim.
4. Benim adım Heike. Ya siz?
5. O İstanbul'da oturuyor.
6. Ben Berlin'de oturuyorum.
7. Evet, o da Alman.
8. Evet, biz Berlinliyiz.
9. Ben Düsseldorfluyum.

55

3 Ders Nerelisin?

CD Alıştırmaları

1. Hören Sie zu und sprechen Sie nach.

İngiliz*im*.	İngiliz*iz*.	Ürgüplü*yüm*.	Ürgüplü*yüz*.
İngiliz*sin*.	İngiliz*siniz*.	Ürgüplü*sün*.	Ürgüplü*sünüz*.
İngiliz.	İngiliz*ler*.	Ürgüplü.	Ürgüplü*ler*.

2. Die Grundzahlen von 100 bis 1.000.000. Hören Sie zu und sprechen Sie nach.

100	yüz		106	yüz altı
200	iki yüz		217	iki yüz on yedi
300	üç yüz		328	üç yüz yirmi sekiz
400	dört yüz		439	dört yüz otuz dokuz
1.000	bin		1.001	bin bir
2.000	iki bin		1.952	bin dokuz yüz elli iki
3.000	üç bin		2.025	iki bin yirmi beş
1.000.000	bir milyon		3.583	üç bin beş yüz seksen üç

3. Kreuzen Sie die Zahl an, die Sie hören. Schreiben Sie sie dann aus.

a. ☐ 112 ☑ 121 *yüz yirmi bir*
b. ☐ 423 ☐ 432 _____
c. ☐ 634 ☐ 643 _____
d. ☐ 756 ☐ 765 _____
e. ☐ 1984 ☐ 1948 _____
f. ☐ 2015 ☐ 2150 _____

4. Sie hören ein Gespräch zwischen İlyas und Bianca. Welche der folgenden Aussagen trifft zu. Kreuzen Sie an.

a. Bianca
   ☐ 1. Londralı.
   ☐ 2. Malmölü.
   ☐ 3. Dublinli.
b. İlyas
   ☐ 1. İstanbullu.
   ☐ 2. İzmirli.
   ☐ 3. İnegöllü.
c. Bianca İstanbul'da
   ☐ 1. Eyüp'te.
   ☐ 2. Cihangir'de.
   ☐ 3. Bebek'te oturuyor.
d. İlyas İstanbul'da
   ☐ 1. Üsküdar'da.
   ☐ 2. Moda'da.
   ☐ 3. Kabataş'ta oturuyor.

5. Arbeiten Sie nun die weiteren mündlichen Übungen auf der CD durch.

Ders 3
Nerelisin?

Kelime Dağarcığı

Nach dem Herkunftsort fragen, den Herkunftsort angeben

(Sen) Nerelisin?	Woher kommst du?
(Siz) Nerelisiniz?	Woher kommen Sie/kommt ihr?
(Ben) Almanım.	Ich bin Deutsche/-r. / Ich komme aus Deutschland.
(Biz) Kölnlüyüz.	Wir sind Kölner/-innen. / Wir kommen aus Köln.
(Ben) İstanbulluyum.	Ich bin/komme/stamme aus Istanbul.
(Sen) Türk müsün?	Bist du Türke/-in? / Kommst du aus der Türkei?
Evet, (ben) Türküm.	Ja, ich bin Türke/-in. / Ja, ich komme aus der Türkei.
(Siz) İtalyan mısınız?	Sind Sie/Seid ihr Italiener/-innen?
Hayır, İtalyan değilim, İspanyolum.	Nein, ich bin kein Italiener, ich bin Spanier.

Nach dem Wohnort fragen, den Wohnort angeben

(Sen) Nerede oturuyorsun?	Wo wohnst du?
(Siz) Nerede oturuyorsunuz?	Wo wohnen Sie/wohnt ihr?
İstanbul'da nerede oturuyorsunuz?	Wo in Istanbul wohnen Sie/wohnt ihr?
(Ben) Köln'de oturuyorum.	Ich wohne in Köln.
(Biz) Düsseldorf'ta oturuyoruz.	Wir wohnen in Düsseldorf.

Weitere Fragen und Antworten

(Senin) Telefon numaran kaç?	Wie ist deine Telefonnummer?
(Sizin) Telefon numaranız kaç?	Wie ist Ihre/eure Telefonnummer?
(Benim) Telefon numaram 286 24 33.	Meine Telefonnummer ist 286 24 33.
İstanbul'da ne yapıyorsunuz?	Was machen Sie/macht ihr in Istanbul?
Bir lisede çalışıyoruz.	Wir arbeiten an einem Gymnasium.
(Senin) Adresin ne?	Wie ist deine Adresse?
(Sizin) Adresiniz ne?	Wie ist Ihre/eure Adresse?
(Benim) Adresim ...	Meine Adresse ist ...

Weitere Wendungen

Ne tesadüf!	Was für ein Zufall!
Enteresan. / İlginç.	Interessant.
Bir kez daha lütfen.	Noch einmal, bitte.
(Ben) Burada iniyorum.	Ich steige hier aus.
(Benim) Büroma da orada.	Mein Büro ist auch dort.
Şimdi sıra sizde.	Nun sind Sie/seid ihr an der Reihe.

3 Ders Nerelisin?

Ländernamen und Nationalitätsbezeichnungen

Almanya: Alman
Japonya: Japon
Türkiye: Türk
Çek Cumhuriyeti: Çek
Fransa: Fransız
İngiltere: İngiliz
İspanya: İspanyol
Bulgaristan: Bulgar
Ermenistan: Ermeni
Macaristan: Macar
Yunanistan: Yunan
Amerika Birleşik Devletleri: Amerikalı
Avusturya: Avusturyalı
Bavyera: Bavyeralı
Belçika: Belçikalı
Çin: Çinli
İran: İranlı
İsveç: İsveçli
İsviçre: İsviçreli
Norveç: Norveçli
Peru: Perulu
Polonya: Polonyalı

Deutschland: Deutsche/-r
Japan: Japaner/-in
Türkei: Türke/Türkin
Tschechische Republik: Tscheche/Tschechin
Frankreich: Franzose/Französin
England: Engländer/-in
Spanien: Spanier/-in
Bulgarien: Bulgare/Bulgarin
Armenien: Armenier/-in
Ungarn: Ungar-/in
Griechenland: Grieche/Griechin
USA: Amerikaner/-in
Österreich: Österreicher/-in
Bayern: Bayer/Bayrin
Belgien: Belgier/-in
China: Chinese/Chinesin
Iran: Iraner/-in
Schweden: Schwede/Schwedin
Schweiz: Schweizer/-in
Norwegen: Norweger/-in
Peru: Peruaner/-in
Polen: Pole/Polin

4 Ders

Ne iş yapıyorsun?

4  Ders
Ne iş yapıyorsun?

Konuşma 1

Ein Marktforschungsinstitut ▲ in Ankara führt mit Kerem ● eine telefonische Umfrage über sein Arbeitsleben durch.

▲ Sizin mesleğiniz ne?	▲ Was sind Sie von Beruf?
● Gözlükçüyüm.	● Ich bin Optiker.
▲ Nerede çalışıyorsunuz?	▲ Wo arbeiten Sie?
● Bir gözlükçüde çalışıyorum.	● Ich arbeite bei einem Optiker.
▲ Haftada kaç saat çalışıyorsunuz?	▲ Wie viele Stunden in der Woche arbeiten Sie?
● Haftada kırk beş saat çalışıyorum.	● Ich arbeite fünfundvierzig Stunden in der Woche.
▲ Hafta sonunda da çalışıyor musunuz?	▲ Arbeiten Sie am Wochenende auch?
● Hayır, hafta sonunda çalışmıyorum.	● Nein, am Wochenende arbeite ich nicht.
▲ Öğlende nerede yemek yiyorsunuz?	▲ Wo essen Sie zu Mittag?
● Lokantada veya dönercide yiyorum.	● Ich esse im Restaurant oder in einem Dönerladen.
▲ İşiniz nasıl?	▲ Wie ist Ihre Arbeit?
● İşim iyi, ama yorucu.	● Meine Arbeit ist gut, aber anstrengend.
▲ İşinizden memnun musunuz?	▲ Sind Sie mit Ihrer Arbeit zufrieden?
● Evet, işimden memnunum.	● Ja, ich bin mit meiner Arbeit zufrieden.

Ders 4
Ne iş yapıyorsun?

Nach dem Beruf fragen, den Beruf angeben

Mit der Frage *Senin mesleğin ne? / Sizin mesleğiniz ne?* (Was bist du/sind Sie von Beruf?, wörtlich: Was ist dein/Ihr Beruf?) fragen Sie jemanden nach dem Beruf. Auf diese Frage antworten Sie mit dem Beruf und dem passenden Personalsuffix, z. B. *gözlükçü + y + üm*.

Senin mesleğin ne?	(Ben) Gözlükçüyüm.	Ich bin Optiker/-in.
Sizin mesleğiniz ne?	(Ben) Öğretmenim.	Ich bin Lehrer/-in.
	(Ben) Dönerciyim.	Ich bin Dönerverkäufer/-in.

Das Suffix -*ci*

Einige Berufsbezeichnungen werden im Türkischen mit dem Suffix *-ci* gebildet. Es ist vierförmig und lautet *-cı, -ci, -cu* oder *-cü*.

posta → posta**cı**	Post → Briefträger/-in
döner → döner**ci**	Döner → Dönerverkäufer/-in
futbol → futbol**cu**	Fußball → Fußballer/-in
ütü → ütü**cü**	Bügeleisen → Bügler/-in

Nach den stimmlosen Konsonanten (*ç, f, h, k, p, s, ş, t*; Merkspruch: *Efe **p**aşa **ç**ok **h**asta*) wird das *-c* zu *-ç*. Das Suffix lautet dann *-çı, -çi, -çu* oder *-çü*.

balık → balık**çı**	Fisch → Fischer/-in
diş → diş**çi**	Zahn → Zahnarzt/-ärztin
tavuk → tavuk**çu**	Henne → Hähnchenverkäufer/-in
gözlük → gözlük**çü**	Brille → Optiker/-in

Die mit dem Suffix *-ci* abgeleiteten Substantive können verschiedene Bedeutungen haben. So bezeichnet *dönerci* z. B. primär eine Person, die mit Döner handelt, Döner herstellt bzw. verkauft oder aber das Geschäft, in dem Döner hergestellt bzw. verkauft wird. Die sekundäre Bedeutung wäre eine Person, die mit Vorliebe oder oft Döner isst. Andere Beispiele sind:

yol → yolcu	Weg → der/die Reisende
şaka → şakacı	Scherz → Spaßvogel

Über die Arbeit sprechen

İşin nasıl? / İşiniz nasıl?	Wie ist deine Arbeit? / Wie ist Ihre Arbeit?
İşim ilginç, ama zor.	Meine Arbeit ist interessant, aber schwierig.
İşim kolay, ama sıkıcı.	Meine Arbeit ist leicht, aber langweilig.
İşinizden memnun musunuz?	Sind Sie mit Ihrer Arbeit zufrieden?
Evet, işimden memnunum.	Ja, ich bin mit meiner Arbeit zufrieden.
Hayır, işimden memnun değilim.	Nein, ich bin mit meiner Arbeit nicht zufrieden.

4 Ders
Ne iş yapıyorsun?

Memnun haben Sie im Sinne von „erfreut" in *Ders* 1 gelernt. Hier steht *memnun* für „zufrieden" und verlangt eine Ergänzung im Ablativ: *-den memnun*. Der Ablativ wird in den Erläuterungen zu *Konuşma* 3 erklärt.

Singular bei Mengenangaben

*Haftada kaç **saat** çalışıyorsunuz?*   Wie viele Stunden in der Woche arbeiten Sie?
*Haftada kırk beş **saat** çalışıyorum.*   Ich arbeite fünfundvierzig Stunden in der Woche.

Dieser Ausschnitt aus dem Dialog enthält eine Besonderheit bei Mengenangaben im Türkischen. Sowohl in der Frage nach *kaç?* (wie viel/-e?) als auch in der Antwort nach *kırk beş* (fünfundvierzig) steht das Wort *saat* (Stunde) im Singular. Nach *kaç* und nach Zahlen steht das Bezugswort immer im Singular.

Sözlü Alıştırmalar

a.
- Sizin mesleğiniz ne?
▶ Gözlükçüyüm.
- Nerede çalışıyorsunuz?
▶ Bir gözlükçüde çalışıyorum.
- Haftada kaç saat çalışıyorsunuz?
▶ Haftada kırk beş saat çalışıyorum.

1. gözlükçü / gözlükçü / 45 saat
2. öğretmen / okul (Schule) / 28 saat
3. sekreter / firma / 30 saat
4. gazeteci / gazete (Zeitung) / 50 saat
5. dönerci / dönerci / 55 saat
6. doktor / hastane / 35 saat

b.
- İşiniz nasıl?
▶ İşim iyi, ama yorucu.
- İşinizden memnun musunuz?
▶ Evet, işimden memnunum.

1. iyi – yorucu / evet
2. ilginç – zor / evet
3. kolay – sıkıcı / hayır
4. enteresan – yorucu / hayır

Ders
Ne iş yapıyorsun? 4

ANKARA

Ankara (früher Angora, antiker Name Ancyra) ist seit der Staatsgründung im Jahr 1923 die Hauptstadt der Türkischen Republik und mit etwas mehr als 4 Millionen Einwohnern nach der 12-Millionen-Metropole Istanbul die zweitgrößte Stadt des Landes. Die Lage in Zentralanatolien, der Ankara sein Hauptstadtdasein verdankt, beschert der Stadt ein ziemlich raues Kontinentalklima mit heißen, trockenen Sommern und kalten, schneereichen Wintern und den Ruf, eins der trockensten Gebiete der Türkei zu sein.

In Ankara befindet sich *Anadolu Medeniyetleri Müzesi* (Museum für anatolische Zivilisationen), das bedeutendste archäologische Museum der Türkei. Etwa 80 km südwestlich von Ankara liegt Gordion, der Legende nach bekannt durch den Gordischen Knoten, den Alexander der Große im Jahr 334 v. Chr. mit seinem Schwert durchtrennt haben soll.

4 Ders
Ne iş yapıyorsun?

Konuşma 2

Die Interviewerin ▲ setzt das Gespräch mit Kerem ● fort.

▲ Şimdi de size kişisel birkaç soru sormak istiyorum.
● Buyurun.
▲ Kaç yaşındasınız?
● Otuz sekiz yaşındayım.
▲ Evli misiniz?
● Evet, evliyim.
▲ Çocuğunuz var mı?
● Evet, bir oğlum var.
▲ Eşiniz ne iş yapıyor?
● Eşim tezgâhtar, ama şimdi çalışmıyor.
▲ Çalışmıyor mu? Niçin?
● Çünkü oğlumuz henüz üç yaşında.
▲ Yani, şimdi ev kadını.
● Evet, öyle.
▲ Teşekkür ederim.
● Bir şey değil.

▲ Und nun möchte ich Ihnen einige persönliche Fragen stellen.
● Bitte sehr.
▲ Wie alt sind Sie?
● Ich bin achtunddreißig Jahre alt.
▲ Sind Sie verheiratet?
● Ja, ich bin verheiratet.
▲ Haben Sie Kinder?
● Ja, ich habe einen Sohn.
▲ Was macht Ihre Frau beruflich?
● Meine Frau ist Verkäuferin, aber sie arbeitet derzeit nicht.
▲ Arbeitet sie nicht? Weshalb?
● Weil unser Sohn erst drei Jahre alt ist.
▲ Also, sie ist derzeit Hausfrau.
● Ja, so ist es.
▲ Ich bedanke mich.
● Bitte schön.

Ders
Ne iş yapıyorsun? 4

Nach dem Alter fragen, das Alter angeben

Mit *Kaç yaşında?* (Wie alt?, wörtlich: In welchem Alter?) fragen Sie jemanden nach dem Alter, indem Sie die entsprechenden Personalsuffixe anhängen.

(Sen) Kaç yaşındasın?	Wie alt bist du?
– *(Ben) 38 yaşındayım.*	– Ich bin 38 Jahre alt.
(Siz) Kaç yaşındasınız?	Wie alt sind Sie?
– *(Ben) 23 yaşındayım.*	– Ich bin 23 Jahre alt.
(O) Kaç yaşında?	Wie alt ist er/sie?
– *(O) 3 yaşında.*	– Er/Sie ist 3 Jahre alt.

Nach dem Familienstand fragen, den Familienstand angeben

Evli misin?	Bist du verheiratet?
– *Hayır, evli değilim.*	– Nein, ich bin nicht verheiratet.
Evli misiniz?	Sind Sie verheiratet?
– *Hayır, bekârım.*	– Nein, ich bin ledig.
– *Evet, evliyim.*	– Ja, ich bin verheiratet.
Evli misiniz?	Seid ihr verheiratet?
– *Evet, evliyiz.*	– Ja, wir sind verheiratet.

Wiedergabe von „haben" (*var* und *yok*)

Var bedeutet „es ist vorhanden, es existiert". Es übernimmt in Verbindung mit den besitzanzeigenden Suffixen (Possessivsuffixen) die Funktion des Verbs „haben" und drückt Besitz aus. *Yok* bedeutet das Gegenteil, also „es ist nicht vorhanden, es existiert nicht".

Çocuğun var mı?	Hast du Kinder?
– *Evet, bir oğlum var.*	– Ja, ich habe einen Sohn.
Çocuğunuz var mı?	Haben Sie Kinder?
– *Evet, iki kızım var.*	– Ja, ich habe zwei Töchter.
– *Hayır, çocuğum yok.*	– Nein, ich habe keine Kinder.

Der Vokalausfall

Einige zweisilbige Wörter, die in der letzten Silbe einen der Vokale *-ı*, *-i*, *-u* oder *-ü* enthalten, verlieren diesen, wenn ein Suffix angehängt wird, das mit einem Vokal beginnt: *oğul* (Sohn) → *oğulum* → *oğlum* (mein Sohn)
Im alphabetischen Wortschatzregister am Ende des Buches werden Sie darauf folgendermaßen aufmerksam gemacht: *oğul, oğlu*.
Dieses Phänomen ist im Deutschen vergleichbar mit „verzweif<u>el</u>n/Verzweiflung" oder „dunk<u>el</u>/dunkler".

4 Ders
Ne iş yapıyorsun?

Sözlü Alıştırmalar

a.

- Kaç yaşındasınız?
- Otuz sekiz yaşındayım.

1. 38
2. 23
3. 34
4. 45

b.

- Evli misiniz?
- Evet, evliyim.
- Çocuğunuz var mı?
- Evet, bir oğlum var.

1. evli / 1 oğul
2. bekâr / 0
3. dul (verwitwet) / 2 kız
4. evli / 1 kız ve 1 oğul
5. bekâr / 1 oğul ve iki kız
6. evli / 0

Konuşma 3

Nach der Arbeit trifft Kerem ● zufällig Aslı ◆, die er seit langem nicht gesehen hat.

◆ Merhaba, Kerem.	◆ Hallo, Kerem.
● Merhaba, Aslı. Nereden böyle?	● Hallo, Aslı. Woher (kommst du) denn gerade?
◆ İşten geliyorum.	◆ Ich komme von der Arbeit.
● İşten mi? Ne iş yapıyorsun?	● Von der Arbeit? Was machst du denn beruflich?
◆ Reklamcılık yapıyorum.	◆ Ich arbeite als Werbegrafikerin.
● Reklamcılık mı yapıyorsun? Sen fotoğrafçı değil misin?	● Du arbeitest als Werbegrafikerin? Bist du nicht Fotografin?

Ders 4
Ne iş yapıyorsun?

◆ Evet, ama şimdi reklamcı olarak çalışıyorum.
● Reklamcılık nasıl?
◆ Reklamcılık çok ilginç, ama yorucu.

● İşinden memnun musun?
◆ Evet, memnunum. Sen ne iş yapıyorsun?
● Biliyorsun, ben gözlükçüyüm ve hâlâ gözlükçülük yapıyorum.
◆ Peki, sen işinden memnun musun?
● Memnunum, ama gözlükçülük de yorucu. Evden işe, işten eve.

◆ Bu akşam ne yapıyorsun?
● Eve gidiyorum. Ya sen?
◆ Ben sinemaya gidiyorum. Hadi, sen de gel.
● Maalesef olmaz. Leyla yemeğe bekliyor.
◆ O zaman, hoşça kal. Leyla'ya benden selam söyle!
● Olur. Sen de hoşça kal.

◆ Ja, aber derzeit arbeite ich als Werbegrafikerin.
● Wie ist die Werbegestaltung?
◆ Die Werbegestaltung ist sehr interessant, aber anstrengend.

● Bist du mit deiner Arbeit zufrieden?
◆ Ja, ich bin zufrieden. Was machst du denn beruflich?
● Du weißt, ich bin Optiker und arbeite immer noch als Optiker.
◆ Bist du denn mit deiner Arbeit zufrieden?
● Ich bin zufrieden, aber mein Beruf ist auch anstrengend. Ich pendle zwischen zu Hause und der Arbeit.

◆ Was machst du heute Abend?
● Ich gehe nach Hause. Und du?
◆ Ich gehe ins Kino. Los, komm doch mit!
● Leider geht es nicht. Leyla erwartet (mich) zum Essen.
◆ Dann auf Wiedersehen. Richte Leyla von mir Grüße aus!
● O.K. Auf Wiedersehen.

Ne iş yapıyorsun? (Was machst du beruflich?)

Eine weitere Möglichkeit, nach dem Beruf zu fragen, ist: *Ne iş yapıyorsun?* (wörtlich: Was für eine Arbeit machst du?) Die Antwort darauf lautet dann:

(Ben) *Reklamcıyım.*   Ich bin Werbegrafiker/-in.
(Ben) *Reklamcı olarak çalışıyorum.* Ich arbeite als Werbegrafiker/-in.
(Ben) *Reklamcılık yapıyorum.* Ich arbeite als Werbegrafiker/-in. (wörtlich: Ich übe den Werbegrafikerberuf aus.)

Bitte beachten Sie, dass *olarak* (als) nach dem Bezugswort *reklamcı* steht.

Das Suffix *-lik*

Das Suffix *-lik* ist vierförmig und lautet *-lık*, *-lik*, *-luk* oder *-lük*. Mit diesem Suffix werden von Substantiven neue Substantive abgeleitet. In dieser Lektion lernen Sie die mit *-lik* abgeleiteten Berufsbezeichnungen.

4 Ders
Ne iş yapıyorsun?

Wie Sie den obigen Beispielen entnehmen können, bezeichnet *reklamcı* eine Person, die Werbegrafiker ist, *reklamcılık* aber die ausgeübte Tätigkeit des Werbegrafikers.

avukat	Rechtsanwalt/-anwältin	*Avukat**lık** yapıyorum.*	Ich übe den Rechtsanwaltsberuf aus.
öğretmen	Lehrer/-in	*Öğretmen**lik** yapıyorum.*	Ich übe den Lehrerberuf aus.
doktor	Arzt/Ärztin	*Doktor**luk** yapıyorum.*	Ich übe den Arztberuf aus.
gözlükçü	Optiker/-in	*Gözlükçü**lük** yapıyorum.*	Ich übe den Optikerberuf aus.
gazeteci	Journalist/-in	*Gazeteci**lik** nasıl?*	Wie ist Journalismus?

Sözlü Alıştırma

a.

- Ne iş yapıyorsun?
▶ Reklamcılık yapıyorum.

1. reklamcılık yapmak
2. sekreterlik yapmak
3. gazetecilik yapmak
4. doktor olarak çalışmak
5. hemşire (Krankenschwester) olarak çalışmak
6. fotoğrafçı olarak çalışmak

Der Ablativ und das Ablativsuffix *-den*

Der Ablativ (Woher-Fall) antwortet auf die Fragen *nereden?* (woher?) bzw. *kimden?* (von wem?) und wird im Deutschen mit den Präpositionen „aus" oder „von" wiedergegeben. Der Ablativ wird mit dem Ablativsuffix gebildet. Dieses ist zweiförmig und lautet *-den* bzw. *-dan*, nach den stimmlosen Konsonanten *-ten* bzw. *-tan*. Das Ablativsuffix ist betont. Nach Eigennamen gilt auch hier die Trennung mit einem Apostroph.

Der letzte Vokal eines Wortes, an das das Ablativsuffix angehängt wird, ist

	*nere**den**?* (woher?)		*kim**den**?* (von wem?)	
a, ı, o oder *u*	*Ankara'**dan***	aus/von Ankara	*Aslı'**dan***	von Aslı
	*büro**dan***	vom Büro	*Hans'**tan***	von Hans
e, i, ö oder *ü*	*ev**den***	von zu Hause	*Brigitte'**den***	von Brigitte
	*iş**ten***	von der Arbeit	*Mehmet'**ten***	von Mehmet

Die Ortspronomen (→ *Ders* 3) im Ablativ lauten: *buradan* (von hier), *şuradan* (von da), *oradan* (von dort). Die Pluralformen lauten *buralardan, şuralardan, oralardan*.
Die Ablativsuffixe werden auch an Personalpronomen angehängt: *benden* (von mir), *senden* (von dir), *ondan* (von ihm/ihr), *bizden* (von uns), *sizden* (von euch/Ihnen), *onlardan* (von ihnen).

Ders 4
Ne iş yapıyorsun?

Sözlü Alıştırma

b.

- Nereden böyle?
▶ İşten geliyorum.

1. iş – gelmek
2. ev – gelmek
3. büro – gelmek
4. kurs – gelmek

Der Dativ und das Dativsuffix -(y)e

Der Dativ (Wem-Fall) antwortet auf die Fragen *kime?* (wem?, zu wem?), *neye?* (zu was?, wozu?) oder *nereye?* (wohin?). Den Dativ kann man im Deutschen mit dem Dativ, den Präpositionen „nach, zu" oder den Richtungsangaben „auf/an/in den usw." wiedergeben. Er wird mit dem zweiförmigen Dativsuffix *-e* bzw. *-a* gebildet. Wenn das Bezugswort auf einen Vokal endet, wird ein *-y-* als Bindekonsonant eingeschoben. Das Dativsuffix wird betont. Die Personennamen werden im Türkischen auch in den Dativ gesetzt. Das Dativsuffix wird bei Eigennamen mit einem Apostroph getrennt.

Der letzte Vokal eines Wortes, an das das Dativsuffix angehängt wird, ist

	nereye? (wohin?)		*kime?* (wem?, zu wem?)	
a, ı, o oder u	İstanbul'**a**	nach Istanbul	Aslı'**ya**	(der) Aslı/zu Aslı
	sinema**ya**	ins/zum Kino	baba**na**	(zu) deinem Vater
e, i, ö oder ü	ev**e**	nach Hause	Peter'**e**	(dem) Peter/zu Peter
	iş**e**	zur Arbeit	annem**e**	(zu) meiner Mutter

Die Ortspronomen im Dativ lauten: *buraya* (hierher), *şuraya* (dahin), *oraya* (dorthin). Die Personalpronomen im Dativ lauten: *bana* (mir), *sana* (dir), *ona* (ihm/ihr), *bize* (uns), *size* (euch/Ihnen), *onlara* (ihnen). Die Pluralformen lauten: *buralara, şuralara, oralara.*

Sözlü Alıştırma

c.

- Bu akşam ne yapıyorsun?
▶ Sinemaya gidiyorum.

1. sinema – gitmek
2. maç (Fußballspiel) – gitmek
3. konser – gitmek
4. diskotek – gitmek

69

4 Ders
Ne iş yapıyorsun?

BOHRENDE FRAGEN

Wundern Sie sich nicht, wenn Sie in einem Gespräch mit sehr persönlichen Fragen konfrontiert werden, auch wenn Sie der Meinung sind, dass Ihr Beruf, ob Sie gut verdienen oder Ersparnisse haben, wohin Sie gerade gehen, woher Sie kommen, ob Sie verheiratet sind und Kinder haben und wenn ja, wie viele etc. Ihren Gesprächspartner nichts angeht. Diese können Ihnen z. B. von Ihrem Sitznachbarn während eines Fluges, einer Bus-, Bahn- oder Fährfahrt gestellt werden und bekunden kein tiefer gehendes Interesse an Ihnen und die neugierige Person möchte auch nicht unbedingt mit Ihnen flirten, selbst wenn sie wissen möchte, ob Sie alleinstehend sind. Aber es mag Ausnahmen geben …

Dilbilgisi

Der Zirkumflex ^

Der Zirkumflex (^) kommt nur in wenigen Lehnwörtern auf dem *â* (noch seltener auf dem *û* oder *î*) nach *g*, *k* oder *l* vor und weist darauf hin, dass *g*, *k* oder *l* im Mund nicht hinten, sondern vorn artikuliert werden (Aussprache im Deutschen ähnlich wie gj, kj, lj): z. B. *tezgâhtar* (Verkäufer/-in), *bekâr* (ledig) (→ *Konuşma* 1).
Nach anderen Konsonanten, z. B. nach dem *h* in *hâlâ*, verlängert der Zirkumflex das *a* oder *u* (→ *Konuşma* 3). Nach der gängigen Rechtschreibung wird der Zirkumflex nur dann verwendet, wenn ein Wort mit und ohne Zirkumflex verschiedene Bedeutungen hat, z. B. *hâlâ* (noch, immer noch) ↔ *hala* (Tante mütterlicherseits).

Der Konsonantenwechsel

Wenn ein Wort oder ein Wortstamm auf *ç*, *k*, *p* oder *t* endet und das folgende Suffix mit einem Vokal beginnt, dann wird *ç*, *k*, *p* oder *t* zu *c*, *ğ*, *b* oder *d*. Diese lautliche Besonderheit kommt bei vielen mehrsilbigen und einigen wenigen einsilbigen Wörtern vor. Im alphabetischen Wortschatzregister werden Sie darauf folgendermaßen hingewiesen: *meslek, -ği*.

meslek (Beruf) → *mesleğiniz* (Ihr Beruf)   *kitap* (Buch) → *kitabım* (mein Buch)
çocuk (Kind) → *çocuğun* (dein Kind)   *ağaç* (Baum) → *ağacım* (mein Baum)
İpek → *İpek'e* (zu İpek)

Bei Eigennamen wird der Konsonantenwechsel zwar gesprochen, aber nicht geschrieben: z. B. *İpek'e* wird als *İpeğe* gesprochen.

Das -yor-Präsens

Im Türkischen wird ein Verlauf oder eine Tätigkeit in der Gegenwart sowie eine allgemeingültige Tatsache im sogenannten *-yor*-Präsens ausgedrückt. *Çalışıyorum* kann je nach Kontext „ich arbeite gerade" oder „ich bin berufstätig" bedeuten.

Die Bildung des -yor-Präsens

Der Infinitiv (die Grundform des Verbs) endet im Türkischen auf *-mek* oder *-mak*, z. B. *okumak* (lesen), *çalışmak* (arbeiten), *oturmak* (wohnen), *içmek* (trinken), *görmek* (sehen).

Wenn Sie die Infinitivendung *-mek* oder *-mak* abtrennen, erhalten Sie den Verbstamm: *çalış-* (arbeit-), *otur-* (wohn-), *iç-* (trink-), *gör-* (seh-), *oku-* (les-).

Um das Präsens zu bilden, werden an den Verbstamm zuerst das Präsenssuffix *-(i)yor* und dann die Personalsuffixe, die Sie aus der zweiten Lektion kennen, angehängt.

Ders 4
Ne iş yapıyorsun?

a. Der Verbstamm endet auf -ı, -i, -u oder -ü
In diesem Fall wird an den Verbstamm das Präsenssuffix -yor angehängt. Da die 3. Person Singular kein Personalsuffix hat, lautet die Form: *okuyor* (er/sie liest).

b. Der Verbstamm endet auf einen Konsonanten
In diesem Fall ist das Präsenssuffix vierförmig und lautet: -ıyor, -iyor, -uyor oder -üyor. Welche Form an den Verbstamm angefügt wird, hängt vom letzten Vokal des Verbstamms ab.

Ist der letzte Vokal des Verbstamms

- *a* oder *ı*, dann wird das Suffix   -ıyor angehängt: z. B.   çalışıyor   er/sie arbeitet
- *o* oder *u*,   -uyor   oturuyor   er/sie wohnt
- *e* oder *i*,   -iyor   içiyor   er/sie trinkt
- *ö* oder *ü*,   -üyor   görüyor   er/sie sieht

c. Der Verbstamm endet auf -a oder -e
In diesem Fall ist es am leichtesten, den Auslautvokal -a oder -e zu streichen und sich dann wie oben am letzten Vokal zu orientieren.

anlamak	verstehen	anla-	versteh-	anlıyor	er/sie versteht
oynamak	spielen	oyna-	spiel-	oynuyor	er/sie spielt
istemek	wollen	iste-	woll-	istiyor	er/sie will
söylemek	sagen	söyle-	sag-	söylüyor	er/sie sagt

d. Die Verneinung im -yor-Präsens
Die Verneinung der Verben erfolgt im Türkischen nicht mit einem eigenen Wort, sondern mit dem zweiförmigen Negationssuffix -me oder -ma. Es wird an den Verbstamm angehängt und bildet dadurch einen negativen Verbstamm. Die Silbe vor dem Negationssuffix wird <u>betont</u>.

Der letzte Vokal des Verbstamms ist

- *a* oder *ı*   çalışmak   arbeiten   çalış<u>ma</u>mak   nicht arbeiten
- *o* oder *u*   oturmak   wohnen   otur<u>ma</u>mak   nicht wohnen
- *e* oder *i*   istemek   wollen   is<u>te</u>memek   nicht wollen
- *o* oder *u*   görmek   sehen   gör<u>me</u>mek   nicht sehen

Wenn man jetzt die Infinitivendung -mak oder -mek abtrennt, erhält man den negativen Verbstamm, der immer auf -e oder -a endet. Das Präsens wird dann wie oben gebildet.

çalışma-	nicht arbeit-	çalış<u>mı</u>yor	er/sie arbeitet nicht
oturma-	nicht wohn-	otur<u>mu</u>yor	er/sie wohnt nicht
isteme-	nicht woll-	is<u>te</u>miyor	er/sie will nicht
görme-	nicht seh-	gör<u>mü</u>yor	er/sie sieht nicht

Ders 4
Ne iş yapıyorsun?

e. Lautliche Besonderheiten
Bei zwei Verben, *yemek* (essen) und *demek* (sagen), wird der Stammvokal zu *-i*.

ye-	ess-	→	yiyor	er/sie isst	yeme-	nicht ess-	→ yemiyor	er/sie isst nicht
de-	sag-	→	diyor	er/sie sagt	deme-	nicht sag-	→ demiyor	er/sie sagt nicht

Bei den Verben *gitmek* (gehen) und *etmek* (tun, machen) wird das *-t* am Verbstamm zu *-d*.

git-	geh-	→	gidiyor	er/sie geht	gitme-	nicht geh-	→ gitmiyor	er/sie geht nicht
et-	tu-	→	ediyor	er/sie tut	etme-	nicht tu-	→ etmiyor	er/sie tut nicht

f. Die Entscheidungsfrage im *-yor*-Präsens
Wie Sie in *Ders* 3 gelernt haben, werden Entscheidungsfragen im Türkischen mit der Fragepartikel *mi* gebildet. Sie steht nach dem Präsenssuffix *-(i)yor* und lautet deshalb immer *mu*. Sie wird aber getrennt geschrieben. Die Personalsuffixe werden an *mu* angehängt. Die 3. Person Plural hat zwar kein Personalsuffix, aber wenn man das Personalpronomen weglässt, endet sie auf das Pluralsuffix *-lar* oder *-ler*. Die Fragepartikel lautet dann *mı* oder *mi*. Sehen Sie sich dazu auch die Konjugation im Präsens an.

Hafta sonunda da çalışıyor musunuz?   Arbeiten Sie auch am Wochenende?
Eşiniz çalışmıyor mu?   Arbeitet Ihre Frau nicht?

Die Konjugation im *-yor*-Präsens

Ben geliyorum.   Ich komme.   *Sen geliyor musun?*   Kommst du?
Ben gelmiyorum. Ich komme nicht.   *Sen gelmiyor musun?* Kommst du nicht?

In der Tabelle ist als Beispiel das gesamte Konjugationsschema des Verbs *gelmek* (kommen) angegeben.

	bejaht	bejahte Frage	verneint	verneinte Frage
ben	geliyorum	geliyor muyum?	gelmiyorum	gelmiyor muyum?
sen	geliyorsun	geliyor musun?	gelmiyorsun	gelmiyor musun?
o	geliyor	geliyor mu?	gelmiyor	gelmiyor mu?
biz	geliyoruz	geliyor muyuz?	gelmiyoruz	gelmiyor muyuz?
siz	geliyorsunuz	geliyor musunuz?	gelmiyorsunuz	gelmiyor musunuz?
onlar	geliyor	geliyor mu?	gelmiyor	gelmiyor mu?
(onlar)	geliyorlar	geliyorlar mı?	gelmiyorlar	gelmiyorlar mı?

4 Ders
Ne iş yapıyorsun?

Alıştırmalar

Yazılı Alıştırmalar

1. Welche Frage und welche Antwort passen zusammen? Ordnen Sie zu.

   a. Ne iş yapıyorsun?
   b. Nerede çalışıyorsun?
   c. Haftada kaç saat çalışıyorsun?
   d. Hafta sonunda çalışıyor musun?
   e. İşin nasıl?
   f. Evli misin?
   g. Çocuğun var mı?
   h. Eşin ne iş yapıyor?
   i. Kaç yaşındasın?

   1. O da bankacı.
   2. Hayır, evli değilim.
   3. Bankacılık yapıyorum.
   4. Hayır, yok.
   5. Yirmi dört yaşındayım.
   6. İşim kolay ve enteresan.
   7. Hayır, çalışmıyorum.
   8. Otuz sekiz saat çalışıyorum.
   9. Bir bankada çalışıyorum.

2. *Nerede çalışıyor?* Ergänzen Sie die fehlenden Wörter mit den passenden Suffixen.

   diskotek • ~~dönerci~~ • okul • üniversite • gözlükçü • gazete • hastane • postane

   a. Dönerci _dönercide_ çalışıyor.
   b. DJ _____ çalışıyor.
   c. Hemşire _____ çalışıyor.
   d. Gözlükçü _____ çalışıyor.
   e. Postacı _____ çalışıyor.
   f. Öğretmen _____ çalışıyor.
   g. Profesör _____ çalışıyor.
   h. Gazeteci _____ çalışıyor.

3. Ergänzen Sie die Fragewörter.

   kaç • kim • kimden • nasıl • nasıl • ne • ~~nerede~~ • nerede • nereye

   a.
   ■ _Nerede_ çalışıyorsunuz?
   ▶ Bir gazetede.
   ■ Sizin mesleğiniz _____?
   ▶ Fotoğrafçıyım.
   b.
   ■ Posta kartı _____?
   ▶ Markus'tan.
   ■ Markus _____?
   ▶ İstanbul'da.
   c.
   ■ O _____?
   ▶ Bilmiyorum.

   d.
   ■ _____ gidiyorsun?
   ▶ Kursa gidiyorum. Ya sen?
   ■ Ben sinemaya gidiyorum.
   e.
   ■ İşin _____?
   ▶ Çok yorucu.
   ■ Haftada _____ saat çalışıyorsun?
   ▶ Elli saat.
   f.
   ■ Merhaba Yusuf, _____sın?
   ▶ Sağ ol, iyiyim. Ya sen?
   ■ Sağ ol, ben de iyiyim.

Ders 4
Ne iş yapıyorsun?

4. Ergänzen Sie die fehlenden Suffixe.

a. ▪ Yasemin ne iş yap_____?
b. ▪ Siz ne iş yap_____?
c. ▪ İşiniz kolay _____?
d. ▪ Deniz nerede otur_____?
e. ▪ Sen lokantada ne y_____?
f. ▪ Siz barda ne iç_____?

▶ O doktor olarak çalış_____.
▶ Ben şoför_____ yap_____.
▶ Hayır, dönerci_____ çok zor.
▶ Berlin'de otur_____.
▶ Döner y_____.
▶ Bira iç_____.

5. Bilden Sie Sätze.

a. sen / ad / ne ?
b. sen / meslek / ne ?
c. sen / ne iş / yapmak ?
d. ben / dönercilik yapmak
e. ben / gazeteci olarak / çalışmak
f. sen / evli ?
g. hayır / ben / evli değil
h. sen / çocuk / var ?
i. evet / ben / iki çocuk / var
j. ben / lokanta / çay içmek

CD Alıştırmaları 2|8-12

1. Sie hören Substantive, an die Sie die folgenden Suffixe anhängen sollen.

a. Das vierförmige Suffix *-ci*
b. Das vierförmige Suffix *-lik*
c. Das zweiförmige Dativsuffix *-(y)e*
d. Das zweiförmige Ablativsuffix *-den*

2. Hören Sie die folgenden Wortpaare und kreuzen Sie das Wort an, das Sie zuerst hören.

a. ☐ hâlâ   ☐ hala
b. ☐ kâr   ☐ kar
c. ☐ bekâr   ☐ dekar
d. ☐ âdet   ☐ adet

4 Ders
Ne iş yapıyorsun?

3. Konjugation im Präsens. Hören Sie zu und sprechen Sie nach. Beachten Sie, dass die Silbe vor dem Negationssuffix <u>betont</u> wird.

a. Diskotekten geliyorum.   Diskotekten <u>gel</u>miyorum.
b. Gazete okuyorum.   Roman o<u>ku</u>muyorum.
c. Sinemaya gidiyorum.   Maça <u>git</u>miyorum.
d. Döner yiyorum.   Döner <u>ye</u>miyorum.
e. Telefon ediyorum.   Telefon <u>et</u>miyorum.

4. *Doğru mu, yanlış mı?* (Richtig oder falsch?)
Ein Interviever von einem Forschungsinstitut führt mit Şebnem eine Umfrage durch. Lesen Sie zuerst die unten abgedruckten Aussagen. Hören Sie dann den Dialog und schreiben Sie für falsche Aussagen ein ***y*** (*yanlış*) und für richtige ein ***d*** (*doğru*). Korrigieren Sie dann die falschen Aussagen.

a. _d_   Şebnem bankacı olarak çalışıyor.   _____
b. __   Haftada otuz sekiz saat çalışıyor.   _____
c. __   Hafta sonunda çalışmıyor.   _____
d. __   İşinden memnun değil.   _____
e. __   Bankacılık çok yorucu.   _____
f. __   Şebnem evli.   _____

5. Arbeiten Sie nun die weiteren mündlichen Übungen auf der CD durch.

Ders 4
Ne iş yapıyorsun?

Kelime Dağarcığı

Einige Berufsbezeichnungen

mühendis	Ingenieur/-in	hemşire	Krankenschwester
tezgâhtar	Verkäufer/-in	öğretmen	Lehrer/-in
manav	Gemüsehändler/-in	kasap	Metzger/-in
garson	Kellner/-in	avukat	Rechtsanwalt/-anwältin
berber / kuaför	Friseur/-in	şoför	Fahrer/-in
ev kadını	Hausfrau	sekreter	Sekretär/-in
işçi	Arbeiter/-in	fizikçi	Physiker/-in

Nach dem Beruf fragen, den Beruf angeben

Mesleğin ne?	Was bist du von Beruf?
Mesleğiniz ne?	Was sind Sie/seid ihr von Beruf?
Ne iş yapıyorsun?	Was machst du beruflich?
Ne iş yapıyorsunuz?	Was machen Sie/macht ihr beruflich?
Gazeteciyim.	Ich bin Journalist/-in.
Gazetecilik yapıyorum.	Ich arbeite als Journalist/-in.
Gazeteci olarak çalışıyorum.	Ich arbeite als Journalist/-in.

Über den Beruf sprechen

Nerede çalışıyorsun?	Wo arbeitest du?
Nerede çalışıyorsunuz?	Wo arbeiten Sie/arbeitet ihr?
Gözlükçüde çalışıyorum.	Ich arbeite bei einem Optiker.
Haftada kaç saat çalışıyorsun?	Wie viele Stunden in der Woche arbeitest du?
Haftada kırk saat çalışıyorum.	Ich arbeite vierzig Stunden in der Woche.
Hafta sonunda da çalışıyor musun?	Arbeitest du auch am Wochenende?
Evet, hafta sonunda da çalışıyorum.	Ja, ich arbeite auch am Wochenende.
Hayır, hafta sonunda çalışmıyorum.	Nein, ich arbeite am Wochenende nicht.
İşin nasıl?	Wie ist deine Arbeit?
İşiniz nasıl?	Wie ist Ihre/eure Arbeit?
İşim enteresan, ama yorucu.	Meine Arbeit ist interessant, aber anstrengend.
İşim ilginç ve kolay.	Meine Arbeit ist interessant und leicht.
İşinden memnun musun?	Bist du mit deiner Arbeit zufrieden?
İşinizden memnun musunuz?	Sind Sie/Seid ihr mit Ihrer/eurer Arbeit zufrieden?
(Evet,) işimden memnunum.	(Ja,) ich bin mit meiner Arbeit zufrieden.
(Hayır,) işimden memnun değilim.	(Nein,) ich bin mit meiner Arbeit nicht zufrieden.
işsiz – işsizlik	arbeitslos – Arbeitslosigkeit
Hâlâ işsizim.	Ich bin immer noch arbeitslos.

4 Ders
Ne iş yapıyorsun?

Nach dem Familienstand fragen, den Familienstand angeben

Evli misin?	Bist du verheiratet?
Evli misiniz?	Sind Sie/Seid ihr verheiratet?
Evet, evliyim.	Ja, ich bin verheiratet.
Hayır, evli değilim.	Nein, ich bin nicht verheiratet.
Bekârım.	Ich bin ledig.
Dulum.	Ich bin verwitwet.
Çocuğun var mı?	Hast du Kinder?
Çocuğunuz var mı?	Haben Sie/Habt ihr Kinder?
Evet, bir çocuğum var.	Ja, ich habe ein Kind.
Hayır, çocuğum yok.	Nein, ich habe keine Kinder.

Weitere Fragen und Antworten

Kaç yaşındasın?	Wie alt bist du?
Kaç yaşındasınız?	Wie alt sind Sie/seid ihr?
24 yaşındayım.	Ich bin 24 Jahre alt.
Ben öğrenciyim.	Ich bin Schüler/-in.
Ben üniversite öğrencisiyim.	Ich bin Student/-in.
Ben üniversiteye gidiyorum.	Ich gehe auf die Universität.
Ben üniversitede okuyorum.	Ich studiere an der Universität.
Nereden böyle?	Woher kommst du denn gerade?
Nereden geliyorsun?	Woher kommst du?
İşten geliyorum.	Ich komme von der Arbeit.
Bu akşam nereye gidiyorsunuz?	Wohin gehen Sie/geht ihr heute Abend?
Bu akşam konsere gidiyorum.	Heute Abend gehe ich ins Konzert.

Wichtig fürs Gespräch

o zaman, öyleyse	dann / in diesem Fall / unter diesen Umständen
olur	O.K. / in Ordnung / das geht
olmaz	das geht nicht
maalesef	leider
Haydi! (*Kurzform:* Hadi!)	Los! / Komm!
Bir şey değil.	Nichts zu danken. / Keine Ursache! / Bitte schön.

5 Ders

Hadi sen de gel!

5 Ders
Hadi sen de gel!

Konuşma 1

Die Studentin Çiğdem ◆ telefoniert mit ihrem Kommilitonen Ferhat ●, mit dem sie und Heike, eine gemeinsame Bekannte, verabredet waren.

(Telefon çalıyor.)
- ● Efendim?
- ◆ Günaydın Ferhat, ben Çiğdem.
- ● Günaydın Çiğdem.
- ◆ Hâlâ uyuyor musun?
- ● Neden? Daha saat sekize çeyrek var.
- ◆ Sen öyle sanıyorsun. Saat şimdi onu yirmi geçiyor.
- ● Yok, hayır. Benim saatim henüz sekize çeyrek var.
- ◆ Senin saatin geri veya durmuş.

- ● Ha, evet, haklısın.
- ◆ Ve biz yarım saatten beri beyefendiyi bekliyoruz.
- ● Kimi bekliyorsunuz?
- ◆ Seni bekliyoruz.

(Das Telefon klingelt.)
- ● Ja, bitte?
- ◆ Guten Morgen, Ferhat, ich bin's, Çiğdem.
- ● Guten Morgen, Çiğdem.
- ◆ Schläfst du noch?
- ● Warum? Es ist erst Viertel vor acht.
- ◆ Das glaubst du. Es ist jetzt zwanzig nach zehn.
- ● Nein, nein. Auf meiner Uhr ist es erst Viertel vor acht.
- ◆ Deine Uhr geht nach oder sie ist stehen geblieben.
- ● Oh ja, du hast recht.
- ◆ Und wir warten seit einer halben Stunde auf Sie, Hochwohlgeboren.
- ● Auf wen wartet ihr?
- ◆ Wir warten auf dich.

Ders 5
Hadi sen de gel!

- Kusura bakmayın.
- Bugün öğleden sonra dersin var mı?
- Bugün öğleden sonra mı? Hımm, bir dakika ...
- Bak, en iyisi sen önce kalk. Soğuk bir duş yap ve sonra sıcak bir çay iç. Sonra da beni ara. Olur mu?
- Olur, olur.
- Haydi, hoşça kal. Tekrar uyuma!
- Tamam, hoşça kal.

- Es tut mir leid.
- Hast du heute Nachmittag Vorlesungen?
- Heute Nachmittag? Hmm, einen Augenblick ...
- Steh doch erst mal auf, nimm eine kalte Dusche und trink dann einen heißen Tee. Und ruf mich danach an. In Ordnung?
- O.K., O.K.
- Na dann tschüss. Schlaf nicht wieder ein!
- O.K., tschüss.

Beyefendi, hanımefendi

Die Anredeformen *beyefendi* (mein Herr) und *hanımefendi* (meine Dame) verwendet man, um eine unbekannte Person anzusprechen, sie werden aber auch humorvoll oder ironisch im Sinne von „Hochwohlgeboren, Majestät" benutzt.

Der bestimmte Akkusativ und das Akkusativsuffix *-(y)i*

Der bestimmte Akkusativ (im Deutschen mit dem bestimmtem Artikel) antwortet auf die Frage *kimi?* (wen?) bzw. *neyi?* (was?). Er wird mit dem vierförmigen Akkusativsuffix *-(y)i* gebildet und lautet *-i, -ı, -ü* oder *-u*. Wenn das Wort auf einen Vokal endet, wird ein *-y-* als Bindekonsonant eingeschoben. Das Akkusativsuffix wird betont. Es wird auch an Personen bzw. Eigennamen angehängt und dann mit einem Apostroph getrennt.

Der letzte Vokal des Wortes, an das das Akkusativsuffix angehängt wird, ist

	kimi? (wen?)		*neyi?* (was?)	
a oder *ı*	*çaycıyı*	den/die Teeverkäufer/-in	*çayı*	den Tee
o oder *u*	*doktoru*	den Arzt/die Ärztin	*telefonu*	das Telefon
e oder *i*	*Ute'yi*	(die) Ute	*gazeteyi*	die Zeitung
ö oder *ü*	*Jörg'ü*	(den) Jörg	*otobüsü*	den Bus

Die stimmlosen Konsonanten *-ç, -k, -p* und *-t* am Ende eines mehrsilbigen Wortes werden meistens stimmhaft, nämlich zu *-c, -ğ, -b* und *-d*, wenn ein Akkusativsuffix folgt (→ *Ders* 4, Konsonantenwandel), z. B. *ağaç* (der Baum) → *ağacı* (den Baum).

5 Ders
Hadi sen de gel!

Auch die Personalpronomen werden mit dem Akkusativsuffix *-(y)i* in den Akkusativ gesetzt und lauten: *beni* (mich), *seni* (dich), *onu* (ihn/sie), *bizi* (uns), *sizi* (euch/Sie), *onları* (sie).

Kimi bekliyorsunuz?	Auf wen wartet ihr? (wörtlich: Wen erwartet ihr?)
Seni bekliyoruz.	Wir warten auf dich. (wörtlich: Wir erwarten dich.)
Onu bekliyoruz.	Wir warten auf ihn/sie/es. (wörtlich: Wir erwarten ihn/sie/es.)

Die Demonstrativpronomen im Akkusativ lauten: *bunu* (diesen/diese/dieses, den/die/das hier), *şunu* (den/die/das da) und *onu* (den/die/das dort).

Die Ortspronomen im Akkusativ antworten auf die Frage *nereyi?* (wo?, welchen Ort?) und lauten: *burayı, şurayı, orayı* (den Ort hier, den Ort da, den Ort dort).

Den unbestimmten Akkusativ (im Deutschen ohne oder mit dem unbestimmten Artikel) lernen Sie in den Erklärungen zu *Konuşma* 2.

Sözlü Alıştırma

a.

- Kimi bekliyorsunuz?
- ▶ Seni bekliyoruz.

1. (biz) sen
2. (ben) siz
3. (biz) o
4. (ben) onlar
5. (biz) Ferhat
6. (ben) Björn
7. (biz) Zeynep
8. (ben) Arzu

Nach der Uhrzeit fragen, die Uhrzeit angeben (umgangssprachlich)

Mit der Frage *Saat kaç?* (Wie viel Uhr ist es? / Wie spät ist es?) erkundigt man sich nach der Uhrzeit. Die Varianten *Saatin kaç?* (Wie spät hast du es?) bzw. *Saatiniz kaç?* (Wie spät haben Sie es?) sind auch gängig.

Das Wort *saat* stammt aus dem Arabischen. Bei einigen sehr wenigen Lehnwörtern, die in der letzten Silbe einen dunklen Vokal enthalten und auf einen vorn artikulierten (stimmlosen) Konsonanten enden, richtet sich die Vokalharmonie nach der Aussprache. Deshalb: *saatiniz* (Ihre Uhr), *saatim* (meine Uhr), *saatler* (Uhren/Stunden). Darauf werden Sie im Wortschatzregister hingewiesen.

a. Die vollen und halben Stunden

In der umgangssprachlichen Zeitangabe werden wie im Deutschen nur die Stunden bis 12 verwendet. Die vollen Stunden werden mit *Saat bir/iki/on bir ...* (Es ist ein/zwei/elf ... Uhr.) angegeben. Für die Angabe der halben Stunden sagt man zuerst die volle vergangene Stunde und dann *buçuk*. Bitte beachten Sie, dass man für 12:30 Uhr bzw. 00:30 Uhr *Saat yarım* sagt.

Wie im Deutschen wird bei der Antwort das Wort *saat* (Uhr) oft weggelassen.

Ders 5
Hadi sen de gel!

09:30 bzw. 21:30	*Saat dokuz buçuk.*	Es ist halb zehn.
10:00 bzw. 22:00	*Saat on.*	Es ist zehn.
10:30 bzw. 22:30	*Saat on buçuk.*	Es ist halb elf.
12:30 bzw. 00:30	*Saat yarım.*	Es ist halb eins.

b. Nach der vollen Stunde

Die Minuten nach der vollen Stunde werden im Türkischen mit dem Verb *geçmek* (vorbeigehen, passieren, vergehen) ausgedrückt. Hier wird auch zuerst die volle Stunde genannt und mit dem vierförmigen Suffix *-(y)i* in den Akkusativ gesetzt. Danach nennt man die vergangenen Minuten und am Ende steht das Verb *geçiyor*.

01:05 bzw. 13:05	*Saat bir**i** beş geçiyor.*	Es ist fünf nach eins.
06:10 bzw. 18:10	*Saat altı**yı** on geçiyor.*	Es ist zehn vor sechs.
10:25 bzw. 22:25	*Saat on**u** yirmi beş geçiyor.*	Es ist fünfundzwanzig nach zehn.
04:20 bzw. 16:20	*Saat dörd**ü** yirmi geçiyor.*	Es ist zwanzig nach vier.

Bitte beachten Sie, dass das *t* von *dört* (vier) zu *d* wird, wenn ein Vokal folgt.

c. Vor der vollen Stunde

Mit *var* (es gibt) wird ausgedrückt, dass bis zur vollen Stunde noch Minuten vorhanden sind. Dabei wird die volle Stunde zuerst genannt und mit dem zweiförmigen Dativsuffix *-(y)e* bzw. *-(y)a* in den Dativ (→ Ders 4) gesetzt. Danach nennt man die vorhandenen Minuten und am Ende steht *var*.

01:55 bzw. 13:55	*Saat iki**ye** beş var.*	Es ist fünf vor zwei.
09:50 bzw. 21:50	*Saat on**a** on var.*	Es ist zehn vor zehn.

d. Viertel

Umgangssprachlich werden im Türkischen für fünfzehn Minuten *çeyrek* (Viertel) verwendet.

05:15 bzw. 17:15	*Saat beş**i** çeyrek geçiyor.*	Es ist Viertel nach fünf.
03:45 bzw. 15:45	*Saat dörd**e** çeyrek var.*	Es ist Viertel vor vier.

„Uhr" oder „Stunde"

Das Wort *saat* bedeutet sowohl „Uhr" als auch „Stunde" (→ Ders 4, Konuşma 1). *Saat* steht
- **vor** einer Zahlenangabe: *Saat üç.*   Es ist drei **Uhr**.
- **nach** einer Zahlenangabe: *Üç **saat** çalışıyorum.*   Ich arbeite drei **Stunden**.
                                       *yarım **saat**ten beri*   seit einer halben **Stunde**

Sözlü Alıştırma 2|15

b.

▪ Saat kaç?
▶ Saat onu yirmi geçiyor.

1. 10:20
2. 11:25
3. 12:30
4. 13:45
5. 14:50
6. 15:00
7. 16:15
8. 17:30

5 Ders
Hadi sen de gel!

Konuşma 2 2|16

Die beiden Freundinnen entschließen sich, in ein *muhallebici* ● zu gehen. Heike ▲ kauft für sich und Çiğdem etwas zum Essen und Trinken.

● Buyurun.	● Bitte sehr?
▲ Büyük bir çay ve bir kahve lütfen.	▲ Einen großen Tee und einen Kaffee, bitte.
● Başka bir şey istiyor musunuz?	● Haben Sie noch einen Wunsch?
▲ Börek var mı?	▲ Gibt es *börek*?
● Tabii. Peynirli, kıymalı, ıspanaklı, patatesli, ...	● Natürlich. Mit Käse, mit Gehacktem, mit Spinat, mit Kartoffeln, ...
▲ O zaman bir porsiyon peynirli, bir de ıspanaklı börek, lütfen.	▲ Dann eine Portion *börek* mit Käse und noch einen *börek* mit Spinat, bitte.
● Başka bir arzunuz var mı?	● Haben Sie einen weiteren Wunsch?
▲ Evet. Bu ne?	▲ Ja. Was ist das?
● Profiterol. Çikolatalı bir tatlı.	● Profiterol. Eine Süßspeise mit Schokolade.
▲ Peki, şu ne?	▲ Und was ist das da?
● O tavuk göğsü. O da bir tür tatlı.	● Das ist *tavuk göğsü*. Das ist auch eine Art Süßigkeit.
▲ Lezzetli mi?	▲ Schmeckt sie?
● Tabii, çok lezzetli.	● Natürlich, sie ist sehr lecker.
▲ O zaman bana bir de tavuk göğsü verin lütfen.	▲ Dann geben Sie mir bitte auch noch einen *tavuk göğsü*.
● Başka?	● Noch etwas?
▲ Yok, teşekkürler. Hepsi ne kadar?	▲ Nein, danke. Wie viel macht alles?
● Bir dakika. Hepsi beraber on üç lira elli kuruş.	● Einen Moment. Alles zusammen dreizehn Lira fünfzig Kuruş.
▲ Buyurun.	▲ Bitte schön.
● Buyurun, bir buçuk lira. Afiyet olsun.	● Bitte, anderthalb Lira. Guten Appetit.
▲ Teşekkür ederim.	▲ Danke schön.

Ders 5
Hadi sen de gel!

Der unbestimmte Akkusativ

Das Türkische verwendet beim unbestimmten Akkusativ kein Suffix, d.h. das Grundwort bleibt unverändert und steht in der Regel vor dem Verb.
Dies entspricht im Deutschen entweder dem unbestimmten Artikel, dem Negativartikel ...:

Bana bir tavuk göğsü verin lütfen.	Geben Sie mir einen *tavuk göğsü*, bitte.
Büyük bir çay ve bir kahve lütfen.	Einen großen Tee und einen Kaffee, bitte.
Börek yemiyorum.	Ich esse keinen *börek*.

... oder dem Nullartikel, wenn die Tätigkeit und nicht das Objekt hervorgehoben werden soll:

Ne yapıyorsun?	Was machst du?	*Kahve içiyorum.*	Ich trinke Kaffee.
Ne yapıyorsunuz?	Was macht ihr?	*Börek yiyoruz.*	Wir essen *börek*.

Bitte beachten Sie den Unterschied:

Unbestimmt: *Kahve içmiyorum.*	Ich trinke (prinzipiell) keinen Kaffee.
	Ich trinke (gerade) keinen Kaffee.
Bestimmt: *Kahveyi nasıl içiyorsun?*	Wie trinkst du den Kaffee?

Stellung des Zahlwortes *bir* (eins) in Verbindung mit einem Adjektiv

Im Türkischen werden die Adjektive (Eigenschaftswörter) nicht dekliniert. Beachten Sie, dass das Zahlwort *bir* (eins) **nach** dem Adjektiv steht.

Büyük bir çay, lütfen.	Einen großen Tee, bitte.
Soğuk bir duş yap!	Nimm eine kalte Dusche! (→ *Konuşma* 1)
Sıcak bir çay iç!	Trink einen heißen Tee! (→ *Konuşma* 1)

Var – yok

In *Ders* 3 haben Sie *var* in der Funktion von „haben" gelernt (*Çocuğunuz var mı?*). In dem Satz *Börek var mı?* (→ *Konuşma* 2) bedeutet *var* „es gibt" bzw. in der Frageform „gibt es". Diese Frage kann man mit dem Lokativsuffix und der Ortsangabe präzisieren. Die Antwort lautet *evet, var ...* (ja, es gibt ...) oder *hayır, yok ...* (nein, es gibt kein ...).

Börek var mı?	Haben Sie *börek*? / Gibt es bei Ihnen *börek*?
Sizde bira var mı?	Haben Sie Bier? / Gibt es bei Ihnen Bier?
Burada telefon var mı?	Gibt es hier ein Telefon?

5 Ders
Hadi sen de gel!

Die Suffixe -li und -siz

In *Ders* 3 haben Sie das Suffix *-li* im Sinne von „stammend aus" gelernt. Hier bedeutet *-li* „mit etwas versehen". Es ist vierförmig und lautet *-lı*, *-li*, *-lu* oder *-lü*. Es bildet Adjektive aus Substantiven, z. B.

fıstık → *fıstıklı*	Pistazie → mit Pistazien
şeker → *şekerli*	Zucker → gezuckert, süß
bulut → *bulutlu*	Wolke → wolkig
süt → *sütlü*	Milch → mit Milch
lezzet → *lezzetli*	Geschmack → geschmackvoll, lecker

Das Suffix *-siz* bildet das Gegenteil von *-li*. Es bedeutet im Deutschen „ohne, -los, un-". Es ist vierförmig und lautet *-sız*, *-siz*, *-suz* und *-süz*.

ıspanaksız	ohne Spinat	*şekersiz*	ohne Zucker, ungezuckert
bulutsuz	wolkenlos	*sütsüz*	ohne Milch
lezzetsiz	geschmacklos, fade	*işsiz*	arbeitslos

MUHALLEBİCİ

Die Vielfalt der türkischen Küche ist berühmt. Besonders hervorzuheben sind die zahlreichen Blätterteig-Spezialitäten. Diese mit unterschiedlichen Zutaten zubereiteten Gerichte heißen *börek*, z. B. *kıymalı* (mit Gehacktem), *peynirli* (mit Käse), *ıspanaklı* (mit Spinat) oder *patatesli* (mit Kartoffeln). Noch größer ist die Vielfalt bei den Süßspeisen. Neben den vielen Süßigkeiten (*baklava*, *künefe* usw.) gibt es mehrere Milch- und Puddingspeisen (*muhallebi*, *aşure* usw.). Ein *muhallebici* ist ein spezielles Geschäft, in dem man eine Reihe dieser Süßspeisen (*tatlılar*) und Eis (*dondurma*) essen kann. Da diese Spezialitäten meist ziemlich aufwändig zuzubereiten sind, kaufen viele sie lieber in einem *muhallebici*, anstatt sie zu Hause selbst zu machen. *Tavuk göğsü* ist eine dieser Milchspeisen. Der Name *tavuk göğsü* bedeutet „Hühnerbrust", weil dieses köstlich cremige Dessert, obwohl es nicht nach Huhn schmeckt, mit Hühnerbrustfasern zubereitet wird. In einem *muhallebici* gibt es auch eine große Auswahl an kalten Getränken. Neben stillem Wasser und den üblichen Erfrischungsgetränken können Sie hausgemachte *limonata* (Zitronenlimonade), z. B. mit frischen Minzeblättern (*nane*), oder *ayran* (Joghurtgetränk mit einer Prise Salz) trinken. Anschließend kann man einen frisch zubereiteten türkischen Mokka (*Türk kahvesi*) genießen. Denken Sie daran, dass der türkische Mokka bereits beim Kochen gesüßt wird. Deshalb sollten Sie sich schon bei der Bestellung entscheiden, wie Sie ihn haben möchten: *sade* (ohne Zucker), *az şekerli* (mit wenig Zucker), *orta şekerli* (mittel gesüßt) oder *şekerli* (mit viel Zucker).

Ders 5
Hadi sen de gel!

Sözlü Alıştırmalar 2|17-18

a.
- Buyurun?
- Ispanaklı börek var mı?
- Evet, var.
- Bir porsiyon ıspanaklı börek lütfen.

1. ıspanaklı börek / bir porsiyon
2. limonlu çay / bir bardak
3. tavuk göğsü / bir porsiyon
4. fıstıklı dondurma / iki
5. ayran / bir
6. Türk kahvesi / orta şekerli bir

b.
- Başka bir şey istiyor musunuz?
- Bu ne?
- Tavuk göğsü.
- Lezzetli mi?
- Tabii, lezzetli.
- O zaman bana bir de tavuk göğsü verin, lütfen.

1. bu ne / lezzetli / tavuk göğsü
2. şu ne / peynirli / börek
3. o ne / naneli / limonata
4. bu ne / taze / künefe
5. şu ne / soğuk / ayran
6. o ne / fıstıklı / baklava

Konuşma 3 2|19

Während Çiğdem ♦ und Heike ▲ im *muhallebici* sitzen und sich beim Essen und Trinken unterhalten, klingelt Çiğdems Handy. Ferhat ● ist dran.

▲ Kahveyi nasıl içiyorsun?
♦ Sütlü, ama şekersiz. Bir dakika, telefonum çalıyor.
(Çiğdem'in cep telefonu çalıyor.)
♦ Merhaba uykucu.
● Şakayı bırak, Çiğdem. Ne yapıyorsunuz?
♦ Çay, kahve içiyoruz, börek yiyoruz.
● Neredesiniz?
♦ Muhallebicideyiz. Ya sen?
● Ben yoldayım. Yarım saat sonra üniversiteye geliyorum.

▲ Wie trinkst du den Kaffee?
♦ Mit Milch, aber ohne Zucker. Einen Moment, mein Handy klingelt.
(Çiğdems Handy klingelt.)
♦ Hallo, Schlafmütze.
● Lass den Witz, Çiğdem. Was macht ihr?
♦ Wir trinken Tee, Kaffee und essen *börek*.
● Wo seid ihr?
♦ Wir sind im *muhallebici*. Und du?
● Ich bin unterwegs. Ich komme in einer halben Stunde in die Universität.

5 Ders
Hadi sen de gel!

- ◆ Bugün dersin var mı?
- ● Evet, var.
- ◆ Dersin saat kaçta başlıyor?
- ● İkiyi çeyrek geçe başlıyor. Ama dersten önce sizi görmek istiyorum.
- ◆ Artık geç. Olmaz.
- ● Dersten sonra olur mu?
- ◆ Ne yazık ki olmaz, çünkü biz yarım saat sonra alışverişe gidiyoruz.
- ● Peki, bu akşam ne yapıyorsunuz?
- ◆ Konsere gidiyoruz. Akşam Aya İrini'de güzel bir konser var. Hadi, sen de gel!

- ● Olur. Başka kim geliyor?
- ◆ Başka kimse gelmiyor.
- ● Konser saat kaçta başlıyor?
- ◆ Sekiz buçukta.
- ● Tamam. Saat kaçta ve nerede buluşuyorsunuz?
- ◆ Saat sekize çeyrek kala, girişte.
- ● Tamam. Heike'ye selam söyle.
- ◆ Olur. Hoşça kal.
- ● Hoşça kal.

- ◆ Hast du heute Vorlesungen?
- ● Ja, habe ich.
- ◆ Wann fängt deine Vorlesung an?
- ● Sie fängt um Viertel nach zwei an. Ich möchte euch aber vor der Vorlesung sehen.
- ◆ Nun ist es sehr spät. Es geht nicht mehr.
- ● Geht es nach der Vorlesung?
- ◆ Leider geht es nicht, weil wir in einer halben Stunde einkaufen gehen.
- ● Und was macht ihr heute Abend?
- ◆ Wir gehen ins Konzert. Am Abend gibt es in Aya Irini ein schönes Konzert. Los, komm du doch auch mit!

- ● O.K. Wer kommt sonst mit?
- ◆ Sonst kommt niemand mit.
- ● Wann fängt das Konzert an?
- ◆ Um halb neun.
- ● O.K.! Um viel Uhr und wo trefft ihr euch?

- ◆ Um Viertel vor acht am Eingang.
- ● In Ordnung. Grüß Heike von mir.
- ◆ Mach ich. Tschüss.
- ● Tschüss.

Ders 5
Hadi sen de gel!

Saat kaçta? (Um wie viel Uhr?)

Sie haben bereits gelernt, dass *Saat kaç?* „Wie spät ist es?" bedeutet. Mit dem Lokativsuffix *-de* (→ Ders 3) kann man die Frage *Saat kaçta?* (Um wie viel Uhr?) stellen.
Bei der Antwort auf die Frage *Saat kaçta?* wird bei vollen und halben Stunden ebenfalls das Lokativsuffix verwendet.

Saat birde.	Um ein Uhr.	*Saat dörtte.*	Um vier Uhr.
Saat altıda.	Um sechs Uhr.	*Saat on buçukta.*	Um halb elf.

Sie haben bereits gelernt, dass *saat bire beş var* „es ist fünf vor eins" bedeutet. Wenn man *var* durch *kala* ersetzt, bedeutet es „um fünf vor eins": *bire beş kala*. Um „um fünf nach eins" zu sagen, wird in dem Satz *saat biri beş geçiyor* (es ist fünf nach eins) *geçiyor* durch *geçe* ersetzt: *biri beş geçe*.

Zeitadverbien

gün	Tag	*bugün*	heute		
sabah	Morgen	*sabahleyin*	am Morgen	*bu sabah*	heute Morgen/früh
öğle	Mittag	*öğleden önce*	am Vormittag	*bugün öğleden önce*	heute Vormittag
		öğlen/öğleyin	am Mittag	*bugün öğlen/öğleyin*	heute Mittag
		öğleden sonra	am Nachmittag	*bugün öğleden sonra*	heute Nachmittag
akşam	Abend	*akşamleyin*	am Abend	*bu akşam*	heute Abend
gece	Nacht	*geceleyin*	in der Nacht	*bu gece*	heute Nacht

yarın (morgen), *yarın sabah* (morgen früh), *yarın öğleden önce* (morgen Vormittag) usw.
hergün (jeden Tag), *her akşam* (jeden Abend) usw.
önce (erst, zuerst), *sonra* (dann, danach), *daha sonra* (danach, später)
sabahları (morgens), *öğleden önceleri* (vormittags), *öğlenleri* (mittags), *öğleden sonraları* (nachmittags), *akşamları* (abends), *geceleri* (nachts)
hafta sonu/sonunda (am Wochenende), *hafta sonları/sonlarında* (an den Wochenenden)

Sözlü Alıştırmalar

a.

- Neredesiniz?
▶ Muhallebicideyiz.
- Ne yapıyorsunuz?
▶ Çay içiyoruz.

1. (biz) muhallebici / çay içmek
2. (ben) ev / televizyon izlemek
3. (biz) kahve / tavla oynamak
4. (biz) kantin / tost yemek
5. (ben) kafeterya / gazete okumak
6. (ben) lokanta / yemek yemek

5 Ders
Hadi sen de gel!

b.

- Bu akşam ne yapıyorsun?
- Bu akşam konsere gidiyorum.
- Konser saat kaçta başlıyor?
- Sekiz buçukta başlıyor.
- Saat kaçta bitiyor?
- Ona çeyrek kala bitiyor.

1. bu akşam: konser / 20:30 / 21:45
2. yarın sabah: üniversite / 8:15 / 10:00
3. yarın akşam: sinema / 18:30 / 20:55
4. bugün öğleden sonra: kurs / 15:15 / 18:30

AYA İRİNİ

Aya İrini (Hagia Irene [Penelope] oder Heiliger Frieden), die erste Kirche Konstantinopels, befindet sich im Vorhof des *Topkapı Sarayı*, des Machtzentrums des Osmanischen Reiches. Der Römische Kaiser Konstantin hat im 4. Jahrhundert diese Kirche auf den Ruinen der Römischen Tempel errichten lassen. Heute ist *Aya İrini* ein Museum und wegen der besonderen Akustik finden hier Jahr für Jahr Konzerte statt.

Ergänzungen der Verben

Die meisten Verben verlangen im Türkischen und Deutschen die gleichen Fälle. So werden z. B. viele Verben in den beiden Sprachen mit dem Akkusativ (Wen-Fall) verwendet. Beachten Sie, dass dennoch einige Verben im Türkischen einen unterschiedlichen Fall verlangen. Hier sind einige Beispiele aus dieser Lektion:

Heike'**ye** selam söyle.	-e selam söylemek	jemanden grüßen, jemandem Grüße ausrichten
Biz beyefend**iyi** bekliyoruz.	-i beklemek	auf jemanden/etwas warten, jemanden/etwas erwarten
Bana telefon et.	-e telefon etmek	jemanden anrufen
Be**ni** ara.	-i aramak	jemanden anrufen, jemanden/etwas (auf)suchen
Şaka**yı** bırak.	-i bırakmak	etwas sein lassen

Ders 5
Hadi sen de gel!

Dilbilgisi

Die offizielle Zeitangabe

Bei der offiziellen Zeitangabe (z. B. im Radio, am Flughafen usw.) sagt man zuerst die volle Stunde, dann die Minuten.
Auf die Frage *Saat kaç?* (Wie viel Uhr ist es?) lautet die Antwort:

23:00	*Saat yirmi üç.*	Es ist 23 Uhr.	02:14	*Saat iki on dört.*	Es ist 2 Uhr 14.
06:05	*Saat altı sıfır beş.*	Es ist 6 Uhr 5.	12:30	*Saat on iki otuz.*	Es ist 12 Uhr 30.
18:10	*Saat on sekiz on.*	Es ist 18 Uhr 10.	00:30	*Saat sıfır otuz.*	Es ist 0 Uhr 30.

Die Antwort auf *Saat kaçta?* (Um wie viel Uhr?) wird mit dem Lokativ gebildet.

23:00	*Saat yirmi üçte.*	Um 23 Uhr.	02:14	*Saat iki on dörtte.*	Um 2 Uhr 14.
06:05	*Saat altı sıfır beşte.*	Um 6 Uhr 5.	12:30	*Saat on iki otuzda.*	Um 12 Uhr 30.
18:10	*Saat on sekiz onda.*	Um 18 Uhr 10.	00:30	*Saat sıfır otuzda.*	Um 0 Uhr 30.

Bitte beachten Sie, dass bei der offiziellen Zeitangabe die umgangssprachlich üblichen Bezeichnungen *geçiyor/geçe* (nach), *var/kala* (vor), *buçuk/yarım* (halb) und *çeyrek* (Viertel) nicht gebraucht werden.

Die Postpositionen *-den beri* (seit), *-den önce* (vor) und *-den sonra* (in, nach)

Im Türkischen gibt es keine Präpositionen, sondern Postpositionen, denn sie stehen im Gegensatz zu den Präpositionen hinter dem Bezugswort.
Die Postposition *beri* (seit) verlangt den Ablativ, den Sie in *Ders* 4 gelernt haben.

saat beşten beri	seit fünf Uhr	*yarım saatten beri*	seit einer halben Stunde
saat altıdan beri	seit sechs Uhr	*on beş dakikadan beri*	seit fünfzehn Minuten

Die Adverbien *önce* (erst, zuerst) und *sonra* (dann, danach) werden auch als Postpositionen verwendet. Als Postposition verlangen *önce* (vor) und *sonra* (in, nach) ebenfalls den Ablativ, wenn sie hinter einem Substantiv oder einer Zeitangabe (Zeitpunkt) stehen.

dersten önce	vor der Vorlesung	*yemekten sonra*	nach dem Essen
saat beşten önce	vor fünf Uhr	*saat yediden sonra*	nach sieben Uhr
öğleden önce	am Vormittag	*öğleden sonra*	am Nachmittag

Sie verlangen aber den Nominativ, wenn sie hinter der Angabe einer Zeitspanne stehen.

beş dakika önce	vor fünf Minuten	*bir saat sonra*	in/nach einer Stunde
altı hafta önce	vor sechs Wochen	*üç ay sonra*	in/nach drei Monaten

5 Ders
Hadi sen de gel!

Bejahen oder verneinen

Im Türkischen kann man eine Entscheidungsfrage auf verschiedene Weise bejahen oder verneinen.

evet	ja		*hayır*	nein
olur	ja / geht in Ordnung / O.K.		*olmaz*	nein / das geht nicht
tamam	ja / einverstanden / alles klar		*yok*	nein / nicht einverstanden
tabii	ja / natürlich / klar		*asla*	nein / niemals

Hinzu kommt die Gestikulation: Bejahend mit dem Kopf nicken (nach unten), verneinend den Kopf nach hinten kippen und dabei die Augenbrauen hochziehen oder verneinend den Kopf schütteln.
Ein kurzes Schmatzen, erzeugt zwischen der Zungenspitze und den vorderen oberen Zähnen, bedeutet ein zwar unhöfliches, aber unmissverständliches Nein.

Der Imperativ (Befehls- und Aufforderungsform)

Der Imperativ entspricht in der 2. Person Singular *sen* (du) dem Verbstamm. In der 2. Person Plural *siz* (ihr, Sie) wird das vierförmige Suffix *-(y)in* angehängt. Die Verneinung bildet man mit dem Negationssuffix *-me* bzw. *-ma*. Beachten Sie, dass die Silbe vor dem Negationssuffix betont wird.

			içmek	**trinken**	**içmemek**	**nicht trinken**
2. Person Singular:	*sen*	du	*iç*	trink	*içme*	trink nicht
2. Person Plural:	*siz*	ihr	*için*	trinkt	*içmeyin*	trinkt nicht
Höflichkeitsform	*siz*	Sie	*için*	trinken Sie	*içmeyin*	trinken Sie nicht

			uyumak	**schlafen**	**uyumamak**	**nicht schlafen**
2. Person Singular:	*sen*	du	*uyu*	schlaf	*uyuma*	schlaf nicht
2. Person Plural:	*siz*	ihr	*uyuyun*	schlaft	*uyumayın*	schlaft nicht
Höflichkeitsform	*siz*	Sie	*uyuyun*	schlafen Sie	*uyumayın*	schlafen Sie nicht

Bei offiziellen Anweisungen (z. B. Verbotsschilder, Gebrauchsanweisungen) wird die Höflichkeitsform mit dem Suffix *-(y)iniz* gebildet.

*Soğuk iç**iniz**.*	Gekühlt trinken.
*Lütfen sigara içme**yiniz**!*	Bitte nicht rauchen!
*Lütfen bekle**yiniz**.*	Bitte warten Sie!
*Serin yerde muhafaza ed**iniz**.*	Bewahren Sie … an einem kühlen Ort auf.
*Lütfen kapıyı kapat**ınız**.*	Bitte schließen Sie die Tür.

Ders 5
Hadi sen de gel!

Alıştırmalar

Yazılı Alıştırmalar

1. Welche Frage und welche Antwort passen zusammen? Ordnen Sie zu.

a. Ne yapıyorsun?
b. Neredesin?
c. Nereye gidiyorsun?
d. Heike de geliyor mu?
e. Hafta sonu ne yapıyorsunuz?
f. Ahmet nereden geliyor?
g. Çiğdem nerede?
h. Bu akşam konser var mı?
i. Saat kaçta geliyorsun?

1. Eve.
2. Sinemadan.
3. Kitap okuyorum.
4. Üniversitede, çalışıyor.
5. Hayır, yok.
6. Onu çeyrek geçe.
7. İzmir'e gidiyoruz.
8. Hayır, o gelmiyor.
9. İşteyim.

2. Ergänzen Sie die fehlenden Verben und konjugieren Sie sie.

> dinlemek • ~~kalkmak~~ • gitmek • içmek • okumak • oynamak • öğrenmek • yazmak

a. Ben sabahları erken _kalkıyorum_ .
b. Sen kahvaltıda çay mı _____?
c. Ayşe büroda e-mail _____ .
d. Biz yarın alışverişe _____ .
e. Siz evde gazete _____?
f. Onlar hafta sonu futbol _____ .
g. Heike kursta Türkçe _____ .
h. O akşamları radyo _____ .

3. Ergänzen Sie die Fragewörter.

> kaç • kaçta • kimi • nasıl • ~~nereden~~ • neredesin

a.
▪ _Nereden_ geliyorsun?
▶ Evden geliyorum.

b.
▪ Saat _____ eve gidiyorsun?
▶ Sekiz buçukta.

c.
▪ Kahveyi _____ içiyorsun?
▶ Sütlü.

d.
▪ _____ bekliyorsunuz?
▶ Peter'i.

e.
▪ _____?
▶ Evdeyim.

f.
▪ Affedersiniz, saatiniz _____?
▶ Üçü çeyrek geçiyor.

5 Ders
Hadi sen de gel!

4. Stellen Sie die passende Frage anhand der kursiv gedruckten Angaben.

a.
- _Nereye gidiyorsun?_
▶ *Üniversiteye* gidiyorum.

b.
- _____
▶ Heike *sinemada*.

c.
- _____
▶ *Annemi* bekliyorum.

d.
- _____
▶ *İşe* gidiyoruz.

e.
- _____
▶ *Kafeteryadan* geliyorum.

f.
- _____
▶ Kurs saat *altı buçukta* bitiyor.

5. Ergänzen Sie die Dialoge.

a.
- Affedersiniz, saat kaç?
▶ Dördü çeyrek _____.
- Teşek____ ed_____.
▶ Bir ş____ değ____.

b.
- Affedersin, saat kaç?
▶ Dörde çeyrek _____.
- Sağ o_____.
▶ Bir ş____ değ____.

c.
- Affedersiniz, saat_____ kaç?
▶ Altı____ beş geçiyor.
- S____ o_____.
▶ B___ ş____ d_____.

d.
- Affeder_____, saatin kaç?
▶ On____ on var.
- S____ o_____.
▶ B___ ş____ değ____.

6. Was passt zusammen? Ordnen Sie zu.

a. 13:05
b. 09:03
c. 11:45
d. 16:30
e. 18:50
f. 12:30

1. Saat dört buçuk.
2. Saat yediye on var.
3. Saat biri beş geçiyor.
4. Saat yarım.
5. Saat on ikiye çeyrek var.
6. Saat dokuzu üç geçiyor.

7. *Yelda ne yapıyor?* (Was macht Yelda?)

a. Lesen Sie zuerst den Text.

Benim adım Yelda. Ben bekârım ve şimdi bir firmada sekreter olarak çalışıyorum. Ben her gün saat yediyi çeyrek geçe kalkıyorum. Önce duş yapıyorum, sonra giyiniyorum. Daha sonra kahvaltı ediyorum. Sekize beş kala işe gidiyorum. Saat sekiz buçukta işe başlıyorum. İşte telefon ediyorum, mektupları okuyorum ve mektuplara cevap yazıyorum. Saat beşte işten çıkıyorum.

Ders 5
Hadi sen de gel!

Sonra alışverişe gidiyorum. Alışverişten sonra eve gidiyorum. Evde önce yemek pişiriyorum, sonra yemek yiyorum. Yemekten sonra bazen televizyon izliyorum, bazen kitap okuyorum. Genellikle saat on birde yatıyorum.

b. Schreiben Sie neben die vorgegebenen Uhrzeiten, was Yelda macht.
1. 07:15   *Yelda kalkıyor.*
2. 07:15–08:00
3. 08:30
4. 08:30–17:00
5. 17:10
6. 23:00

CD Alıştırmaları 2|22-25

1. Sie hören einige Substantive zuerst ohne Suffix und dann mit den Suffixen *-i, -e, -de* und *-den*. Hören Sie zu und sprechen Sie nach.

a. ev – evi – eve – evde – evden
b. iş – işi – işe – işte – işten
c. Paola – Paola'yı – Paola'ya – Paola'da – Paola'dan
d. kurs – kursu – kursa – kursta – kurstan

2. Sie hören Aufforderungen, zuerst in bejahter und dann in verneinter Form. Hören Sie zu und sprechen Sie nach. Bitte achten Sie darauf, die Silbe vor dem Negationssuffix zu betonen.

a. git – gitme
b. gel – gelme
c. arayın – aramayın
d. okuyun – okumayın
e. yapın – yapmayın
f. yüzün – yüzmeyin

3. *Doğru mu, yanlış mı?* (Richtig oder falsch?)
Hören Sie zuerst den Dialog und schreiben Sie für falsche Aussagen ein **y** (*yanlış*) und für richtige ein **d** (*doğru*). Korrigieren Sie dann die falschen Aussagen.

a. _y_   Necdet bu akşam çalışıyor.   *Necdet bu akşam çalışmıyor.*
b. ___   Banu bu akşam kursa gidiyor.
c. ___   Necdet, Çiğdem'i tanıyor.
d. ___   Necdet de konsere gidiyor.
e. ___   Film sekiz buçukta başlıyor.
f. ___   Film dokuz buçukta bitiyor.

4. Arbeiten Sie nun die weiteren mündlichen Übungen auf der CD durch.

5 Ders
Hadi sen de gel!

Kelime Dağarcığı

Alltagstätigkeiten

kalkmak	aufstehen
duş yapmak/almak	duschen, eine Dusche nehmen
giyinmek	sich anziehen
kahvaltı yapmak/ etmek	frühstücken
işe gitmek	zur Arbeit gehen/fahren
telefon etmek	telefonieren
mektup yazmak/okumak	einen Brief schreiben/lesen
yemek pişirmek – yemek yemek	kochen – essen
alışveriş yapmak	einkaufen
çamaşır yıkamak – bulaşık yıkamak	Wäsche waschen – Geschirr spülen
temizlik yapmak	putzen, sauber machen
yatmak	sich (zum Schlafen) hinlegen

Freizeitbeschäftigungen

kitap/roman okumak	ein Buch/einen Roman lesen
sinemaya/tiyatroya/konsere gitmek	ins Kino/Theater/Konzert gehen
film izlemek/seyretmek	sich einen Film anschauen
müzik dinlemek	Musik hören
televizyon izlemek/seyretmek	fernsehen
gitar/piyano çalmak	Gitarre/Klavier spielen
spor yapmak	Sport machen/treiben
futbol/voleybol/tenis oynamak	Fußball/Volleyball/Tennis spielen
yüzmek	schwimmen
tavla oynamak	Backgammon spielen

Weitere Wendungen

Kusura bakma!	Es tut mir leid! (wörtlich: Nimm es mir nicht übel!)
Kusura bakmayın!	Es tut mir leid! (wörtlich: Nehmen Sie/Nehmt es mir nicht übel!)
Ne yazık ki olmaz.	Leider geht es nicht.
tanımak	kennen
konuşmak	sprechen
sigara içmek	rauchen
en iyisi	am besten

Ders 6

Buralarda seyahat acentesi var mı?

6 Ders
Buralarda seyahat acentesi var mı?

Konuşma 1 2|26

Zwei Freunde, Ali ● und Tarık ▲, sprechen darüber, was sie in den Bayram-Ferien machen.

● Gelecek hafta bayram. Bayram tatilinde ne yapmak istiyorsun?	● Nächste Woche ist Bayram. Was möchtest du in den Bayram-Ferien machen?
▲ Henüz bir fikrim yok.	▲ Ich habe noch keine Idee.
● Emel ne yapmak istiyor?	● Was möchte denn Emel machen?
▲ Emel'in ablası hafta sonu İstanbul'a geliyor. O Antalya'da oturuyor ve bayramda bizi ziyaret etmek istiyor. Emel de ablasıyla küçük bir şehir turu yapmak ve Ayasofya'yı gezmek istiyor.	▲ Emels ältere Schwester kommt am Wochenende nach Istanbul. Sie wohnt in Antalya und möchte uns in den Bayram-Ferien besuchen. Emel möchte mit ihrer Schwester zusammen eine kleine Stadttour machen und die Hagia Sophia besichtigen.
● İstanbul'da kaç gün kalmak istiyor?	● Wie viele Tage möchte sie in Istanbul bleiben?
▲ Üç gün. Peki sen bayramda ne yapmak istiyorsun?	▲ Drei Tage. Und was möchtest du in den Bayram-Ferien machen?
● Bozcaada'ya gitmek istiyorum.	● Ich möchte nach Bozcaada fahren.
▲ Orada ne yapmak istiyorsun?	▲ Was möchtest du dort machen?
● Biraz dinlenmek ve yüzmek istiyorum. Ayrıca orada gelecek hafta İlyada Okumaları var. Okumalara ben de katılmak istiyorum.	● Ich möchte mich ein bisschen erholen und schwimmen. Außerdem gibt es dort nächste Woche Ilias-Lesungen. An den Lesungen möchte ich auch teilnehmen.
▲ Başka kim geliyor?	▲ Wer kommt sonst noch mit?

Ders 6
Buralarda seyahat acentesi var mı?

- Petra da gelmek ve İlyada Okumalarına katılmak istiyor, ama henüz kesin değil.
- ▲ Petra iyi Türkçe konuşuyor mu?
- Evet, Petra'nın Türkçesi iyi. Ayrıca Almanca ve İngilizce okuma da var.
- ▲ Bozcaada'ya ne zaman gitmek istiyorsun?
- Cuma günü öğleden sonra gitmek ve çarşamba akşamı dönmek istiyorum.
- ▲ Neyle gitmek istiyorsun?
- Bandırma'ya kadar feribotla, oradan arabayla. Haydi, sen de benimle gel!
- ▲ Aslında iyi fikir. Tatilde ben de İstanbul'da kalmak istemiyorum, ama önce Emel'le konuşmam lazım.

- Petra möchte auch mitkommen und an den Ilias-Lesungen teilnehmen, aber das steht noch nicht fest.
- ▲ Spricht Petra gut Türkisch?
- Ja, Petras Türkisch ist gut. Außerdem gibt es auch Lesungen auf Deutsch und Englisch.
- ▲ Wann möchtest du nach Bozcaada fahren?
- Ich möchte am Freitagnachmittag hinfahren und am Mittwochabend zurückkehren.
- ▲ Womit möchtest du fahren?
- Bis Bandırma mit der Schnellfähre und von dort mit dem Auto. Komm doch mit mir mit.
- ▲ Eigentlich ist das eine gute Idee. An den Feiertagen möchte ich auch nicht in Istanbul bleiben, aber vorher muss ich mit Emel sprechen.

İstemek (möchten, wollen)

İstemek drückt eine Absicht oder einen Wunsch aus und entspricht im Deutschen den Modalverben „mögen" oder „wollen".

Bayramda ne yapmak istiyorsun?	Was möchtest du in den Bayram-Ferien machen?
Bozcaada'ya gitmek istiyorum.	Ich möchte nach Bozcaada fahren.
Sen de gelmek istiyor musun?	Möchtest du auch mitkommen?
Bozcaada'ya gitmek istemiyorum.	Ich möchte nicht nach Bozcaada fahren.

Bitte beachten Sie, dass der Infinitiv (z. B. *gitmek*, *yapmak*) immer vor *istemek* steht. *İstemek* kann auch als Vollverb verwendet werden (→ Ders 5).

Başka bir şey istiyor musunuz?	Möchten Sie noch etwas?
Börek istiyorum.	Ich möchte *börek*.

Sözlü Alıştırma

a.

- ■ Bayramda ne yapmak istiyorsun?
- ▶ Bozcaada'ya gitmek istiyorum.
- ■ Orada ne yapmak istiyorsun?
- ▶ Dinlenmek ve yüzmek istiyorum.

1. Bozcaada / dinlenmek ve yüzmek
2. Berlin / Bergama Müzesi'ni gezmek
3. Alaçatı / sörf yapmak
4. İstanbul / Türkçe kursuna katılmak
5. Patara / yürüyüş yapmak (wandern)
6. Bursa / Uludağ'da kayak yapmak

6 Ders
Buralarda seyahat acentesi var mı?

Der Genitiv und die Genitiv-Possessiv-Verbindungen

Der Genitiv wird mit dem vierförmigen Genitivsuffix *-(n)in* gebildet. Nach konsonantischem Auslaut lautet es *-ın, -in, -un, -ün* und nach vokalischem Auslaut *-nın, -nin, -nun, -nün*.

kim?	wer?	kimin?	wessen?
Petra	Petra	*Petra'nın*	Petras
Emel	Emel	*Emel'in*	Emels

Bu kim**in** adresi?	Wessen Adresse ist das?	*Yusuf'un*.	Yusufs.
Kim**in** Türkç**e**si iyi?	Wessen Türkisch ist gut?	*Petra'nın*.	Petras.

Das Substantiv im Genitiv (z. B. *Emel'in*) wird meistens einem anderen Substantiv (z. B. *abla*) als nähere Bestimmung zugeordnet. Dabei wird dem zweiten Substantiv als Zeichen der Zugehörigkeit das Possessivsuffix (besitzanzeigende Endung) der 3. Person angehängt. Es ist vierförmig und lautet nach konsonantischem Auslaut *-ı, -i, -u, -ü* und nach vokalischem Auslaut *-sı, -si, -su, -sü*.

Emel'in ablası İstanbul'a geliyor.		Emels ältere Schwester kommt nach Istanbul.	
Petra'nın Türkçesi iyi.		Petras Türkisch ist gut.	
Ulf'un gözlüğü	Ulfs Brille	*Aslı'nın eşi*	Aslıs Ehemann
Jörg'ün çocuğu	Jörgs Kind	*pansiyonun adresi*	die Adresse der Pension
otelin bahçesi	der Garten des Hotels	*odaların fiyatları*	die Preise der Zimmer

Possessivpronomen und Possessivsuffixe der 3. Person

Die Possessivpronomen für die 1. und 2. Person haben Sie in *Ders* 2 gelernt. Die Pronomen für die 3. Person werden ebenfalls mit dem Genitivsuffix *-(n)in* von den Personalpronomen abgeleitet: *o* (er, sie, es) → *onun* (sein, ihr), *onlar* (sie [Plural]) → *onların* (ihr [Plural]).

Das zweite Substantiv trägt dann als Zeichen der Zugehörigkeit das Possessivsuffix *-(s)i*.

(onun) ablası	seine/ihre ältere Schwester	*(onun) arkadaşı*	sein/e bzw. ihr/e Freund/-in
(onun) çocuğu	sein/ihr Kind	*(onların) çocukları*	ihre Kinder
(onun) eşi	seine Ehefrau, ihr Ehemann	*(onun) Türkçesi*	sein/ihr Türkisch
(onun) bahçesi	sein/ihr Garten	*(onların) fiyatları*	ihre Preise

Beachten Sie, dass die Possessivpronomen nur zur Hervorhebung und Gegenüberstellung verwendet werden. Deshalb stehen sie in Klammern.
Eine Übersicht über sämtliche Formen der Possessivpronomen und -suffixe finden Sie im Grammatikteil dieser Lektion.

Ders 6
Buralarda seyahat acentesi var mı?

Die Postposition *ile* (mit)

Die Postposition *ile* (mit) steht im Türkischen nach ihrem Bezugswort. Sie wird jedoch häufig als Suffix benutzt und an das Bezugswort angehängt. Als Suffix ist sie zweiförmig und lautet nach konsonantischem Auslaut *-le* bzw. *-la*, nach vokalischem Auslaut *-yle* bzw. *-yla*. Als Suffix wird *ile* nicht betont.

kim ile?	kiminle?	mit wem?	ne ile?	neyle?	womit?
Yusuf ile	*Yusuf'la*	mit Yusuf	*feribot ile*	*feribotla*	mit der Fähre
Jörg ile	*Jörg'le*	mit Jörg	*otobüs ile*	*otobüsle*	mit dem Bus
ablası ile	*ablasıyla*	mit ihrer Schwester	*metro ile*	*metroyla*	mit der U-Bahn
eşi ile	*eşiyle*	mit seiner Ehefrau	*araba ile*	*arabayla*	mit dem Wagen

*Önce Emel'**le** konuşmak istiyorum.*   Zuerst möchte ich mit Emel sprechen.
*Emel ablas**ıyla** şehir turu yapmak istiyor.*   Emel möchte mit ihrer Schwester eine Stadtrundfahrt machen.

Wenn es sich bei dem Bezugswort von *ile* um ein Substantiv handelt, dann steht es im Nominativ. Wenn es sich aber um ein Personalpronomen oder Demonstrativpronomen handelt, dann steht es im Genitiv.
- Nach Personalpronomen: *benimle* (mit mir), *seninle* (mit dir), *onunla* (mit ihm, mit ihr), *bizimle* (mit uns), *sizinle* (mit euch, mit Ihnen). Aber *onlarla* (mit ihnen) steht wiederum im Nominativ.
- Nach Demonstrativpronomen: *bununla* (damit), *şununla* (mit dem da), *onunla* (mit dem dort). Die Pluralformen sind *bunlarla, şunlarla, onlarla*.

Zwischen zwei Substantiven bedeutet *ile* „und".
*Yusuf'**la** Aslı sinemaya gitmek istiyorlar.*   Yusuf und Aslı möchten ins Kino gehen.

Sözlü Alıştırma

b.
- Emel ne yapmak istiyor?
▶ Emel ablasıyla şehir turu yapmak istiyor.

1. Emel – ablası: şehir turu yapmak
2. Necla – eşi: arkeoloji müzesine gitmek
3. Cengiz – arkadaşı: bisiklet turu yapmak
4. Petra – Yusuf: İlyada okumasına katılmak
5. Ayfer – Jörn: klasik müzik konserine gitmek
6. Heike – Josef: sörf yapmak

6 Ders
Buralarda seyahat acentesi var mı?

Die Wochentage

Die Wochentage lauten: *pazartesi* (Montag), *salı* (Dienstag), *çarşamba* (Mittwoch), *perşembe* (Donnerstag), *cuma* (Freitag), *cumartesi* (Samstag) und *pazar* (Sonntag).
Auf die Frage *ne zaman?* (wann?) sagt man:

pazartesi günü	am Montag
salı akşamı	am Dienstagabend
çarşamba sabahı	am Mittwochmorgen
cuma gecesi	Freitagnacht
gelecek pazar	am nächsten Sonntag
gelecek cuma akşamı	am nächsten Freitagabend
aber:	
cumartesi günü öğleden önce	am Samstagvormittag
pazar günü öğleden sonra	am Sonntagnachmittag

BAYRAMLAR

In der Türkei werden zwei religiöse Feste begangen. Am Ende des Fastenmonats *Ramazan* feiert man das dreitägige *Şeker Bayramı* (Zuckerfest) und siebzig Tage später das viertägige *Kurban Bayramı* (Opferfest). Da diese islamischen Feiertage nach dem Mondkalender festgelegt werden, wandern sie durch das ganze Jahr und alle Jahreszeiten, die Rituale bleiben aber unverändert. Ein „frohes Fest" wird mit *Bayramın/Bayramınız kutlu olsun* gewünscht. Der erste Tag der beiden Feste ist der „Familientag", der im engsten Familienkreis mit einem reichhaltigen Festessen gefeiert wird. Die weiteren Tage sind „Besuchstage", an denen sich Verwandte, Bekannte und Nachbarn gegenseitig einen kurzen Besuch abstatten, wobei sie Tee oder Kaffee trinken und kleine Süßigkeiten essen. Mittlerweile benutzen immer mehr Menschen diese arbeitsfreien Tage für einen Kurzurlaub, besonders wenn sie in den heißen Sommermonaten liegen und durch die großzügig gehandhabten offiziellen Brückentage verlängert werden.

BOZCAADA

Die Insel *Bozcaada* (griechisch Tenedos) liegt an den Dardanellen in der Ägäis. Während des Trojanischen Krieges haben sich die griechischen Kriegsschiffe hinter dieser Insel versteckt, nachdem sie das Holzpferd gebaut hatten. Jährlich finden hier Lesungen von Homers Werken (Illias und Odyssee) statt. *Bozcaada* ist auch berühmt wegen der Weintraubensorte *çavuş üzümü*, die von dieser Insel stammt.

Ders 6
Buralarda seyahat acentesi var mı?

Konuşma 2 2|29

Ali ● geht in ein Reisebüro ▲, um Informationen über Hotels in Bozcaada einzuholen.

● Size birkaç şey daha sormak istiyorum.
▲ Buyurun.
● Yalı Otel'in bahçesi var mı?
▲ Evet, otelin oldukça büyük bir bahçesi var. Bahçenin içinde zeytin ağaçları ve eski bir bağ evi var, şimdi restoran.
● Güzel.
▲ Bir de otelin karşısında eski bir yel değirmeni var.
● Otelin yüzme havuzu var mı?
▲ Hayır, otelin yüzme havuzu yok, ama plajı var.
● Yalı Otel Bozcaada'nın neresinde?
▲ Bozcaada'nın güney doğusunda.
● Otel şehir merkezine yakın mı?
▲ Evet, yakın. Yürüyerek aşağı yukarı 15, minibüsle 5 dakika.
● Odaların fiyatları nasıl?
▲ Oda fiyatları 120 ile 250 lira arasında.
● Biraz pahalı, değil mi?
▲ Evet, ama Bozcaada'da daha ucuz otel ve pansiyonlar da var.
● Sizde bir enformasyon broşürü var mı?
▲ Tabii, buyurun.
● Teşekkür ederim.
▲ Rica ederim.

● Ich hätte da noch einige Fragen.
▲ Ja, bitte.
● Hat das „Yalı Otel" einen Garten?
▲ Ja, das Hotel hat einen ziemlich großen Garten. In dem Garten gibt es Olivenbäume und ein altes Gartenhaus. Das ist jetzt ein Restaurant.
● Schön.
▲ Und gegenüber dem Hotel ist eine alte Windmühle.
● Hat das Hotel ein Schwimmbad?
▲ Nein, das Hotel hat kein Schwimmbad, aber einen Strand.
● Wo in Bozcaada ist das „Yalı Otel"?
▲ Im Südosten von Bozcaada.
● Ist das Hotel in der Nähe des Stadtzentrums?
▲ Ja, es ist in der Nähe. Zu Fuß 15 Minuten, mit dem Minibus 5 Minuten.
● Wie sind die Zimmerpreise?
▲ Die Zimmerpreise liegen zwischen 120 und 250 Lira.
● Das ist ein bisschen teuer, nicht wahr?
▲ Ja, aber in Bozcaada gibt es auch billigere Hotels und Pensionen.
● Gibt es bei Ihnen eine Informationsbroschüre?
▲ Klar, bitte schön.
● Danke sehr.
▲ Bitte sehr.

6 Ders
Buralarda seyahat acentesi var mı?

Var (haben) – yok (nicht haben) in Genitiv-Possessiv-Verbindungen

Sie haben in *Ders* 4 gelernt, dass die Partikel *var* (vorhanden sein, es gibt) in Verbindung mit Possessivsuffixen „haben" bedeutet.

Sizin çocuğunuz var mı?	Haben Sie Kinder?
(Onun) çocuğu var mı?	Hat er/sie Kinder?
Otelin bahçesi var mı?	Hat das Hotel einen Garten?
Motel Galata'nın plajı var mı?	Hat das Motel „Galata" einen Strand?
Evet, plajı var.	Ja, es hat einen Strand.
Hayır, plajı yok.	Nein, es hat keinen Strand.

Das Possessivpronomen *onun* (sein, ihr) steht oben in Klammern, weil man im Türkischen die Personal- und Possessivpronomen weglassen kann, da sie nur zur Hervorhebung benutzt werden.

Zusammengesetzte Substantive

Durch Zusammensetzung mindestens zweier Substantive bildet man Komposita. Sie werden getrennt geschrieben. Das Grundwort, das am Ende der Zusammensetzung steht, trägt als Zeichen der Zusammengehörigkeit das Possessivsuffix *-(s)i* der 3. Person.

seyahat	Reise	+	*acente*	Agentur	→ *seyahat acentesi*	Reisebüro
İlyada	Ilias	+	*okuma*	Lesung	→ *İlyada okuması*	Iliaslesung
iş	Arbeit	+	*yer*	Platz, Ort	→ *iş yeri*	Arbeitsplatz, -ort

Wenn man an ein Kompositum ein Possessivsuffix anhängt, wird das Possessivsuffix des Grundwortes durch das Possessivsuffix der jeweiligen Person ersetzt, z. B. *telefon numarası* (Telefonnummer), *benim telefon numaram* (meine Telefonnummer).

	Singular	Plural
1. Person:	*(benim) telefon numaram*	*(bizim) telefon numaramız*
2. Person:	*(senin) telefon numaran*	*(sizin) telefon numaranız*
3. Person:	*(onun) telefon numarası*	*(onların) telefon numarası / numaraları*

Einige häufig gebrauchte zusammengesetzte Substantive werden zusammengeschrieben:
soy (Abstammung) + *ad* (Name) → *soyadı* (Nach-, Familienname)
yıl (Jahr) + *baş* (Kopf, Haupt, Anfang) → *yılbaşı* (Neujahr)

Ders 6
Buralarda seyahat acentesi var mı?

> **Der Bindekonsonant -n- (pronominales -n-)**
>
> Wenn das Possessivsuffix -(s)i der 3. Person mit einem Kasussuffix (Fallendung) erweitert wird, ist zwischen beide Suffixe ein -n- als Bindekonsonant einzuschieben.
> Seyahat acentesini arıyorum.   Ich suche das Reisebüro.
> Seyahat acentesinde çalışıyorum. Ich arbeite im Reisebüro.
> Seyahat acentesinden geliyorum.   Ich komme vom Reisebüro.

Sözlü Alıştırmalar

a.

- Buyurun.
- ▶ Yalı Otel'in bahçesi var mı?
- Evet, var.
- ▶ Otelin yüzme havuzu var mı?
- Hayır, yok.

1. Yalı Otel – bahçe / yüzme havuzu
2. Sultan Pansiyon – restoran / bar
3. Motel Galata – plaj / tenis sahası
4. konukevi – sauna / hamam

b.

- Otel şehir merkezine yakın mı?
- ▶ Evet, yakın. Yürüyerek aşağı yukarı 15, otobüsle 8 dakika.

1. yakın – yürüyerek: 15 – otobüs: 8
2. uzak (weit, entfernt) – otobüs: 45 – araba: 25
3. biraz uzak – bisiklet: 30 – taksi: 15
4. çok yakın – yayan (zu Fuß): 8 – metro: 3

Konuşma 3

Ali ● fragt einen Passanten ◆ nach einem anderen Reisebüro, um weitere Angebote einzuholen.

- ● Affedersiniz, buralarda bir seyahat acentesi var mı?
- ◆ Evet, var. Bakın, karşıda bir pasaj var. Görüyor musunuz?
- ● Evet, görüyorum. Önünde taksiler duruyor.
- ◆ Doğru. Seyahat acentesi pasajın içinde.
- ● Teşekkür ederim.
- ◆ Bir şey değil.

- ● Entschuldigung, gibt es hier in der Gegend ein Reisebüro?
- ◆ Ja. Schauen Sie mal, da drüben ist eine Passage. Sehen Sie (sie)?
- ● Ja, ich sehe (sie). Davor stehen Taxis.
- ◆ Stimmt. Das Reisebüro ist in der Passage.
- ● Danke schön.
- ◆ Bitte schön.

6 Ders
Buralarda seyahat acentesi var mı?

Ali ● geht in die Passage, findet das Reisebüro nicht und fragt erneut jemanden ▲.

- ● Affedersiniz, seyahat acentesini arıyorum. Acaba nerede biliyor musunuz?
- ▲ Burada seyahat acentesi yok.
- ● Peki, bu yakınlarda seyahat acentesi var mı?
- ▲ Evet, var.
- ● Nerede?
- ▲ Buradan dışarıya çıkın. Sonra karşıya geçin, sağa sapın ve doğru gidin.

- ● Aşağı yukarı ne kadar?
- ▲ 200 metre kadar. Orada bir kavşak var.
- ● Evet.
- ▲ Oradan önce sola, sonra ilk sokaktan sağa sapın. Köşede postane var.
- ● Tamam.
- ▲ Postaneyi geçin. İleride, sağ tarafta bir banka var. Bankaya kadar doğru yürüyün. Seyahat acentesi orada.
- ● Teşekkür ederim.
- ▲ Bir şey değil.

- ● Entschuldigung, ich suche das Reisebüro. Wissen Sie vielleicht, wo es ist?
- ▲ Hier gibt es kein Reisebüro.
- ● O.K., gibt es hier in der Nähe ein Reisebüro?
- ▲ Ja, es gibt (eins).
- ● Wo denn?
- ▲ Gehen Sie hier raus. Gehen Sie dann auf die andere Straßenseite, gehen Sie nach rechts und immer geradeaus.

- ● Wie weit ungefähr?
- ▲ Etwa 200 Meter. Da gibt es eine Kreuzung.
- ● Ja.
- ▲ Gehen Sie dort zuerst nach links, dann in die erste Straße rechts. An der Ecke ist die Post.
- ● O.K.
- ▲ Gehen Sie an der Post vorbei. Weiter vorne, auf der rechten Seite, gibt es eine Bank. Gehen Sie geradeaus bis zur Bank. Da ist das Reisebüro.
- ● Danke schön.
- ▲ Bitte schön.

Ders 6
Buralarda seyahat acentesi var mı?

Orts- und Richtungsangaben

Orts- und Richtungsangaben werden im Türkischen mithilfe von Ortssubstantiven und entsprechenden Kasussuffixen ausgedrückt:

orta	die Mitte	iç	die Innenseite	yan	die Seite
ön	die Vorderseite	arka	die Hinterseite	karşı	das Gegenüber
alt	die Unterseite	üst	die Oberseite	ara	der Zwischenraum
sol	link-, Adjektiv	sağ	recht-, Adjektiv	sağ taraf	die rechte Seite

Dativ:		Lokativ:		Ablativ:	
nereye?	wohin?	nerede?	wo?	nereden?	woher?
ort**a**ya	in die Mitte	ort**a**da	in der Mitte	ort**a**dan	von der Mitte
karşı**y**a	nach drüben	karşı**d**a	da drüben	karşı**d**an	von drüben
ön**e**	nach vorne	ön**d**e	vorne	ön**d**en	von vorne
sol**a**	nach links	sol**d**a	links	sol**d**an	von links

Bakın, karşıda bir pasaj var.   Schauen Sie mal, da drüben gibt es eine Passage.
Sağ tarafta bir banka var.   Auf der rechten Seite ist eine Bank.
Karşıya geçin.   Gehen Sie auf die andere Straßenseite.
Sonra ilk sokaktan sağa sapın.   Biegen Sie dann an der ersten Straße nach rechts ab.

Die Ortssubstantive können auch wie Postpositionen benutzt werden. Dann bildet man eine Genitiv-Possessiv-Verbindung, wobei man dem Bezugswort (z. B. *pasaj*) ein Genitivsuffix und dem Ortssubstantiv (z. B. *iç*) ein Possessivsuffix der 3. Person anhängt: *pasajın içi* (wörtlich: das Innere der Passage). Nun können Sie an die Verbindung den obligatorischen Bindekonsonanten *-n-* und ein Kasussuffix anhängen, z. B.:

Dativ		Lokativ	
nereye?	wohin?	nerede?	wo?
bahçe**nin** orta**sına**	in die Mitte des Gartens	bahçe**nin** orta**sında**	in der Mitte des Gartens
pasaj**ın** iç**ine**	in die Passage	pasaj**ın** iç**inde**	in der Passage
banka**nın** yan**ına**	neben die Bank	banka**nın** yan**ında**	neben der Bank
büro**nun** ön**üne**	vor das Büro	büro**nun** ön**ünde**	vor dem Büro
kitaplar**ın** ara**sına**	zwischen die Bücher	kitaplar**ın** ara**sında**	zwischen den Büchern

Wenn das Ortssubstantiv *ara* (der Zwischenraum) sich auf zwei Orte, Gegenstände, Personen usw. bezieht, wird das erstgenannte Substantiv mit *ile* (mit, und) verknüpft, das zweitgenannte trägt dann das Genitivsuffix.

banka ile (oder: bankayla) postanenin arasında   zwischen der Bank und der Post
Ayşe ile (oder: Ayşe'yle) Yusuf'un arasında   zwischen Ayşe und Yusuf

6 Ders
Buralarda seyahat acentesi var mı?

Anstatt *üst* kann man auch die Postposition *üzer-* (auf, über) verwenden.
masanın üzerine (auf/über den Tisch)   *masanın üzerinde* (auf/über dem Tisch)

Im Türkischen gibt es keine Wörter wie „davor", „daneben", „dahinter" usw. Stattdessen sagt man z. B. *önünde* (vor ihm/ihr, davor), *önüne* (vor ihn/sie, davor) usw. Schauen Sie sich dazu auch den folgenden Beispielsatz aus dem Dialog an.
Karşıda bir pasaj var. Görüyor musunuz?   Da drüben ist eine Passage. Sehen Sie sie?
Evet, görüyorum. Önünde taksiler duruyor.   Ja, ich sehe sie. **Davor** stehen Taxis.

Sözlü Alıştırmalar

a.

- Affedersiniz, bu yakınlarda seyahat acentesi var mı?
▶ Evet, var.
- Nerede?
▶ İleride, sağ tarafta.

1. sağ taraf
2. sol taraf
3. köşe
4. sol

b.

- Affedersiniz, buralarda seyahat acentesi var mı?
▶ Evet, var. Bakın, karşıda bir pasaj var. Görüyor musunuz?
- Evet, görüyorum.
▶ Seyahat acentesi pasajın içinde.

1. karşı – pasaj / seyahat acentesi: pasaj – iç
2. karşı – banka / gözlükçü: banka – yan
3. köşe – sinema / otobüs durağı: sinema – ön
4. ileri – cami / metro istasyonu: cami – arka
5. sol taraf – gözlükçü / büfe: gözlükçü – alt
6. sağ taraf – postane / pansiyon: postane – karşı
7. ileri – eczane / kuaför: eczane – üst
8. karşı – pansiyon / gazeteci: pansiyon – sağ

Die Postposition *-(y)e kadar* (bis, bis zu/nach)

Die Postposition *-(y)e kadar* verlangt den Dativ und steht nach dem Bezugswort.
Nereye kadar?   Bis wohin?
Bankaya kadar doğru yürüyün.   Gehen Sie geradeaus bis zur Bank.

Wiedergabe der richtunganzeigenden Adverbien „hinein", „hinaus" usw.

Eine weitere Gruppe bilden folgende richtunganzeigende Substantive:

içeri	der Innenraum; hin-/herein		*dışarı*	der Außenraum; hin-/heraus
aşağı	der Unterraum; hin-/herunter		*yukarı*	der Oberraum; hin-/herauf
ileri	das Vorngelegene; vorwärts, voran		*geri*	das Hintengelegene; rückwärts, zurück

Ders 6
Buralarda seyahat acentesi var mı?

Sie bekommen auch Kasussuffixe, wobei bei *dışarı, içeri* und *yukarı* das *-i* bzw. *-ı* im Lokativ oder Ablativ wegfallen kann. Deshalb steht es in Klammern.

Dativ:		Lokativ:		Ablativ:	
nereye?	wohin?	*nerede?*	wo?	*nereden?*	woher?
içeriye	hinein/herein	*içer(i)de*	drinnen	*içer(i)den*	von drinnen
dışarıya	hinaus/heraus	*dışar(ı)da*	draußen	*dışar(ı)dan*	von draußen
aşağıya	nach unten	*aşağıda*	unten	*aşağıdan*	von unten
yukarıya	nach oben	*yukar(ı)da*	oben	*yukar(ı)dan*	von oben
ileriye	nach vorn	*ileride*	vorne	*ileriden*	von vorne
geriye	nach hinten	*geride*	hinten	*geriden*	von hinten

Buradan dışarıya çıkın.   Gehen Sie (von hier) hinaus.
İçeriye girin.   Kommen Sie herein. / Gehen Sie hinein.
İleride bir banka var.   Vorne/Weiter vorne ist eine Bank.

Himmelsrichtungen und Ortsangaben

Die Haupthimmelsrichtungen heißen *kuzey* (Norden, nördlich), *güney* (Süden, südlich), *doğu* (Osten, östlich) und *batı* (Westen, westlich). Die Nebenhimmelsrichtungen lauten *güney batı* (Südwesten), *kuzey doğu* (Nordosten) usw. Für die Angabe eines Ortes oder einer Richtung hängt man im Türkischen die entsprechenden Kasussuffixe an, z. B.:

Dativ		Lokativ		Ablativ	
nereye?	wohin?	*nerede?*	wo?	*nereden?*	woher?
doğuya	nach Osten	*doğuda*	im Osten	*doğudan*	vom Osten
güneye	nach Süden	*güneyde*	im Süden	*güneyden*	vom Süden

Wenn Sie sich aber bei der Angabe eines Standortes auf einen anderen Ort beziehen, dann bilden Sie, wie im Deutschen, eine Genitiv-Possessiv-Verbindung. Dabei wird der Bezugsort mit dem Genitivsuffix *-(n)in* und die Himmelsrichtung mit dem Possessivsuffix *-(s)i* versehen. Dann folgen der obligatorische Bindekonsonant *–n* und die Kasussuffixe.
Otel, Bozcaada'nın güney doğusunda.   Das Hotel ist im Südwesten **von** Bozcaada.
Motel şehrin kuzeyinde.   Das Motel ist im Norden **der** Stadt.

Den Fragesatz bildet man mit dem Fragewort *nere?* (welcher Ort?).
Otel Bozcaada'nın neresinde?   Wo in Bozcaada ist das Hotel? (*wörtlich*: An welchem Ort von Bozcaada ist das Hotel?)

6
Buralarda seyahat acentesi var mı?

Dilbilgisi

Das Suffix -ce für Sprachbezeichnungen

Mit dem Suffix -ce bildet man Sprachbezeichnungen. Es ist zweiförmig und lautet -ce bzw. -ca, nach stimmlosen Konsonanten -çe bzw. -ça. Es wird an Nationalitätsbezeichnungen angehängt. Wenn die Nationalitätsbezeichnung auf -li endet, wird -li durch -ce ersetzt.

Übersicht über die Possessivpronomen und Possessivsuffixe im Nominativ

- Das Bezugswort endet auf einen Vokal, dieser Vokal ist:

Possessivpronomen		*a* oder *ı* (Wagen)	*o* oder *u* (Büro)	*e* oder *i* (Kaffee)	*ö* oder *ü* (Bügeleisen)	Possessiv-suffix
benim	mein	araba**m**	büro**m**	kahve**m**	ütü**m**	-**m**
senin	dein	araba**n**	büro**n**	kahve**n**	ütü**n**	-**n**
onun	sein, ihr	araba**sı**	büro**su**	kahve**si**	ütü**sü**	-**si**
bizim	unser	araba**mız**	büro**muz**	kahve**miz**	ütü**müz**	-**miz**
sizin	euer, Ihr	araba**nız**	büro**nuz**	kahve**niz**	ütü**nüz**	-**niz**
onların	ihr	araba**sı**	büro**su**	kahve**si**	ütü**sü**	-**si**
(onların)	ihr	araba**ları**	büro**ları**	kahve**leri**	ütü**leri**	-**i**

- Das Bezugswort endet auf einen Konsonanten, sein letzter Vokal ist:

Possessivpronomen		*a* oder *ı* (Vorname)	*o* oder *u* (Doktor)	*e* oder *i* (Haus)	*ö* oder *ü* (Bus)	Possessiv-suffix
benim	mein	ad**ım**	doktor**um**	ev**im**	otobüs**üm**	-**im**
senin	dein	ad**ın**	doktor**un**	ev**in**	otobüs**ün**	-**in**
onun	sein, ihr	ad**ı**	doktor**u**	ev**i**	otobüs**ü**	-**i**
bizim	unser	ad**ımız**	doktor**umuz**	ev**imiz**	otobüs**ümüz**	-**imiz**
sizin	euer, Ihr	ad**ınız**	doktor**unuz**	ev**iniz**	otobüs**ünüz**	-**iniz**
onların	ihr	ad**ı**	doktor**u**	ev**i**	otobüs**ü**	-**i**
(onların)	ihr	ad**ları**	doktor**ları**	ev**leri**	otobüs**leri**	-**i**

Zwei Wörter, nämlich *su* (Wasser) und *ne* (was), bilden eine Ausnahme. Sie werden mit dem Bindekonsonanten -y- erweitert, bevor die Possessivsuffixe angehängt werden.
suyum, suyun, suyu, suyumuz, suyunuz und *suyu* bzw. *suları*.
Näheres über das Fragewort *ne* erfahren Sie in Ders 8.

Ders 6
Buralarda seyahat acentesi var mı?

Alıştırmalar

Yazılı Alıştırmalar

1. *-ce, -ca, -çe* oder *-ça*? Ergänzen Sie die Sprachbezeichnungen.

a. Alman → *Alman**ca***   c. İsveçli → _____
b. Türk → _____   d. Portekizli → _____

2. Formulieren Sie die folgenden Sätze wie im Beispiel um.

a. Petra iyi İngilizce konuşuyor.   *Petra'nın İngilizcesi iyi.*
b. Frauke çok güzel Türkçe konuşuyor.   _____
c. Oğuz oldukça iyi İtalyanca konuşuyor.   _____
d. Jörg pek iyi Japonca konuşmuyor.   _____

3. Bilden Sie zusammengesetzte Substantive.

a. metro + istasyon → *metro istasyonu*   g. telefon + kulübe → _____
b. otobüs + durak → _____   h. Türkçe + kitap → _____
c. Kabataş + iskele → _____   i. zeytin + ağaç → _____
d. arkeoloji + müze → _____   j. bisiklet + tur → _____
e. hafta + son → _____   k. İngilizce + kurs → _____
f. yaz + tatil → _____   l. uçak + bilet → _____

4. Ergänzen Sie die Kasussuffixe in den Minidialogen.

a. ■ Affedersiniz, asansör nere___?
   ▶ Bura___ doğru gidin, sonra sol___ sapın. Asansör ora___.

b. ■ Bura___ telefon kulübesi var mı?
   ▶ Evet, var. İleri___, sağ taraf___.

c. ■ Affedersiniz, tuvaletler nere___?
   ▶ Aşağı___, sol___.

d. ■ Sekreterlik nere___, biliyor musunuz?
   ▶ Bilmiyorum. Yukarı___ çıkın, ora___ tekrar sorun.

e. ■ Affedersiniz, buralar___ eczane var mı?
   ▶ Evet, var. Postane___ geçin. İleri___, sol taraf___ bir metro istasyonu var. Ora___ kadar doğru yürüyün. Eczane metro istasyonu___ yan___.

f. ■ Affedersiniz, buralar___ çiçekçi var mı?
   ▶ Evet, var. Pansiyon___ geçin. Sağ___ bir banka var. Banka___ kadar doğru yürüyün. Çiçekçi banka___ arka___.

5. Wo liegen die folgenden Städte? Ergänzen Sie die fehlenden Suffixe.

a. Kiel Almanya'*nın* kuzey*inde*.   c. Stuttgart Berlin'___ güney batı___.
b. Münih Berlin'___ güney___.   d. Münih Hamburg'___ güney doğu___.

6 Ders
Buralarda seyahat acentesi var mı?

6. Wo ist …? Ergänzen Sie die fehlenden Suffixe.

a. Eczane postane___ karşı___.
b. Banka___ yan___ bir çiçekçi var.
c. Avukat bürosu gözlükçü___ üst___.
d. Taksiler pansiyon___ ön___ duruyor.
e. Ayşe Tarık'la Ali'___ ara___ oturuyor.
f. Kuaför pasaj___ iç___.
g. Çiçekçi ayakkabıcı___ arka___.
h. Kitapçı___ sol___ bir muhallebici var.

CD Alıştırmaları

1. Hören Sie zu und sprechen Sie nach.

a.
Ne ile?	Neyle?
uçak ile	uçakla
metro ile	metroyla
bisiklet ile	bisikletle
taksi ile	taksiyle

b.
Kim ile?	Kiminle?
Aslı ile	Aslı'yla
Uğur ile	Uğur'la
Peter ile	Peter'le
Rüştü ile	Rüştü'yle

2. Lesen Sie zuerst die Aussagen. Hören Sie dann den Dialog und kreuzen Sie die richtige Aussage an.

a. Defne
☐ 1. Almanca kursuna gidiyor.
☐ 2. Almanca kursundan geliyor.
☐ 3. Almanca kursunda öğretmenlik yapıyor.

b. Tarık
☐ 1. seyahat acentesine gidiyor.
☐ 2. seyahat acentesinden geliyor.
☐ 3. seyahat acentesinde çalışıyor.

3. Lesen Sie zuerst die Aussagen. Hören Sie dann die Dialoge und kreuzen Sie die richtige Aussage an.

a. Jörg yılbaşında
☐ 1. Berlin'de arkadaşlarını ziyaret etmek istiyor.
☐ 2. Berlin'de Bergama Müzesini gezmek istiyor.
☐ 3. İstanbul'da arkadaşlarını ziyaret etmek istiyor.

b. Nilüfer bayram tatilinde eşiyle
☐ 1. Berlin'de Bergama Müzesini gezmek istiyor.
☐ 2. Antalya'da kalmak ve dinlenmek istiyor.
☐ 3. Alaçatı'da bisiklet turu yapmak istiyor.

c. Cengiz tatilde
☐ 1. Patara'da Likya yürüyüşüne katılmak istiyor.
☐ 2. Alaçatı'da sörf yapmak istiyor.
☐ 3. Bodrum'da yelkenli sürmek istiyor.

4. Arbeiten Sie nun die weiteren mündlichen Übungen auf der CD durch.

Ders 6
Buralarda seyahat acentesi var mı?

Kelime Dağarcığı

Nach dem Weg fragen, den Weg beschreiben

Buralarda bir banka var mı?	Gibt es hier/in dieser Gegend eine Bank?
Bu yakınlarda banka var mı?	Gibt es hier in der Nähe eine Bank?
Affedersiniz, postane nerede?	Entschuldigung, wo ist die Post?
Bankaya kadar doğru yürüyün/gidin.	Gehen Sie geradeaus bis zur Bank.
Karşıya geçin.	Gehen Sie auf die andere Seite.
Sonra sola sapın.	Biegen Sie dann nach links ab.
İlk sokaktan sağa sapın.	Biegen Sie an der ersten Straße rechts ab.
Oradan sağa gidin.	Gehen Sie (von) dort nach rechts.
Orada bir banka var.	Da/Dort gibt es eine Bank.
Bankayı/Pasajı geçin.	Gehen Sie an der Bank/Passage vorbei.
Pasaja girin.	Gehen Sie in die Passage.
Pasajdan çıkın.	Gehen Sie aus der Passage heraus.

Verkehrsmittel

durak	Haltestelle
otobüs – otobüs durağı	Bus – Bushaltestelle
metro – metrobüs	U-Bahn – Metrobus
tramvay – tramvay durağı	Straßenbahn – Straßenbahnhaltestelle
tren – istasyon / tren istasyonu	Zug – Bahnhof
liman – iskele	Hafen – Anlegestelle
vapur – vapur iskelesi	Schiff – Schiffsanlegestelle
deniz otobüsü	Schnellfähre
uçak – hava limanı	Flugzeug – Flughafen
dolmuş	Sammeltaxi
araba / otomobil	Wagen / Auto
bisiklet – motosiklet	Fahrrad – Motorrad
binmek – inmek	einsteigen – aussteigen, hinuntergehen

6 Ders
Buralarda seyahat acentesi var mı?

In der Stadt

kütüphane – devlet kütüphanesi	Bibliothek – Staatsbibliothek
çiçekçi	Blumenladen
eczane	Apotheke
avukat bürosu	Rechtsanwaltsbüro
telefon kulübesi	Telefonzelle
cami	Moschee
banka	Bank
postane	Post(amt)
kitapçı / kitabevi	Buchhandlung
ayakkabıcı	Schuhgeschäft

Urlaubsaktivitäten

sörf yapmak	surfen
kayak yapmak	Ski laufen/fahren
bisiklete binmek	Rad fahren
dağa tırmanmak	auf den Berg klettern
yürüyüş yapmak	wandern
müze – müzeyi gezmek	Museum – das Museum besichtigen
sergi – sergiye gitmek	Ausstellung – in die/eine Ausstellung gehen
fotoğraf sergisi	Fotoausstellung
yüzmek	schwimmen
kursa katılmak	an einem Kurs teilnehmen
ziyaret etmek	besuchen
fotoğraf çekmek	fotografieren
dans etmek	tanzen
dalmak	tauchen
yelkenli sürmek	segeln

Nationalitäts- und Sprachbezeichnungen

Alman – Almanca	Deutsche/-r – Deutsch
Fransız – Fransızca	Franzose/Französin – Französisch
İspanyol – İspanyolca	Spanier/-in – Spanisch
İngiliz – İngilizce	Engländer/-in – Englisch
Norveçli – Norveççe	Norweger/-in – Norwegisch
Portekizli – Portekizce	Portugiese/-in – Portugiesisch
Türk – Türkçe	Türke/-in – Türkisch

7 Ders

Ne içelim?

7 Ders
Ne içelim?

Konuşma 1 2|39

Yusuf ● und Ceyda nehmen sich in Patara ein Hotelzimmer mit Meerblick. An der Rezeption spricht Yusuf mit dem Angestellten ◆, während Ceyda sich die Umgebung des Hotels anschaut.

- ● Merhaba.
- ◆ Otelimize hoş geldiniz, buyurun.
- ● Hoş bulduk. Boş odanız var mı?
- ◆ Kaç kişilik oda istiyorsunuz?
- ● Çift yataklı iki kişilik bir oda istiyoruz.
- ◆ Bir dakika bakayım ... Evet, var. Ne kadar kalmak istiyorsunuz?
- ● Pazartesi gününe kadar kalmak niyetindeyiz, öğlene doğru gideriz.
- ◆ Salıdan pazartesi sabahına kadar. Altı gece. Tamam.
- ● Odalarınız deniz manzaralı mı?
- ◆ Evet, hepsi deniz manzaralı.
- ● Oda fiyatları nasıl?
- ◆ Çift yataklı iki kişilik bir oda, yarım pansiyon kişi başına elli lira.
- ● Kahvaltı fiyata dahil mi?
- ◆ Evet, dahil. Kahvaltıda taze köy yumurtası, keçi peyniri, ev yapımı incir reçeli, kekikli tereyağı ve kendi ağaçlarımızın zeytini var.
- ● Çok güzel. Peki, kahvaltı ne zaman?
- ◆ Sekizden ona kadar. Terasımızda.
- ● Teras kaçıncı katta?
- ◆ Birinci katta. Kimliğinizi verir misiniz lütfen?
- ● Tabii, buyurun.
- ◆ Sağ olun. ... Buyurun anahtarınız. Oda numaranız 23, ikinci katta sağdan üçüncü oda.
- ● Teşekkür ederim.
- ◆ Rica ederim.

- ● Guten Tag.
- ◆ Willkommen in unserem Hotel, bitte sehr.
- ● Guten Tag. Haben Sie freie Zimmer?
- ◆ Was für ein Zimmer möchten Sie?
- ● Wir möchten ein Doppelzimmer mit zwei Betten.
- ◆ Lassen Sie mich einen Moment nachschauen ... Ja, haben wir. Wie lange möchten Sie bleiben?
- ● Wir wollen bis Montag bleiben, gegen Mittag reisen wir ab.
- ◆ Von Dienstag bis Montagmorgen. Sechs Nächte. O.K.
- ● Sind Ihre Zimmer mit Meerblick?
- ◆ Ja, sie sind alle mit Meerblick.
- ● Wie sind die Zimmerpreise?
- ◆ Ein Doppelzimmer mit zwei Betten (und) Halbpension (kostet) fünfzig Lira pro Person.
- ● Ist der Preis inklusive Frühstück?
- ◆ Ja, inklusive. Zum Frühstück gibt es frische Landeier, Ziegenkäse, hausgemachte Feigenmarmelade, Butter mit Oregano und Oliven unserer eigenen Bäume.
- ● Sehr schön. Und wann ist das Frühstück?
- ◆ Von acht bis zehn. Auf unserer Terrasse.
- ● Auf welcher Etage ist die Terrasse?
- ◆ Auf der ersten Etage. Würden Sie mir bitte Ihren Ausweis geben?
- ● Natürlich, bitte schön.
- ◆ Danke schön. ... Bitte sehr, Ihr Schlüssel. Ihre Zimmernummer ist 23, auf der zweiten Etage, das dritte Zimmer von rechts.
- ● Danke schön.
- ◆ Bitte schön.

Ders 7
Ne içelim?

Jemanden willkommen heißen

Beim Begrüßungsritual sagt die Person, die jemanden empfängt, *hoş geldiniz* (Sie sind/ihr seid willkommen) oder *hoş geldin* (du bist willkommen). Die ankommende Person erwidert immer mit *hoş bulduk*. Damit bringen die beteiligten Personen ihre Freude zum Ausdruck.

Sich nach einem freien Zimmer erkundigen

Mit der Frage *Boş odanız var mı?* erkundigt man sich nach einem freien Zimmer. Mit *Kaç kişilik oda istiyorsunuz?* fragt man Sie, was für ein Zimmer, d. h. für wie viele Personen, Sie möchten.

Sözlü Alıştırma 2|40

a.
- Kaç kişilik oda istiyorsunuz?
- ▶ İki kişilik çift yataklı bir oda istiyoruz.

1. (biz) iki kişi – çift yatak – bir oda
2. (biz) tek kişi – iki oda
3. (biz) iki kişi – tek yatak – üç oda
4. (ben) tek kişi – bir oda
5. (biz) iki kişi – çift yatak – iki oda
6. (biz) iki kişi – tek yatak – bir oda

7  Ne içelim?

Eine Absicht äußern: *-mek niyetinde olmak* (wollen, vorhaben, beabsichtigen)

Niyet bedeutet „Absicht, Vorhaben". *Niyet* verbindet sich mit einem Vollinfinitiv und bedeutet „die Absicht, etwas zu tun": *kalmak niyeti* heißt z. B. „die Absicht zu bleiben" (wörtlich: Bleibeabsicht). Diese Verbindung wird im Lokativ (*-de*) mit dem Personalsuffix erweitert und entspricht im Deutschen „wollen" bzw. „beabsichtigen, vorhaben".

Pazara kadar kalmak niyetindeyiz.	Wir wollen bis Sonntag bleiben.
İstanbul'a gitmek niyetindeyim.	Ich habe die Absicht, nach Istanbul zu fahren.
Çalışmak niyetinde misin?	Hast du vor zu arbeiten?
Hafta sonu ne yapmak niyetindesin?	Was willst du am Wochenende machen?

Die Postposition *-(y)e kadar* (bis) und *-den ... -(y)e kadar* (von ... bis)

Auf die Frage *Kahvaltı saat kaçta?* (Um wie viel Uhr ist das Frühstück?) wird im Dialog mit *saat sekizden ona kadar* (von acht bis zehn) geantwortet. Die Postposition *kadar* bedeutet „bis" und steht nach einem Substantiv oder einer Zeit- bzw. Ortsangabe, die mit dem Dativsuffix erweitert werden.

ne zama**na** **kadar**?	bis wann?	nere**ye** **kadar**?	bis wohin?
pazar**a** **kadar**	bis Sonntag	bura**ya** **kadar**	bis hierher
akşam**a** **kadar**	bis zum Abend	İstanbul'**a** **kadar**	bis nach Istanbul

Mit dem Ablativsuffix *-den* und *-e kadar* (von ... bis ...) kann man eine Zeitspanne oder eine Strecke angeben.

salı**dan** pazartesi**ye kadar**	von Dienstag bis Montag
saat sekiz**den** on**a kadar**	von acht bis zehn Uhr
cuma günü**nden** pazar günü**ne kadar**	von Freitag bis Sonntag
çarşamba akşamı**ndan** cuma sabahı**na kadar**	von Mittwochabend bis Freitagmorgen
sabah**tan** akşam**a kadar**	von morgens bis abends
ev**den** iş**e kadar**	von zu Hause bis zur Arbeit

Sözlü Alıştırma

b.
- Ne kadar kalmak istiyorsunuz?
▶ Pazartesi gününe kadar kalmak niyetindeyiz.

1. (biz) pazartesi günü
2. (ben) perşembe
3. (biz) çarşamba günü öğleden sonra
4. (ben) hafta sonu
5. (ben) cumartesi sabahı
6. (ben) cuma günü saat 12

Ders 7
Ne içelim?

Die Postposition -(y)e doğru (gegen)

Mit -(y)e doğru (gegen) kann man einen ungefähren Zeitpunkt angeben.

öğleye doğru	gegen Mittag
akşama doğru	gegen Abend
(saat) ikiye doğru	gegen zwei (Uhr)
yaza doğru	gegen Sommer

Die Postpositionen *dahil* (inklusive, mit) und *hariç* (exklusive, ohne)

Dahil bedeutet „inklusive" oder „einschließlich", *hariç* das Gegenteil. Wenn man sagen möchte, worin etwas enthalten ist, wird dieses Substantiv mit dem Dativsuffix -(y)e erweitert.

kahvaltı dahil	mit Frühstück
kahvaltı hariç	ohne Frühstück
Kahvaltı fiyata dahil mi?	Ist das Frühstück im Preis enthalten?
Bir oda kahvaltı hariç elli lira.	Ein Zimmer kostet ohne Frühstück fünfzig Lira.

PATARA

Patara ist ein kleiner Ort am Mittelmeer. Seit Jahren werden in der Nähe dieser wichtigen antiken Hafenstadt Lykiens Ausgrabungen durchgeführt. Die Archäologen haben hier den ältesten erhaltenen Leuchtturm der Welt entdeckt, den vor 2000 Jahren der römische Kaiser Nero errichten ließ. Von den Ausgrabungen (es gibt außerdem zwei Theater und einen Triumphbogen) gelangt man zu einem 12 Kilometer langen feinsandigen Strand, der hinter den Dünen liegt und als Laichplatz von Caretta-Meeresschildkröten zum Naturschutzgebiet erklärt wurde und dadurch unberührt blieb. Für die Einheimischen ist „ihr Schildkrötenstrand" der schönste Strand der Türkei.

7 Ders
Ne içelim?

Konuşma 2

Yusuf ● und Ceyda ▲ gehen abends in ein *meyhane*. Die Bedienung ◆ nimmt die Bestellung entgegen.

▲ Ne içelim?
● Rakı içelim mi?
▲ Olur, içelim. Garson bey, bakar mısınız?
◆ Buyurun?
● Bize küçük bir şişe rakı lütfen.
◆ Memnuniyetle. Soğuk meze ister misiniz?
● Evet. Soğuk mezelerden ne var?
◆ Haydari, fava, ahtapot salatası, lakerda, acılı ezme, patlıcan salatası, kavun, beyaz peynir ...

▲ Peki, karışık meze tabağı var mı?
◆ Evet, var.
● O zaman bir karışık meze tabağı alalım.
◆ Memnuniyetle.
(Eşine söylüyor.)
● Cacık da yiyelim mi?
▲ Yemeyelim.
● İyi.

▲ Was trinken wir?
● Wollen wir *rakı* trinken?
▲ O.K., lass uns (welchen) trinken. Herr Ober, können Sie bitte kommen (schauen)?
◆ Bitte sehr?
● (Für) uns eine kleine Flasche *rakı*, bitte.
◆ Gern. Möchten Sie kalte Vorspeisen?
● Ja. Was für kalte Vorspeisen haben Sie?
◆ *Haydari*, *fava*, Oktopussalat, *lakerda*, scharfes Paprikapüree, Auberginenpüree, Honigmelone, Schafskäse ... (Übersetzungen siehe Speisekarte Seite 127)

▲ Haben Sie einen gemischten Vorspeisenteller?
◆ Ja, haben wir.
● Dann nehmen wir einen gemischten Vorspeisenteller.
◆ Sehr gern.
(Zu seiner Frau.)
● Sollen wir auch *cacık* essen?
▲ Lass uns keins essen.
● Gut.

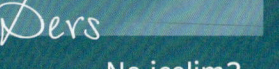

Ders 7
Ne içelim?

(Garsona söylüyor.)
- Sıcak mezelerden ne var?
- Meyhane köftesi, karides, balıklı börek, patates tava, sigara böreği ...
- Ben karides alayım.
- Bana da köfte ve patates tava lütfen.
- Hay hay.

(Garson içkileri ve mezeleri getiriyor.)
- Buyurun, rakınız. Buz ister misiniz?
- Ben alayım.
- Size de buz vereyim mi?
- Evet, teşekkürler.
- Bunlar da mezeleriniz. Afiyet olsun.
- Sağ olun.

(Zum Kellner.)
- Was gibt es an warmen Vorspeisen?
- Frikadellen nach Art des Hauses, Garnelen, Blätterteig mit Fisch, Pommes frites, Blätterteigröllchen mit Käse ...
- Ich nehme Garnelen.
- Und für mich Frikadellen und Pommes frites, bitte.
- Sehr gern.

(Der Kellner bringt die Getränke und die Vorspeisen.)
- Bitte schön, Ihr *rakı*. Möchten Sie Eis?
- Ich nehme (Eis).
- Soll ich Ihnen auch Eis geben?
- Ja, vielen Dank.
- Und das sind Ihre Vorspeisen. Wohl bekomm's.
- Danke schön.

Die Wunschform

Auf die Frage *Buz ister misiniz?* (Möchten Sie Eis?) wird im Dialog mit *Alayım.* (Ich nehme. / Ich möchte.) geantwortet. Bei dieser Antwort handelt es sich um die sogenannte Wunschform. Sie dient zum Ausdruck einer spontanen Entscheidung oder eines spontanen Wunsches. Die Wunschform für die 2. und 3. Personen ist in der heutigen Umgangssprache nicht mehr gebräuchlich. Sie wird für die 1. Person Singular mit dem zweiförmigen Suffix *-(y)eyim*, für die 1. Person Plural mit *-(y)elim* gebildet und an den Verbstamm angehängt.

Rakı iç**eyim**.	Ich möchte *rakı* trinken.
Rakı iç**elim.**	Wir möchten *rakı* trinken. / Lass uns *rakı* trinken.
Şarap al**ayım**.	Ich nehme Wein. / Ich möchte Wein.
Şarap al**alım**.	Wir nehmen Wein. / Lass uns Wein nehmen.
Cacık yi**yelim** mi?	Wollen wir *cacık* essen? / Essen wir (mal) *cacık*?

Negiert wird die Wunschform mit dem Negationssuffix *-me (-ma)*, das mit dem Bindekonsonanten *-y-* erweitert wird.

Rakı içme**yeyim**.	Ich möchte keinen *rakı* trinken.
Rakı içme**yelim.**	Wir möchten keinen *rakı* trinken. / Lass uns keinen *rakı* trinken.
Şarap alma**yayım**.	Ich nehme keinen Wein. / Ich möchte keinen Wein.
Şarap alma**yalım**.	Wir nehmen keinen Wein. / Lass uns keinen Wein nehmen.
Cacık yeme**yelim** mi?	Wollen wir kein *cacık* essen? / Essen wir kein *cacık*?

7 Ders
Ne içelim?

Die Frage in der Wir-Form ist als ein Vorschlag zu verstehen und wird sehr häufig verwendet. Die Frage in der Ich-Form bedeutet „soll ich …?".

Rakı içelim mi?   Wollen wir *rakı* trinken? / Trinken wir *rakı*?
Sinemaya gidelim mi?   Wollen wir ins Kino gehen? / Gehen wir ins Kino?
Teneffüs yapalım mı?   Wollen wir eine Pause machen? / Machen wir eine Pause?

Size buz vereyim mi?   Soll ich Ihnen Eis geben?
Yardım edeyim mi?   Soll ich helfen?
Ekmek alayım mı?   Soll ich Brot kaufen?

Sözlü Alıştırmalar 2|43-44

a.
- Rakı içelim mi?
- ▶ Olur içelim. Garson bey, bize küçük bir şişe rakı lütfen.

1. içmek / küçük bir şişe rakı
2. içmek / bir şişe kırmızı şarap
3. almak / iki bira
4. almak / küçük bir salata
5. yemek / bir porsiyon cacık
6. yemek / bir tabak haydari

b.
- Sıcak meze ister misiniz?
- ▶ Sıcak mezelerden ne var?
- Karides, sigara böreği, patates tava …
- ▶ Ben karides alayım.

1. sıcak meze / karides – almak
2. salata / çoban salatası – yemek
3. soğuk meze / patlıcan salatası – almak
4. çorba / mercimek çorbası – içmek

MEYHANE

Ein *meyhane* ist ein traditionelles Gasthaus, in dem meistens der Anisschnaps *rakı* getrunken wird. *Meyhanes* sind berühmt für ihre *meze* genannten kalten und warmen Vorspeisen, die in kleinen Portionen den ganzen Abend den *rakı*-Genuss und die dazugehörigen Gespräche begleiten. Mit Wasser verdünnt bekommt *rakı* eine milchig-weiße Farbe und wird daher auch *aslan sütü* (Löwenmilch) genannt. Meistens geht man nach einem *meyhane*-Besuch zu einem *çorbacı* (Suppenladen). Die Suppenläden sind bis in die frühen Morgenstunden geöffnet. Bitte beachten Sie, dass die Suppen im Türkischen – unabhängig von ihrer Konsistenz – nicht „gegessen", sondern „getrunken" werden (*çorba içmek*).

Ders 7
Ne içelim?

Konuşma 3

Yusuf ● und Ceyda ▲ beenden ihr Essen und möchten beim Kellner ◆ bezahlen.

● Şerefe!
▲ Yarasın!

...

● Tuzluğu verir misin? Patatesler biraz tuzsuz.
▲ Buyur.
● Sağ ol. Karides nasıl?
▲ Çok lezzetli. Bilirsin, ben karidesi çok severim. Biraz ister misin?
● Sonra alırım.
▲ Peki senin köftelerin nasıl? İyi mi?
● Nefis. Bir tane vereyim mi?
▲ Teşekkür ederim, istemem.

...

● Yarın ne yapalım?
▲ Patara kazısını gezelim mi?
● Gezeriz, daha zamanımız var. Yarın Saklı Kent'e gideriz.
▲ Oranın adı neden Saklı Kent?
● Saklı Kent gizli bir kanyon. Eşen Çayı'nın bir kolu oradan kaynıyor. Orası serin olur.
▲ Ne güzel. Kano turu da yaparız.
● Ne dersin, yavaş yavaş kalkalım mı?
▲ Olur, önce hesabı ödeyelim, sonra gideriz.
● Garson bey, hesabı getirir misiniz!
◆ Baş üstüne. Kahve içer misiniz?
● Evet, ben sade bir kahve içerim.
◆ Ya siz hanımefendi?
● Ben de orta şekerli bir kahve içeyim.
◆ Memnuniyetle.

...

● Prost!
▲ Zum Wohl!

...

● Gibst du mir bitte den Salzstreuer? Die Kartoffeln sind nicht richtig gesalzen.
▲ Bitte.
● Danke. Wie sind die Garnelen?
▲ Sehr lecker. Du weißt doch, ich mag Garnelen sehr. Möchtest du etwas?
● Ich nehme später (welche).
▲ Und wie sind deine Frikadellen? Gut?
● Hervorragend. Soll ich dir eine geben?
▲ Danke, ich will keine.

...

● Was wollen wir morgen unternehmen?
▲ Sollen wir die Patara-Ausgrabungen besichtigen?
● Wir besichtigen sie später, wir haben noch Zeit. Lass uns morgen nach Saklı Kent gehen.
▲ Warum heißt dieser Ort Saklı Kent?
● Saklı Kent ist eine verborgene Schlucht. Ein Arm des Flusses Eşen Çayı entspringt dort. Da ist es bestimmt kühl.
▲ Wie schön. Wir machen auch eine Kanufahrt.
● Was meinst du, wollen wir langsam gehen?
▲ O.K. Lass uns erst die Rechnung bezahlen, dann gehen wir.
● Herr Ober, bringen Sie bitte die Rechnung?
◆ Jawohl. Trinken Sie Kaffee?
● Ja, ich trinke einen schwarzen Kaffee.
◆ Und Sie, meine Dame?
● Und ich möchte einen mittelsüßen Kaffee trinken.
◆ Sehr gern.

...

7 Ders
Ne içelim?

- Hay Allah, cüzdanım yanımda değil, herhalde otelde. Senin yanında para var mı?
- ▲ Bende de para yok. Ama kredi kartım yanımda. Onunla öderiz.

- Bakalım, sorarız. Ama garson nerede?
- ▲ Merak etme, gelir.

...

- ◆ Buyurun kahveleriniz ve hesabınız.
- Affedersiniz, kredi kartı ile ödeyebilir miyiz?
- ◆ Tabii efendim.
- ▲ Buyurun, kredi kartım.

...

- ◆ Buyurun, kredi kartınız. Burayı imzalar mısınız?
- ▲ Tabii.
- Teşekkür ederiz, garson bey.
- ◆ Rica ederim, biz teşekkür ederiz. Yine bekleriz.

- Oh Gott, ich habe mein Portemonnaie nicht bei mir, es liegt wahrscheinlich im Hotel. Hast du Geld bei dir?
- ▲ Ich habe auch kein Geld dabei. Aber meine Kreditkarte habe ich (ist) bei mir. Wir zahlen damit.

- Mal sehen, wir fragen mal. Aber wo ist der Kellner?
- ▲ Kein Problem, er wird schon kommen.

...

- ◆ Bitte schön, Ihr Kaffee und Ihre Rechnung.
- Verzeihung, können wir mit der Kreditkarte zahlen?
- ◆ Selbstverständlich, mein Herr.
- ▲ Bitte schön, meine Kreditkarte.

...

- ◆ Hier, Ihre Kreditkarte. Würden Sie bitte hier unterschreiben?
- ▲ Natürlich.
- Wir bedanken uns, Herr Ober.
- ◆ Bitte sehr, wir haben zu danken. Beehren Sie uns wieder.

Ders 7: Ne içelim?

Das *r*-Präsens (der Aorist)

Das Türkische kennt im Gegensatz zum Deutschen eine zweite Präsensform, das *r*-Präsens. Im Gegensatz zum *yor*-Präsens sagt das *r*-Präsens nicht aus, dass die Handlung gerade stattfindet. Wenn jemand z. B. eine Tasse in der Hand hält, daraus etwas trinkt und Sie wissen möchten, was er trinkt, fragen Sie im *yor*-Präsens: *Ne içiyorsun?* (Was trinkst du [gerade]?). Das *r*-Präsens hat dagegen einen anderen, sehr breiten Anwendungsbereich.

Höfliche Fragen

Ne içersiniz?	Was trinken Sie? / Was würden Sie gern trinken?
Buz alır mısınız?	Nehmen Sie Eis? / Würden Sie gern Eis nehmen?
Kahve ister misiniz?	Möchten Sie Kaffee?

Feste Ausdrücke

Teşekkür ederim.	Danke schön. / Ich bedanke mich.
Rica ederim.	Ich bitte Sie. / Gern geschehen.
Yine bekleriz.	Wir erwarten Sie wieder. / Beehren Sie uns wieder.

Sich wiederholende Vorgänge

Annem her akşam bana telefon eder.	Meine Mutter ruft mich jeden Abend an.
Çetin her pazar top oynar.	Çetin spielt jeden Sonntag Fußball.

Allgemeingültige Sachverhalte und Eigenschaften

Konrad iyi gitar çalar.	Konrad spielt gut Gitarre. / Konrad kann gut Gitarre spielen.
Şeyda çok güzel yemek yapar.	Şeyda kocht sehr gut. / Şeyda kann sehr gut kochen.

Eine Erwartung oder Annahme

Yusuf muhakkak gelir.	Yusuf kommt bestimmt.
Merak etme, gelir.	Keine Sorge, er wird schon kommen.

In Anekdoten oder Kurzgeschichten

Bir adam gelir ve oturur.	Ein Mann kommt und setzt sich hin.
Çocuk uyanır ve annesini arar.	Das Kind wacht auf und sucht seine Mutter.

Die Bildung und Konjugation dieser Zeitform lernen Sie im Grammatikteil dieser Lektion.

7 Ders
Ne içelim?

Sözlü Alıştırmalar

a.
- Kahve içer misin?
- Evet, içerim.

1. evet – içmek
2. tabii – yemek
3. evet – istemek
4. evet – almak
5. tamam – gelmek
6. tabii – etmek

b.
- Tuzluğu verir misin?
- Buyur.

1. (sen) tuzluğu vermek
2. (siz) hesabı getirmek
3. (sen) kahve pişirmek
4. (siz) burayı imzalamak

BEZAHLEN

In der Türkei bekommt man in einem Restaurant die Rechnung nicht verbal, sondern schriftlich in einem ledernen Mäppchen, einer schicken Schatulle oder unter Erfrischungstüchern versteckt auf einem Teller. Der Kreativität der Restaurantbetreiber sind diesbezüglich keine Grenzen gesetzt. Nachdem der Kellner die Rechnung gebracht hat, entfernt er sich meistens vom Tisch oder hält einen gewissen Abstand, bis Sie den Betrag zu der Rechnung gelegt haben. Auch in der Türkei gilt die Faustregel eines 10%-igen Trinkgeldes. Das Trinkgeld wird, wenn der Kellner das Restgeld bringt, liegen gelassen. Sollten Sie kein Restgeld wünschen, sagen Sie in diesem Fall beim Bezahlen *üstü kalsın* (stimmt so oder der Rest ist für Sie).

Ders 7
Ne içelim?

Yemek Listesi	Speisekarte
Soğuk Mezeler	**Kalte Vorspeisen**
haydari	pikante Joghurt-Käse-Creme
fava	Pferdebohnenpüree
ahtapot salatası	Oktopussalat
lakerda	eingelegter Fisch (Bonito-Thunfisch)
patlıcan salatası	Auberginenpüree
cacık	Joghurt mit Gurken und Knoblauch
acılı ezme	feingehackte Tomaten mit Paprika, Zwiebeln und Petersilie (scharf)
Sıcak Mezeler	**Warme Vorspeisen**
meyhane köftesi	Frikadellen nach Art des Hauses
karides	Garnelen
balıklı börek	Blätterteig mit Fisch
patates tava	Pommes frites
sigara böreği	Blätterteigröllchen mit Käsefüllung
Salatalar	**Salate**
çoban salatası	gemischter Salat
mevsim salatası	Saisonsalat
roka salatası	Rucolasalat
Çorbalar	**Suppen**
mercimek çorbası	Linsensuppe
yayla çorbası	Suppe mit Joghurt und Kräutern
işkembe çorbası	Kuttelnsuppe
domates çorbası	Tomatensuppe
Izgaralar	**Gegrilltes Fleisch**
Adana kebabı	Lammspieß von gehacktem Lammfleisch
kuzu şiş	Fleischspieß mit Lammwürfeln
pirzola	Lammrippchen
biftek	Steak
Balıklar	**Fisch**
mevsime göre	je nach Jahreszeit
Tatlılar	**Desserts**
kadayıf	Engelshaar (Blätterteigfäden)
fıstıklı Baklava	Blätterteig mit Pistazien

7 Ne içelim?

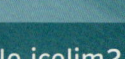

Dilbilgisi

Das Suffix *-lik*

In *Ders* 4 haben Sie das vierförmige Suffix *-lik* im Zusammenhang mit den Berufsbezeichnungen gelernt. Im Dialog bedeutet das Suffix *-lik* „für".

dört kişi**lik** bir masa ein Tisch **für** vier Personen
üç gece**lik** iki oda zwei Zimmer **für** drei Nächte

Ferner dient *-lik* zur Adjektivbildung und entspricht im Deutschen den Suffixen „-ig" oder „-lich":

bir aylık bebek (einmonat**ig**es Baby) iki saat**lik** gecikme (zweistünd**ig**e Verspätung)
yıl**lık** ödeme (jähr**lich**e Zahlung) ay**lık** kira (monat**lich**e Miete)

Im Türkischen gibt es auch zahlreiche Substantive, die mit *-lik* abgeleitet wurden:

tuz (Salz) → tuz**luk** (Salzstreuer) şeker (Zucker) → şeker**lik** (Zuckerdose)
göz (Auge) → göz**lük** (Brille) söz (Wort) → söz**lük** (Wörterbuch)
kim (wer) → kim**lik** (Ausweis) kitap (Buch) → kitap**lık** (Bücherregal)

Die Ordnungszahlen und das Suffix *-(i)nci*

Die Ordnungszahlen werden mit dem vierförmigen Suffix *-(i)nci* gebildet, wobei immer die Silbe vor *-ci* betont wird. Wenn ein Zahlwort auf einen Vokal endet, fällt der anlautende Vokal aus. Die Frage lautet *kaçıncı?* (wie vielt-?).

1. bir**inci** 5. beş**inci** 9. dokuz**uncu** 50. ell**inci**
2. ik**inci** 6. alt**ıncı** 10. on**uncu** 90. doksan**ıncı**
3. üç**üncü** 7. yed**inci** 11. on bir**inci** 100. yüz**üncü**
4. dörd**üncü** 8. sekiz**inci** 23. yirmi üç**üncü** 1000. bin**inci**

Das *r*-Präsens

Bildung des *r*-Präsens

Das *r*-Präsens bildet man mit dem Suffix *-r*. Dabei unterscheidet man zwischen den folgenden Verbstämmen:

1. Wenn der Verbstamm auf einen Vokal endet, hängt man *-r* an.

anlamak (verstehen) → (o) anla**r** okumak (lesen) → (o) oku**r**
yemek (essen) → (o) ye**r** yürümek (gehen, laufen) → (o) yürü**r**

2a. Wenn der Verbstamm auf einen Konsonanten endet und mehrsilbig ist, hängt man das vierförmige Suffix *-ir* an.

çalışmak (arbeiten) → (o) çalış**ır** konuşmak (sprechen) → (o) konuş**ur**
getirmek (holen) → (o) getir**ir** götürmek (hinbringen) → (o) götür**ür**

Ne içelim?

2b. Wenn der Verbstamm auf einen Konsonanten endet und einsilbig ist, hängt man das zweiförmige Suffix **-er** an.

| yapmak (machen) | → | (o) yap**ar** | tutmak (halten) | → | (o) tut**ar** |
| içmek (gehen) | → | (o) iç**er** | gülmek (lachen) | → | (o) gül**er** |

Bei einigen einsilbigen Verbstämmen, die meistens auf -*l* oder -*r* enden, bildet man das *r*-Präsens jedoch mit **-ir**. Die wichtigsten dieser Verben sind:

almak (nehmen)	→	(o) al**ır**	kalmak (bleiben)	→	(o) kal**ır**
bilmek (wissen)	→	(o) bil**ir**	olmak (sein, werden)	→	(o) ol**ur**
bulmak (finden)	→	(o) bul**ur**	sanmak (meinen)	→	(o) san**ır**
durmak (stehen)	→	(o) dur**ur**	vermek (geben)	→	(o) ver**ir**
gelmek (kommen)	→	(o) gel**ir**	varmak (ankommen)	→	(o) var**ır**
görmek (sehen)	→	(o) gör**ür**	ölmek (sterben)	→	(o) öl**ür**

Auf die unregelmäßigen einsilbigen Verben werden Sie im alphabetischen Wortschatzregister folgendermaßen hingewiesen: *bilmek, -ir.*

Negation des *r*-Präsens

Die Negation bildet man mit dem zweiförmigen Negationssuffix -*me* bzw. -*ma*. Daran hängt man dann mit Ausnahme der *ben* (ich)-Form und der *biz* (wir)-Form ein -**z** an. Dann folgen die Personalsuffixe. Die verneinte Frage wird bei allen Personen mit -*mez* bzw. -*maz* gebildet. Sehen Sie sich dazu die Konjugationstabelle auf der nächsten Seite an.

7 Ders
Ne içelim?

Konjugation im r-Präsens

yemek (essen)

	bejaht	bejahte Frage	verneint	verneinte Frage
ben	yerim	yer miyim?	yemem	yemez miyim?
sen	yersin	yer misin?	yemezsin	yemez misin?
o	yer	yer mi?	yemez	yemez mi?
biz	yeriz	yer miyiz?	yemeyiz	yemez miyiz?
siz	yersiniz	yer misiniz?	yemezsiniz	yemez misiniz?
onlar	yer(ler)	yer(ler) mi?	yemez(ler)	yemez(ler) mi?

yapmak (machen)

	bejaht	bejahte Frage	verneint	verneinte Frage
ben	yaparım	yapar mıyım?	yapmam	yapmaz mıyım?
sen	yaparsın	yapar mısın?	yapmazsın	yapmaz mısın?
o	yapar	yapar mı?	yapmaz	yapmaz mı?
biz	yaparız	yapar mıyız?	yapmayız	yapmaz mıyız?
siz	yaparsınız	yapar mısınız?	yapmazsınız	yapmaz mısınız?
onlar	yapar(lar)	yapar(lar) mı?	yapmaz(lar)	yapmaz(lar) mı?

Alıştırmalar

Yazılı Alıştırmalar

1. Was passt zusammen? Ordnen Sie zu.

a. Ne içersiniz?
b. Teşekkür ederim.
c. Hoş geldiniz.
d. Akşam ne yapalım?
e. Salata alır mısınız?
f. Boş odanız var mı?
g. Kahveyi nasıl içersiniz?
h. Sıcak mezelerden ne alırsınız?

1. Alırım.
2. Karides var mı?
3. Çay alayım.
4. Orta şekerli lütfen.
5. Sinemaya gidelim.
6. Rica ederim.
7. Kaç kişilik?
8. Hoş bulduk.

Ders 7
Ne içelim?

2. Beantworten Sie die Fragen mit den Angaben in Klammern und benutzen Sie dabei die Wunschform.

a. Ne içersiniz? (rakı – almak [ben]) *Rakı alayım.*
b. Ne yapalım? (müzik – dinlemek) _____
c. Ne alırsınız? (balık – almak [ben]) _____
d. Nereye gidelim? (deniz – gitmek) _____
e. Ne içelim? (kahve – içmek) _____
f. Nasıl gidelim? (taksi – gitmek) _____
g. Ne yiyelim? (çorba – içmek) _____
h. Ne yersiniz? (döner – yemek [ben]) _____

3. Welches Verb passt wohin? Ergänzen Sie die Verben im *r*-Präsens.

~~içmek~~ • içmek • vermek • etmek • etmek • bakmak • getirmek • istemek

a.
▪ Şarap *içer* misin?
▶ Hayır, _____.

b.
▪ Garson Bey, menüyü _____ misiniz?
▶ Memnuniyetle.

c.
▪ Ayşe, bana buz _____ misin?
▶ Buyur.

d.
▪ Biraz daha salata _____ misin?
▶ Lütfen.

e.
▪ Teşekkür _____.
▶ Rica _____.

f.
▪ Garson Bey, _____ mısınız?
▶ Buyurun.

4. Lesen Sie den Dialog und ergänzen Sie die fehlenden Suffixe.

a. Hafta son___ ne yapıyorsun?
b. Evde___.
c. Diskoteğe gid___ mi?
d. Olur. Saat kaç___ buluş___?
e. On___ çeyrek kala.
f. Çok geç. Dokuz___ ol___ mu?
g. Olur. Nere___ buluş___?
h. Diskoteğ___ ön___.
i. Tamam, hoşça kal.
j. Güle güle.

5. Ergänzen Sie das passende Possessivsuffix und bilden Sie zusammengesetzte Substantive.

a. çoban + salata → *çoban salatası*
b. sigara + börek → _____
c. yemek + liste → _____
d. domates + çorba → _____
e. bulgur + pilav → _____
f. vişne + su → _____
g. kredi + kart → _____
h. şarap + bardak → _____

7 Ders
Ne içelim?

CD Alıştırmaları 3|4-7

1. In der ersten Übung trainieren Sie die Wunschform mit dem zweiförmigen Suffix *-(y)eyim* und *-(y)elim*. Hören Sie zu und sprechen Sie nach. Achten Sie dabei auf die Intonation.

a. Ne içelim?
   Ben ayran içeyim.
   Şarap içelim.
b. Ne yiyelim?
   Ben balık yiyeyim.
   Döner yiyelim.
c. Yarın akşam konsere gidelim mi?
   Olur, gidelim.
   Hayır, gitmeyelim.

d. Hafta sonu yüzelim mi?
   Evet, yüzelim.
   Hayır, yüzmeyelim.
e. Yarın akşam sana telefon edeyim mi?
   Evet, et.
   Hayır, etme.
f. Biraz daha salata vereyim mi?
   Sana çay getireyim mi?
   Kahve pişireyim mi?

2. Hören Sie sich den Beispieldialog an und sprechen Sie dann selbst nach diesem Muster, indem Sie die Angaben verwenden. Der von Ihnen zu sprechende Teil ist mit ▶ gekennzeichnet.

■ Yarın ne yapalım?
▶ Patara kazısını gezelim mi?

a. Patara kazısını gezmek
b. Saklı Kent'e gitmek
c. yüzmek
d. güneşlenmek
e. dinlenmek
f. sinemaya gitmek

3. *Doğru mu, yanlış mı* (richtig oder falsch)?
Hören Sie zuerst den Text, den Kerem auf Marals Anrufbeantworter gesprochen hat. Lesen Sie dann die Aussagen und entscheiden Sie, ob sie zutreffen (**d** = *doğru*) oder nicht (**y** = **yanlış**). Korrigieren Sie dann die falschen Aussagen.

a. _y_ Kerem Ankara'da arkadaşında kalıyor.   *Kerem Ankara'da bir otelde kalıyor.*
b. ___ Otelin adı Hitit Güneşi.   _____
c. ___ Kerem pazar sabahına kadar Ankara'da.   _____
d. ___ Otel Demetevler'de, 14. Sokakta.   _____
e. ___ Kerem Maral ile görüşmek istiyor.   _____
f. ___ Kerem'in odası dördüncü katta.   _____
g. ___ Kerem'in oda numarası 37.   _____

4. Arbeiten Sie nun die weiteren mündlichen Übungen auf der CD durch.

Ders 7
Ne içelim?

Kelime Dağarcığı

Im Hotel

resepsiyon	Rezeption
anahtar	Schlüssel
banyo	Bad
duş	Dusche
tuvalet	Toilette
havlu	Handtuch
tam pansiyon	Vollpension
yarım pansiyon	Halbpension
kahvaltı dahil/hariç	mit/ohne Frühstück
akşam yemeği dahil/hariç	mit/ohne Abendessen
yüzme havuzu	Schwimmbad
hamam	türkisches Dampfbad
Boş odanız var mı?	Haben Sie freie Zimmer?
Odalarınız balkonlu mu?	Haben Ihre Zimmer einen Balkon?
Kaç kişilik oda istiyorsunuz?	Was für ein Zimmer möchten Sie?
Kaç gün kalmak istiyorsunuz?	Wie viele Tage möchten Sie bleiben?

Im Restaurant

yemek listesi / menü	Speisekarte
servis yapmak	servieren
hesap	Rechnung
bahşiş	Trinkgeld
tabak	Teller
bardak	Glas
çay bardağı	Teeglas
şarap bardağı	Weinglas
çatal	Gabel
bıçak	Messer
kaşık	Löffel
çay kaşığı	Teelöffel
peçete	Serviette
kürdan	Zahnstocher
buz	Eis

7 Ne içelim?

Getränke

ayran	Joghurtgetränk mit Salz
meşrubat	Erfrischungsgetränk
portakal suyu	Orangensaft
nar suyu	Granatapfelsaft
rakı	Anisschnaps
şarap	Wein
beyaz şarap	Weißwein
kırmızı şarap	Rotwein
bira	Bier

Gefallen und Missfallen äußern

Köfteler nasıl?	Wie sind die Frikadellen?
nefis	köstlich
(çok) lezzetli	(sehr) lecker
lezzetsiz	nicht gut
harika	wunderbar
biraz tuzlu	etwas versalzen
tuzsuz	fad
taze	frisch
bayat	alt
acı	scharf / bitter

8 Ders

Geçmiş olsun!

8 Ders
Geçmiş olsun!

Konuşma 1 🔘 3|8

Haşmet ● fühlt sich nicht wohl und geht zu seiner Ärztin ▲.

- ● Günaydın, Doktor Hanım.
- ▲ Günaydın. Neyiniz var?
- ● Kendimi iyi hissetmiyorum.
- ▲ Nereniz ağrıyor?
- ● Biraz başım ağrıyor.
- ▲ Ne zamandan beri başınız ağrıyor?
- ● Bu sabahtan beri.
- ▲ Başka şikayetiniz var mı?
- ● Biraz midem de bulanıyor.
- ▲ Başka bir yeriniz ağrıyor mu?
- ● Evet. Dün kumsalda, güneşin altında voleybol oynadım. Şimdi sırtım ve omuzlarım yanıyor.

- ● Guten Morgen, Frau Doktor.
- ▲ Guten Morgen. Was haben Sie denn?
- ● Ich fühle mich nicht wohl.
- ▲ Wo tut es Ihnen weh?
- ● Ich habe leichte Kopfschmerzen.
- ▲ Seit wann haben Sie Kopfschmerzen?
- ● Seit heute früh.
- ▲ Haben Sie noch andere Beschwerden?
- ● Mir ist auch etwas übel.
- ▲ Tut Ihnen sonst eine Stelle weh?
- ● Ja. Gestern habe ich am Strand in der Sonne Volleyball gespielt. Jetzt brennen mein Rücken und meine Schultern.

Ders 8
Geçmiş olsun!

- ▲ Lütfen tişörtünüzü çıkarır mısınız? Sırtınızı muayene etmek istiyorum.
- ● Olur.
- ▲ Buranız acıyor mu?
- ● Evet, oram acıyor.
- ▲ Ya, şuranız?
- ● Ah, evet. Oram da acıyor.
- ▲ Uzun süre güneşte kalmışsınız, sırtınız ve omuzlarınız kızarmış.
- ● Çok kötü mü?
- ▲ Çok kötü değil, hafif bir yanık. Birkaç günde geçer. Tişörtünüzü tekrar giyebilirsiniz. Şimdi bir de ateşinizi ve tansiyonunuzu ölçeyim.

...

- ▲ Hımm, biraz ateşiniz var.
- ● Ya tansiyonum?
- ▲ Tansiyonunuz da biraz yüksek. Yanıklara karşı size bir merhem yazıyorum. Günde üç kez sırtınıza sürün.
- ● Olur. Başka ne yapayım?
- ▲ Baş ağrısına karşı sabahları ve akşamları birer aspirin alın. Ayrıca bir kaç gün sakın güneşe çıkmayın. Sürekli gölgede oturun ve bol bol su için.
- ● Olur. İlaçları nereden alabilirim? Buralarda eczane var mı?
- ▲ Muayenehaneden çıkın, sonra sağa sapın. İleride köşede bir eczane var. Oradan alabilirsiniz. Buyurun reçeteniz. Geçmiş olsun.
- ● Sağ olun. Çok teşekkür ederim.

- ▲ Würden Sie bitte Ihr T-Shirt ausziehen? Ich möchte Ihren Rücken untersuchen.
- ● O.K.
- ▲ Tut es Ihnen hier weh?
- ● Ja, da tut es mir weh.
- ▲ Und da?
- ● Oh, ja. Da tut es mir auch weh.
- ▲ Sie sind lange Zeit in der Sonne geblieben. Ihr Rücken und Ihre Schultern sind gerötet.
- ● Ist es sehr schlimm?
- ▲ Nicht sehr schlimm, ein leichter Sonnenbrand. In ein paar Tagen geht's vorbei. Sie können Ihr T-Shirt wieder anziehen. Und jetzt messe ich Ihre Temperatur und Ihren Blutdruck.

...

- ▲ Hm, Sie haben leichtes Fieber.
- ● Und mein Blutdruck?
- ▲ Ihr Blutdruck ist auch leicht erhöht. Gegen den Sonnenbrand verschreibe ich Ihnen eine Salbe. Bitte tragen Sie sie dreimal am Tag auf Ihren Rücken auf.
- ● Mache ich. Was soll ich sonst machen?
- ▲ Nehmen Sie gegen die Kopfschmerzen morgens und abends je ein Aspirin. Außerdem gehen Sie ein paar Tage ja nicht in die Sonne. Sitzen Sie immer im Schatten und trinken Sie reichlich Wasser.
- ● O.K. Wo kann ich die Medikamente kaufen? Gibt es hier in der Gegend eine Apotheke?
- ▲ Gehen Sie aus der Praxis heraus und dann nach rechts. Vorne an der Ecke gibt es eine Apotheke. Dort können Sie (sie) kaufen. Bitte schön, Ihr Rezept. Gute Besserung.
- ● Vielen Dank.

8 Ders
Geçmiş olsun!

Nach Beschwerden fragen und sagen, wo es einem weh tut

Neyin var? / Neyiniz var?	Was hast du? / Was haben Sie?
Şikayetin ne? / Şikayetiniz ne?	wörtlich: Was sind deine/Ihre Beschwerden?
Başka şikayetiniz var mı?	Haben Sie noch andere Beschwerden?

Zur Angabe von Krankheiten verwendet man *olmak* (sein, werden) entweder als Personalsuffix oder als Vollverb im Sinne von „bekommen".

Nezleyim.	Ich habe Schnupfen. / Ich bin verschnupft.
Gribim. / İshalim. / Kabızım.	Ich habe Grippe/Durchfall/Verstopfung.
Hasta oldum.	Ich wurde krank.
Grip oldum.	Ich habe die Grippe bekommen.

Mit den Verben *ağrımak* (schmerzen) und *acımak* (wehtun) in Verbindung mit dem entsprechenden Körperteil und den Possessivsuffixen geben Sie Beschwerden an.

baş	der Kopf	*Başım ağrıyor.*	Ich habe Kopfschmerzen.
			(wörtlich: Mein Kopf schmerzt.)
karın	der Bauch	*Karnım ağrıyor.*	Ich habe Bauchschmerzen.
			(wörtlich: Mein Bauch schmerzt.)
sırt	der Rücken	*Sırtım acıyor.*	Mein Rücken tut weh.
ayak	der Fuß	*Ayağım acıyor.*	Mein Fuß tut weh.
		Ayağım ağrıyor.	Ich habe Fußschmerzen.
			(wörtlich: Mein Fuß schmerzt.)

Bitte beachten Sie, dass bei den zweisilbigen Körperteilen wie *ağız* (Mund), *karın* (Bauch), *burun* (Nase) oder *göğüs* (Brust) der zweite Vokal *-ı, -i, -u* bzw. *-ü* wegfällt, wenn ein mit Vokal beginnendes Suffix angehängt wird, z. B. *karın*, *karnım* (→ Vokalausfall, Ders 4).

Um zu sagen, wo man Beschwerden hat, benutzt man die Körperteile oder die Ortspronomen *bura* (der Ort/die Stelle hier), *şura* (der Ort/die Stelle da) bzw. *ora* (der Ort/die Stelle dort) mit den Possessivsuffixen und das entsprechende Verb *ağrımak* (schmerzen), *acımak* (weh tun), *yanmak* (brennen), *batmak* (stechen), *kaşınmak* (jucken) usw. Die Frage bildet man mit *nere?* (welcher Ort?, welche Stelle?).

(Sizin) Nereniz ağrıyor?	Wo (an welcher Stelle) haben Sie Schmerzen?
(Senin) Neren acıyor?	Wo (an welcher Stelle) tut es dir weh?
(Benim) Göğsüm ağrıyor.	Meine Brust schmerzt.
Buram ağrıyor.	Hier habe ich Schmerzen. (wörtlich: Diese Stelle schmerzt.)
Buranız acıyor mu?	Tut es Ihnen hier weh?
Evet, oram ağrıyor.	Ja, da/dort habe ich Schmerzen.
Hayır, oram ağrımıyor.	Nein, da/dort habe ich keine Schmerzen.

Ders 8
Geçmiş olsun!

Die Postposition -(y)e karşı (gegen)

Die Postposition *karşı* (gegen) verlangt im Türkischen den Dativ.

yanık	Sonnenbrand	yanık**lara karşı**	gegen Sonnenbrand
öksürük	Husten	öksürü**ğe karşı**	gegen Husten
nezle	Schnupfen	nezle**ye karşı**	gegen Schnupfen

Beachten Sie, dass zwischen dem Possessivsuffix und dem Kasussuffix der Bindekonsonant *-n-* einzuschieben ist.

mide bulantısı	Übelkeit	mide bulantısı**na karşı**	gegen Übelkeit
baş dönmesi	Schwindel	baş dönmesi**ne karşı**	gegen Schwindel

Sözlü Alıştımalar

a.
- Neyiniz var?
- ▶ Başım ağrıyor.
- Ne zamandan beri?
- ▶ Bu sabahtan beri.

1. baş – ağrımak / bu sabah
2. bacak – ağrımak / üç gün
3. karın – ağrımak / birkaç gün
4. nezle / dün sabah
5. mide – bulanmak / üç saat
6. öksürmek / bir hafta

b.
- Sırtım yanıyor.
- ▶ Yanıklara karşı size bir merhem yazıyorum.

1. yanıklar – merhem
2. baş ağrısı – ağrı kesici (Schmerztablette)
3. öksürük – öksürük şurubu (Hustensaft)
4. nezle – damla (Tropfen)

8 Ders
Geçmiş olsun!

Konuşma 2

Nachdem Haşmet zum Arzt gegangen ist, ruft eine Freundin ◆ an und spricht mit seiner Frau Alev ▲.

▲ Merhaba Deniz.
◆ Merhaba. Nasılsın, iyi misin?
▲ Sağ ol, iyiyim. Senden ne haber?
◆ Benden de iyilik. Biliyor musun, biz de iki günden beri Bodrum'dayız. Bir yazlık tuttuk, üç dört hafta kalmak niyetindeyiz.
▲ Aaa ne güzel! O zaman muhakkak görüşelim.
◆ Ben de bu yüzden arıyorum. Biz öbür gün küçük bir yelken turu yapmak istiyoruz. Siz de gelmek ister misiniz?
▲ Aslında çok iyi fikir, ama bilmem ki.

◆ Neden?
▲ Çünkü Haşmet biraz rahatsız. Biraz önce doktora gitti.
◆ Hayrola, neyi var?
▲ Biraz başı ağrıyor ve midesi bulanıyor. Sırtı ve omuzları da yandı, kıpkırmızı oldu.
◆ Dün ne yaptı ki?
▲ Dün plajdaydık, yüzdük, güneşlendik. Sonra Haşmet kumsalda güneşin altında voleybol oynadı. Dün akşam da, ... ha, ha, hapşu.

◆ Çok yaşa.
▲ Sağ ol, sen de gör.
◆ Dün akşam neredeydiniz dedin?

▲ Hallo Deniz.
◆ Hallo. Wie geht's? Geht's dir gut?
▲ Danke, es geht mir gut. Und was gibt's bei dir?
◆ Mir geht's auch gut. Weißt du, wir sind auch seit zwei Tagen in Bodrum. Wir haben eine Ferienwohnung gemietet und wollen drei, vier Wochen bleiben.
▲ Ah wie schön! Dann sollten wir uns unbedingt treffen.
◆ Ich rufe auch deshalb an. Wir möchten übermorgen einen kleinen Segeltörn machen. Wollt ihr mitkommen?
▲ Eigentlich eine tolle Idee, aber ich weiß es nicht.

◆ Wieso?
▲ Weil Haşmet ein wenig krank ist. Vorhin ist er zum Arzt gegangen.
◆ Sag bloß! Was hat er denn?
▲ Er hat ein bisschen Kopfschmerzen und ihm ist übel. Sein Rücken und seine Schultern sind verbrannt und knallrot geworden.
◆ Was hat er denn gestern gemacht?
▲ Gestern waren wir am Strand. Wir sind geschwommen, haben uns gesonnt. Danach hat Haşmet am Strand in der Sonne Volleyball gespielt. Und dann gestern Abend, ... ha, ha, hatschi.

◆ Gesundheit.
▲ Danke, dir auch.
◆ Was sagtest du, wo seid ihr gestern gewesen?

Ders 8
Geçmiş olsun!

- ▲ Lokantadaydık. Yemek yedik, biraz da içtik. Yemekten sonra da bir bara gittik.
- ◆ Ne dersin, öbür güne kadar iyileşir mi?
- ▲ Bilmem ki. Önce bir konuşayım.
- ◆ Akşam bana haber verir misin?
- ▲ Tabii veririm.
- ◆ İyi. Haşmet'e selam söyle, geçmiş olsun de. Yanıklara karşı omuzlarına ve sırtına yoğurt sürsün, çok iyi gelir.
- ▲ Olur, söylerim. Sen de benden selam söyle.
- ◆ Baş üstüne. Hoşça kal.
- ▲ Sen de hoşça kal.

- ▲ Wir waren in einem Restaurant. Wir haben gegessen und ein bisschen was getrunken. Und nach dem Essen sind wir in eine Bar gegangen.
- ◆ Was meinst du, wird er sich bis übermorgen erholen?
- ▲ Ich weiß es nicht. Lass mich erst (mit ihm) sprechen.
- ◆ Sagst du mir heute Abend Bescheid?
- ▲ Klar, ich sage Bescheid.
- ◆ Gut. Grüß Haşmet von mir. Sag ihm gute Besserung. Er soll gegen den Sonnenbrand Joghurt auf seinen Rücken und seine Schultern auftragen, das tut sehr gut.
- ▲ O.K., ich sag's ihm. Sag auch du Grüße von mir.
- ◆ Mache ich. Tschüss.
- ▲ Tschüss.

8
Geçmiş olsun!

Sagen, was man gemacht hat und wo man war

Um zu sagen, was man gemacht hat, verwendet man das vierförmige Suffix *-di* bzw. *-ti*. Dann folgen die Personalsuffixe, die von denen abweichen, die Sie bis jetzt gelernt haben (mehr dazu im Grammatikteil unter „Vergangenheit auf *-di*").

(Sen) Ne yaptın?	Was hast du gemacht?
(Siz) Ne yaptınız?	Was habt ihr gemacht? / Was haben Sie gemacht?
(Ben) Yüzdüm.	Ich bin geschwommen.
(Ben) Güneşlendim.	Ich habe mich gesonnt.
(Biz) Bira içtik.	Wir haben Bier getrunken.
(Biz) Voleybol oynadık.	Wir haben Volleyball gespielt.

Zur Wiedergabe von „war" bzw. „ist gewesen" verwendet man *idi*. Meistens kommt es als Suffix vor und wird an das Bezugswort angehängt. Es ist dann vierförmig und lautet nach konsonantischem Auslaut *-di*, nach vokalischem *-ydi*.

Nerede idin?	*Neredeydin?*	Wo warst du? / Wo bist du gewesen?
Nerede idiniz?	*Neredeydiniz?*	Wo wart ihr? / Wo waren Sie?
Evde idim.	*Evdeydim.*	Ich war zu Hause.
Lokantada idik.	*Lokantadaydık.*	Wir sind im Restaurant gewesen.

Einen Rat geben: das Suffix *-sin* (er/sie soll)

Mit dem vierförmigen Suffix *-sin* werden Aufforderungsformen für die 3. Person gebildet.

almak (nehmen)	*Aspirin alsın.*	Er/Sie soll Aspirin nehmen.
	Aspirin alsın mı?	Soll er/sie Aspirin nehmen?
okumak (lesen)	*Kitap okusunlar.*	Sie sollen Bücher lesen.
içmemek (nicht trinken)	*Çok rakı içmesinler.*	Sie sollen nicht viel *rakı* trinken.
sürmek (auftragen)	*Omuzlarına yoğurt sürsün.*	Er/Sie soll Joghurt auf seine/ihre Schultern auftragen.

Gesundheit!

Wenn jemand niest, sagt man *Çok yaşa!* bzw. *Çok yaşayın!* (Gesundheit!, wörtlich: Lebe lange! bzw. Leben Sie lange!) Die Reaktion darauf lautet *Sen de gör!* bzw. *Siz de görün!* (Danke!, wörtlich: Sieh du das auch! bzw. Sehen Sie das auch!)
Der Genesungswunsch lautet *Geçmiş olsun!* (Gute Besserung!, wörtlich: Es soll/möge vorbei sein!)

Ders 8
Geçmiş olsun!

Sözlü Alıştımalar

a.
- Dün akşam neredeydiniz?
▶ Lokantadaydık.
- Ne yaptınız?
▶ Yemek yedik.

1. (biz) lokanta / yemek yemek
2. (ben) plaj / yüzmek, güneşlenmek
3. (ben) diskotek / dans etmek
4. (biz) ev / televizyon izlemek
5. (biz) arkeoloji müzesi / müzeyi gezmek
6. (ben) Paris / şehir turu yapmak

b.
- Haşmet rahatsız.
▶ Hayrola, neyi var?
- Omuzları ve sırtı kızardı.
▶ Yanıklara karşı omuzlarına yoğurt sürsün.

1. yanıklar – omuzlarına yoğurt sürmek
2. baş ağrısı – bol bol su içmek
3. boğaz ağrısı – limonlu çay içmek
4. öksürük – ballı süt içmek

Ders 8
Geçmiş olsun!

BODRUM

Die Stadt Bodrum liegt in einer großen Bucht an der Ägäis im Südwesten der Türkei. An den Hängen um die Bucht herum stehen die typischen weiß getünchten Häuser mit ihren flachen Dächern und lilafarbenen Bougainvilleblüten.

An der Küste bei Bodrum befinden sich zahlreiche Buchten, Kaps und Halbinseln. Dank dieser Landschaft und dem warmen, jedoch windreichen Mittelmeerklima bietet Bodrum sehr gute Möglichkeiten zum Tauchen, Schwimmen, Surfen und Segeln.

Halikarnassos, das antike Bodrum, war für sein Mausoleum berühmt. Es wurde Mitte des 4. Jahrhunderts v. Chr. erbaut und galt in der Antike als eines der sieben Weltwunder. Es wurde im Mittelalter durch ein Erdbeben zerstört. Die Reste haben im 15. Jahrhundert die Ritter des Johanniterordens als Baumaterial benutzt, um das Kastell St. Peter zu bauen. Einige übriggebliebene Friesstücke und Skulpturen wurden ins Britische Museum nach London gebracht. Das Kastell *Bodrum Kalesi* ist sehr gut erhalten, dort befindet sich heutzutage ein sehenswertes Unterwassermuseum.

Im 16. Jahrhundert wurde Bodrum von den Osmanen erobert und bis ins 20. Jahrhundert als Verbannungsort benutzt. In dieser Zeit war es ein Dorf der Schwammtaucher und Fischer.

Einer der bekanntesten Bewohner von Halikarnassos ist Herodot, der als „Vater der Geschichtswissenschaft" gilt. Eine andere berühmte Persönlichkeit, die Bodrum aus seinem langen Dornröschenschlaf weckte, ist der Schriftsteller Cevat Şakir, der unter dem Pseudonym *Halikarnas Balıkçısı* (Fischer von Halikarnassos) bekannt ist.

Ders 8
Geçmiş olsun!

Konuşma 3 3|14

Haşmet ● kommt nach Hause. Seine Frau Alev ▲ möchte wissen, was die Ärztin gesagt hat.

▲ Canım, doktor ne dedi?
● Güneşte kalmayın, gölgede oturun ve bol bol su için dedi.
▲ Yanıklara karşı ilaç verdi mi?

● Evet, bir merhem yazdı. Günde üç kez sırtınıza sürün dedi. Biraz sonra sırtıma ve omuzlarıma sürebilir misin?

▲ Olur, sürerim. Demin kim telefon etti, biliyor musun?
● Hayır, nereden bileyim.
▲ Deniz. Onlar da Bodrum'daymış.

▲ Liebling, was hat denn die Ärztin gesagt?
● Ich soll nicht in der Sonne bleiben, im Schatten sitzen und reichlich Wasser trinken.
▲ Hat sie gegen den Sonnenbrand ein Medikament verschrieben?
● Ja, sie hat eine Salbe verschrieben. Ich soll (sie) dreimal am Tag auf meinen Rücken auftragen. Kannst du (sie) gleich auf meinen Rücken und meine Schultern auftragen?
▲ O.K., ich trage sie auf. Weißt du, wer vorhin angerufen hat?
● Nein, woher soll ich das wissen?
▲ Deniz. Sie seien auch in Bodrum.

8 Ders
Geçmiş olsun!

- Ne güzel.
- ▲ Öbür gün yelken turu yapmak istiyorlar. Siz de gelir misiniz diye sordu. Ne dersin?
- Tabii gideriz.
- ▲ Peki, öbür gün yelken yapabilir misin?
- Tabii, yapabilirim.
- ▲ Bir de omuzlarına ve sırtına yoğurt sürsün dedi.
- Amma, saçmalık. Koca karı ilacı bu. Doktor merhem verdi dedim ya.
- ▲ Tamam, tamam. Bir de …
- Ne var?
- ▲ Balkon çok pis. Akşama balkonu temizleyebilir misin?
- Hayır, temizleyemem.
- ▲ Neden?
- Doktor, kendinizi yormayın, bol bol dinlenin, parmağınızı bile kıpırdatmayın dedi.
- ▲ Peki, yarın temizleyebilir misin?
- Bakarız.

- Wie schön.
- ▲ Übermorgen möchten Sie einen Segeltörn machen. Sie hat gefragt, ob wir auch kommen. Was meinst du?
- Klar gehen wir.
- ▲ Und kannst du übermorgen segeln?
- Natürlich kann ich (das).
- ▲ Und sie hat noch gesagt, dass du auf deinem Rücken und deinen Schultern Joghurt auftragen sollst.
- Was für ein Unsinn. Das ist ein Altweiberheilmittel. Ich sagte doch, die Ärztin hat eine Salbe verschrieben.
- ▲ O.K., O.K. Und noch was …
- Was gibt's?
- ▲ Der Balkon ist sehr schmutzig. Kannst du abends den Balkon sauber machen?
- Nein, ich kann (ihn) nicht sauber machen.
- ▲ Warum?
- Die Ärztin hat gesagt, ich soll mich nicht überanstrengen, mich viel ausruhen, nicht mal den Finger rühren.
- ▲ Und kannst du (ihn) morgen sauber machen?
- Schauen wir mal.

Ausdrücken, ob etwas möglich bzw. nicht möglich ist (können/nicht können)

Ob etwas möglich ist, wird mit der Möglichkeitsform ausgedrückt. Sie setzt sich aus einem mit -(y)e bzw. -(y)a erweiterten Verbstamm und dem Verb *bilmek* (wissen) zusammen.

yelken yap + a + bilmek	→ *yelken yap**abil**mek*	segeln können
temizle + ye + bilmek	→ *temizle**yebil**mek*	sauber machen können

Die Möglichkeitsform kommt am häufigsten im *r*-Präsens vor.

*Yelken yap**abil**ir misiniz?*	Könnt ihr segeln? / Können Sie segeln?
*Balkonu temizle**yebil**ir misin?*	Kannst du den Balkon sauber machen?
*Evet, yelken yap**abil**irim.*	Ja, ich kann segeln.
*Evet, balkonu temizle**yebil**irim.*	Ja, ich kann den Balkon sauber machen.

Ders
Geçmiş olsun! 8

Bei der Verneinung entfällt *-bil* und das Negationssuffix wird an *-(y)e* bzw. *-(y)a* angefügt. Dann folgen die Tempus- und Personalsuffixe.

yelken yap + a + ma + mak	→ *yelken yapamamak*	nicht segeln können
temizle + ye + me + mek	→ *temizleyememek*	nicht sauber machen können
Hayır, yelken yapamam.	Nein, ich kann nicht segeln.	
Hayır, balkonu temizleyemem.	Nein, ich kann den Balkon nicht sauber machen.	

Eine höfliche Bitte formulieren

Die Möglichkeitsform im *r*-Präsens verwendet man auch, um eine höfliche Bitte zu formulieren.

Sırtıma merhem sürebilir misin?	Kannst du bitte auf meinen Rücken Salbe auftragen?
Kapıyı açabilir misin?	Kannst/Könntest du bitte die Tür aufmachen?
Yemek listesini getirebilir misiniz?	Können/Könnten Sie bitte die Speisekarte bringen?

Sözlü Alıştırmalar

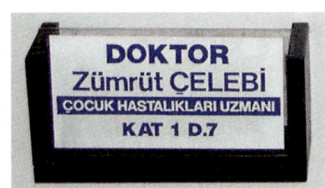

a.
- Yelken yapabilir misin?
▶ Tabii, yelken yapabilirim.

1. tabii – yelken yapmak
2. tabii – telefon etmek
3. evet – fotoğraf çekmek
4. evet – haber vermek
5. tabii – beklemek
6. evet – Türk kahvesi pişirmek
7. tabii – kazak örmek
8. tabii – tuzluğu vermek

b.
▶ Balkon**u** temizleyebilir misin?
- Hayır, temizleyemem.

1. balkon – temizlemek
2. kapı – açmak
3. televizyon – kapatmak
4. radyo – açmak
5. ev – süpürmek
6. bulaşık – yıkamak
7. çiçekler – sulamak
8. tuzluk – vermek

8 Geçmiş olsun!

Dilbilgisi

Das Fragewort *ne?* (was?) mit den Possessivsuffixen

An das Fragewort *ne?* (was?) kann man im Türkischen die Possessivsuffixe anhängen.

(Benim)	Neyim var?	Was habe ich?	(Bizim)	Neyimiz var?	Was haben wir?
(Senin)	Neyin var?	Was hast du?	(Sizin)	Neyiniz var?	Was habt ihr?
(Sizin)	Neyiniz var?	Was haben Sie?	(Onların)	Neyi/Nesi var?	Was haben sie?
(Onun)	Neyi/Nesi var?	Was hat er/sie?	(Onların)	Neleri var?	Was haben sie?

Das Fragewort *nere?* und die Ortspronomen *bura, şura* und *ora*

An das Fragewort *nere?* (welcher Ort?, welche Stelle?) und die Ortspronomen *bura/şura/ora* (der Ort bzw. die Stelle hier/da/dort) können ebenfalls Possessivsuffixe angehängt werden. In der Regel bezeichnen sie dann diese oder jene Stelle am Körper.

(Senin) Neren ağrıyor?	Wo tut es dir weh? (Welche Stelle von dir tut weh?)
Buram ağrıyor.	Hier tut es mir weh. (Diese Stelle von mir tut weh.)
Şuram ağrıyor.	Da tut es mir weh.

		nere?	bura	şura	ora
(*benim*)	(mein)	nere*m*?	bura*m*	şura*m*	ora*m*
(*senin*)	(dein)	nere*n*?	bura*n*	şura*n*	ora*n*
(*onun*)	(sein, ihr)	nere*si*?	bura*sı*	şura*sı*	ora*sı*
(*bizim*)	(unser)	nere*miz*?	bura*mız*	şura*mız*	ora*mız*
(*sizin*)	(euer, Ihr)	nere*niz*?	bura*nız*	şura*nız*	ora*nız*
onlar*ın*	(ihr)	nere*si*?	bura*sı*	şura*sı*	ora*sı*
(onlar*ın*)	(ihr)	nere*leri*?	bura*ları*	şura*ları*	ora*ları*

Die Vergangenheit auf *-di*

Für Geschehnisse, die in der Vergangenheit liegen und vom Sprecher als abgeschlossen betrachtet werden, verwendet man das vierförmige Vergangenheitssuffix *-di* (nach stimmlosen Konsonanten *-ti*). Es wird an den Verbstamm angehängt.

yazmak	(o) yaz*dı*	er hat geschrieben	yapmak	(o) yap*tı*	sie hat gemacht
demek	(o) de*di*	er hat gesagt	içmek	(o) iç*ti*	sie hat getrunken
okumak	(o) oku*du*	sie hat gelesen	unutmak	(o) unut*tu*	er hat vergessen
yüzmek	(o) yüz*dü*	sie ist geschwommen	üşütmek	(o) üşüt*tü*	er hat sich erkältet

Ders 8
Geçmiş olsun!

Die Verneinung bildet man wie üblich mit dem zweiförmigen Negationssuffix *-me* bzw. *-ma*, an das das Vergangenheitssuffix *-di* angehängt wird.

(o) yazma**dı**	er/sie hat nicht geschrieben	(o) içme**di**	er/sie hat nicht getrunken
(o) okuma**dı**	er/sie hat nicht gelesen	(o) gitme**di**	er/sie ist nicht gegangen

Bei der Konjugation wird ein neuer Typ von Personalsuffixen (Personalsuffixe des 2. Typs) verwendet. Sie werden an das Vergangenheitssuffix *-di* angehängt. Die Betonung liegt bei den bejahten Formen auf der letzten Silbe, bei den verneinten vor dem Negationssuffix.

Yedim.	Ich habe gegessen.	Yedim mi?	Habe ich gegessen?
Yemedim.	Ich habe nicht gegessen.	Yemedim mi?	Habe ich nicht gegessen?

		bejaht	bejahte Frage	verneint	verneinte Frage
ben	-m	yedim	yedim mi?	yemedim	yemedim mi?
sen	-n	yedin	yedin mi?	yemedin	yemedin mi?
o	-	yedi	yedi mi?	yemedi	yemedi mi?
biz	-k	yedik	yedik mi?	yemedik	yemedik mi?
siz	-niz	yediniz	yediniz mi?	yemediniz	yemediniz mi?
onlar	-	yedi	yedi mi?	yemedi	yemedi mi?
(onlar)	-ler	yediler	yediler mi?	yemediler	yemediler mi?

Beachten Sie, dass die Fragepartikel *mi* nach den Personalsuffixen und dem Pluralsuffix *-ler* steht.

Die grammatikalische Form *idi* (war, ist gewesen)

Zur Wiedergabe von „war" bzw. „ist gewesen" benutzt man *idi*. Es kann zwar selbstständig verwendet werden, wird jedoch meistens als Suffix an das Bezugswort angehängt. Dann ist es vierförmig und lautet nach vokalischem Auslaut *-ydi* und nach konsonantischem *-di* (nach stimmlosen Konsonanten *-ti*). Als Suffix wird *idi* nicht betont.

hasta idi	hasta**ydı**	er/sie war krank, er/sie ist krank gewesen
sarhoş idi	sarhoş**tu**	er/sie war betrunken, er/sie ist betrunken gewesen
evde idi	evde**ydi**	er/sie war zu Hause, er/sie ist zu Hause gewesen
aktif idi	aktif**ti**	er/sie war aktiv, er/sie ist aktiv gewesen
profesör idi	profesör**dü**	er/sie war Professor, er/sie ist Professor gewesen

8 Ders
Geçmiş olsun!

Hastaydım.	Ich war krank.	*Hasta mıydım?*	War ich krank?
Hasta değildim.	Ich war nicht krank.	*Hasta değil miydim?*	War ich nicht krank?

	bejaht	bejahte Frage	verneint	verneinte Frage
ben	hastaydım	hasta mıydım?	hasta değildim	hasta değil miydim?
sen	hastaydın	hasta mıydın?	hasta değildin	hasta değil miydin?
o	hastaydı	hasta mıydı?	hasta değildi	hasta değil miydi?
biz	hastaydık	hasta mıydık?	hasta değildik	hasta değil miydik?
siz	hastaydınız	hasta mıydınız?	hasta değildiniz	hasta değil miydiniz?
onlar	hastaydı	hasta mıydı?	hasta değildi	hasta değil miydi?
(onlar)	hastaydılar	hasta mıydılar?	hasta değildiler	hasta değil miydiler?

Die Möglichkeitsform *-(y)ebilmek* (können, dürfen)

Die Möglichkeitsform ist ein zusammengesetztes Verb aus einem mit *-(y)e* bzw. *-(y)a* erweiterten Verbstamm und dem Verb *bilmek* (wissen).

pişir + e + bilmek	→	*pişirebilmek*	kochen können
söyle + ye + bilmek	→	*söyleyebilmek*	sagen können
aç + a + bilmek	→	*açabilmek*	aufmachen/anmachen können
yıka + ya + bilmek	→	*yıkayabilmek*	waschen/spülen können

Diese Form drückt aus, dass man in der Lage ist, etwas zu tun, bzw. die Fähigkeit dazu hat. Man kann sie in allen Zeitformen verwenden. Am häufigsten kommt sie aber im *r*-Präsens vor. Die Betonung liegt auf dem Zeitsuffix.

Öbür gün yelken yapabilir misin?	Kannst du übermorgen segeln?
Evet, yelken yapabilirim.	Ja, ich kann segeln.
Gitar çalabilir misin?	Kannst du Gitarre spielen?
Evet, gitar çalabilirim.	Ja, ich kann Gitarre spielen.

Man verwendet diese Form im *r*-Präsens auch, um jemanden um Erlaubnis zu bitten, eine höfliche Bitte zu formulieren oder eine Wahrscheinlichkeit auszudrücken.

Burada sigara içebilir miyim?	Darf/Kann ich hier rauchen?
Geçebilir miyim?	(z. B. in der U-Bahn) Darf ich vorbei?
Kapıyı açabilir misin?	Kannst du (bitte) die Tür aufmachen?
Televizyonu kapatabilir misin?	Kannst du (bitte) den Fernseher ausmachen?
Olabilir.	(Es) Kann sein. / Es ist möglich.

Ders 8
Geçmiş olsun!

Die Unmöglichkeitsform -(y)ememek (nicht können, nicht dürfen)

Bei der Verneinung entfällt -bil und das Negationssuffix wird an -(y)e bzw. -(y)a angefügt. Dann folgen die Zeit- und Personalsuffixe.

pişir + eme + mek	→ pişir**eme**mek	nicht kochen können/dürfen
söyle + yeme + mek	→ söyle**yeme**mek	nicht sagen können/dürfen
aç + ama + mak	→ aç**ama**mak	nicht auf-, anmachen können/dürfen
yıka + yama + mak	→ yıka**yama**mak	nicht waschen, nicht spülen können/dürfen

Balkonu temizleyemem.   Ich kann den Balkon nicht sauber machen.
Burada sigara içemezsiniz, çünkü yasak.   Hier dürfen Sie nicht rauchen, denn es ist verboten.
Kapıyı açamam.   Ich kann die Tür nicht aufmachen.

Direkte Rede: *demek* (sagen, meinen), *diye* (sagend, meinend)

Das Verb *demek* (sagen, meinen) dient auch zur wortwörtlichen Wiedergabe einer fremden oder eigenen Rede. Es steht am Ende der direkten Rede.

Doktor ne dedi?   Was hat der Arzt/die Ärztin gesagt?
Gölgede oturun dedi.   „Sitzen Sie im Schatten", sagte er/sie.
Bol bol su için dedi.   Er/Sie hat gesagt: „Trinken Sie viel Wasser."

Wenn der Sprecher die direkte Rede mit einem Verb wie *sormak* (fragen), *cevap vermek* (antworten) oder *söylemek* (sagen) beenden will, verwendet er das Konverb (→ Ders 10) *diye* (sagend, meinend). Es steht wieder am Schluss der direkten Rede, aber vor dem Hauptverb.
Siz de gelir misiniz, diye sordu.   Sie fragte/hat gefragt: „Möchtet ihr auch kommen?"

8 Ders Geçmiş olsun!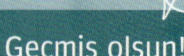

Alıştırmalar

Yazılı Alıştırmalar

1. Ergänzen Sie die fehlenden Possessiv- und Personalsuffixe in den Kurzdialogen.

a. ■ Lâle Hanım, nere____ ağrıyor?
   ▶ Mide____ ağrıyor.
   ■ Başka şikâyet____ var mı?
   ▶ Hayır, yok.
b. ■ Işık Hanım, ne____ var?
   ▶ Nezle____.
   ■ Geçmiş ol____.
   ▶ Sağ ol____.
c. ■ Sen hasta mı____?
   ▶ Evet, ishal ol____.
   ■ Çok kötü mü?
   ▶ Evet.
d. ■ Merhaba Haşmet, nasıl____?
   ▶ Hasta____.
   ■ Ne____ var?
   ▶ Üşüt____, boğaz____ ağrıyor.
e. ■ Senin nere____ ağrıyor?
   ▶ Bura____ ağrıyor.
   ■ Şura____ da ağrıyor mu?
   ▶ Hayır, ora____ ağrımıyor.
f. ■ Ayşe nerede?
   ▶ Hasta, evde yatıyor.
   ■ Ne____ var?
   ▶ Baş____ ağrıyor, mide____ bulanıyor.

2. Was passt zusammen?

a. Bronşit oldum,
b. Nezle oldum,
c. Üşüttüm,
d. Dün çok bira içtim,
e. Tuvalete gidemiyorum,
f. Dün futbol oynadım,

1. boğazım ağrıyor.
2. çünkü kabızım.
3. göğsüm ağrıyor.
4. bu yüzden başım ağrıyor.
5. şimdi dizim ağrıyor.
6. burnum akıyor.

3. *Ne yaptınız?* (Was habt ihr gemacht?)
Alev ■ fragt ihre Kinder ▶, was sie heute Nachmittag gemacht haben. Ergänzen Sie die Vergangenheits- und Personalsuffixe.

a. ■ Yemek ye____ mi?
   ▶ Evet, yemek ye____.
b. ■ Yemekten sonra ne yap____?
   ▶ Biraz televizyon izle____.
c. ■ Babanıza telefon et____ mi?
   ▶ Hayır, telefon etme____, unut____.
d. ■ Ödevlerinizi yap____ mı?
   ▶ Tabii, ödevlerimizi yap____.
e. ■ Futbol oyna____ mı?
   ▶ Hayır, futbol oynama____.
f. ■ Kitap oku____ mu?
   ▶ Evet, kitap oku____.

152

Ders 8
Geçmiş olsun!

4. Ergänzen Sie die fehlenden Vergangenheits- und Personalsuffixe.

a.
- Sen tatilde nerede____?
- Bozcaada'da____.
- Orada ne yap____?
- Dinlen____ ve yüz____.

b.
- Hafta sonu ne yap____?
- Biz sinemada____.
- Film nasıl____?
- Çok güzel____.

c.
- Sen tatilde Bern'de değil mi____?
- Hayır, Bern'de değil, Berlin'de____.
- Orada ne yap____?
- Bergama Müzesini gez____.

d.
- Ahmet, dün ne yap____?
- Güneşlen____, voleybol oyna____.
- Plajda mı____?
- Evet, plajda____.

5. Ergänzen Sie die jeweils fehlende höfliche Bitte bzw. Aufforderung.

a. Lütfen, akşama bana haber ver!
Akşama bana haber verir misin?
Akşama bana haber verebilir misin?

b. _____
Yarın bana telefon eder misiniz?
_____

c. _____
_____
Sen de gelebilir misin?

d. Tişörtünüzü giyin, lütfen.
_____
_____

6. Welches Verb passt wohin? Ergänzen Sie die Verben im Kasten und formulieren Sie eine höfliche Bitte mit *-(y)ebilmek* im *r*-Präsens.

~~tamir etmek~~ • etmek • gitmek • içmek • içmek • içmek • oturmak • vermek

a.
- Canım, elektrik süpürgesi bozuk, *tamir edebilir* misin?
- Tabii.

b.
- Çorba tuzsuz. Bana tuzluğu _____ misin?
- Buyur.

c.
- Affedersiniz, burada sigara _____ miyim?
- Hayır, _____, çünkü yasak.
- Peki, nerede sigara _____?
- Dışarıda.

d.
- Affedersiniz, burası boş mu?
- Evet, boş.
- _____ miyim?
- Tabii, buyurun.

e.
- İstanbul'a nasıl _____?
- Uçakla veya otobüsle.

f.
- Bana yardım _____ misiniz?
- Memnuniyetle.

153

8 Ders
Geçmiş olsun!

CD Alıştırmaları 3|17-20

1. Hören Sie zu und sprechen Sie nach.

a. Die Möglichkeitsform -(y)abil.

yapabilirim	yapabilir miyim?
yapabilirsin	yapabilir misin?
yapabilir	yapabilir mi?
yapabiliriz	yapabilir miyiz?
yapabilirsiniz	yapabilir misiniz?
yapabilirler	yapabilirler mi?

b. Die Unmöglichkeitsform -(y)ama.

yapamam	yapamaz mıyım?
yapamazsın	yapamaz mısın?
yapamaz	yapamaz mı?
yapamayız	yapamaz mıyız?
yapamazsınız	yapamaz mısınız?
yapamazlar	yapamazlar mı?

2. Hören Sie sich den Beispieldialog an und sprechen Sie dann selbst nach diesem Muster, indem Sie die Angaben verwenden.

- Bu merhemi nasıl kullanayım?
- ▶ Günde üç kez sırtınıza sürün.

a. günde üç kez – sırt – sürmek
b. yemeklerden önce – almak
c. yemeklerden sonra – içmek
d. günde 4 defa – 2 damla damlatmak

3. *Doğru mu, yanlış mı?* (Richtig oder falsch?)
Hören Sie zuerst den Dialog zwischen Burcu und Rüştü. Entscheiden Sie dann, ob die Aussagen richtig **d** (*doğru*) oder falsch **y** (*yanlış*) sind und korrigieren Sie die falschen Aussagen.

a. _y_ Burcu tatilde Antalya'daydı.   *Burcu tatilde Bodrum'daydı.*
b. ___ Burcu geçen hafta sonu döndü.   _____
c. ___ Burcu Bodrum'da Canan'ı ziyaret etti. _____
d. ___ Rüştü de tatilde Bodrum'daydı.   _____
e. ___ Rüştü orada İngilizce kursuna katıldı. _____
f. ___ Rüştü orada küçük bir pansiyonda kaldı. _____

4. Arbeiten Sie nun die weiteren mündlichen Übungen auf der CD durch.

Ders 8
Geçmiş olsun!

Kelime Dağarcığı

Körperteile

baş	Kopf
saç	Haar
göz	Auge
ağız, ağzı	Mund, sein/ihr Mund
burun, burnu	Nase, seine/ihre Nase
kulak, kulağı	Ohr, sein/ihr Ohr
diş	Zahn
boyun, boynu	Hals / Nacken, sein/ihr Hals / Nacken
boğaz	Hals / Rachen / Kehle
sırt	Rücken
göğüs, göğsü	Brust, seine/ihre Brust
omuz, omzu	Schulter, seine/ihre Schulter
el	Hand
parmak / el parmağı	Finger
kol	Arm
bacak, bacağı	Bein, sein/ihr Bein
diz	Knie
ayak, ayağı	Fuß, sein/ihr Fuß
ayak parmağı	Zeh
kalp, kalbi	Herz
mide	Magen
karın, karnı	Bauch, sein/ihr Bauch

Beim Arzt

Nereniz ağrıyor?	Wo tut es Ihnen weh?
Neyiniz var?	Was haben Sie?
Başka bir yeriniz ağrıyor mu?	Wo tut es Ihnen noch weh?
Şikâyetiniz ne?	Was sind Ihre Beschwerden?
Başka şikayetiniz var mı?	Haben Sie noch andere Beschwerden?
Gribim. / Nezleyim.	Ich habe Grippe/Schnupfen.
Grip oldum.	Ich habe die Grippe bekommen.
Üşüttüm.	Ich habe mich erkältet.
Başım ağrıyor.	Mein Kopf tut weh. / Ich habe Kopfschmerzen.
Başım dönüyor.	Mir ist schwindlig.
Karnım ağrıyor.	Mein Bauch tut weh. / Ich habe Bauchschmerzen.

8
Geçmiş olsun!

Midem bulanıyor.	Mir ist übel.
Burnum akıyor.	Meine Nase läuft.
Ateşim var.	Ich habe Fieber.
Halsizim.	Ich bin geschwächt.
Kendimi iyi hissetmiyorum.	Ich fühle mich nicht wohl.
bir hafta istirahat/rapor	eine Woche Bettruhe/Krankschreibung
diş doktoru	Zahnarzt, -ärztin
kadın doktoru	Frauenarzt, -ärztin
hastane / klinik	Krankenhaus / Klinik
ilaç	Medikament
hap / tablet	Tablette
muayene etmek	untersuchen

Um Erlaubnis bitten

Gazeteyi alabilir miyim?	Darf/Kann ich die Zeitung nehmen?
Evet, buyurun.	Ja, bitte.
Burası boş mu? Oturabilir miyim?	Ist hier frei? Darf ich mich setzen?
Sigara içebilir miyim?	Darf ich rauchen?
Hayır, içemezsiniz, çünkü yasak.	Nein, hier dürfen Sie nicht rauchen, denn es ist verboten.

Eine höfliche Bitte formulieren

Bana haber verebilir misiniz?	Können/Könnten Sie mich benachrichtigen?
Bana telefon edebilir misiniz?	Können/Könnten Sie mich anrufen?
Pencereyi açabilir misin?	Kannst/Könntest du das Fenster öffnen?
Radyoyu kapatabilir misin?	Kannst/Könntest du das Radio ausmachen?

Zeitangaben

dün	gestern
dün sabah/öğlende/akşam	gestern früh/Mittag/Abend
dün öğleden önce/sonra	gestern Vormittag/Nachmittag
dün saat yedide	gestern um sieben Uhr
geçen hafta	letzte/vorige Woche
geçen salı	Dienstag letzter Woche / letzten Dienstag

Weitere Ausdrücke

Olabilir.	Kann sein. / Es ist möglich.
Olamaz.	Das kann nicht sein. / Es ist nicht möglich.

9 Ders

Bize ne lazım?

9 Ders
Bize ne lazım?

Konuşma 1 🎧 3|21

Ömer ● und Sinem ▲ sind zu Hause und unterhalten sich nach dem Frühstück.

● Bu akşam yemekte ne var?
▲ Hiç bir şey yok. Buzdolabı bomboş.
● O zaman alışveriş yapmamız lazım.
▲ Evet. Öğleden sonra pazara gidelim mi?
● Maalesef bugün olmaz.
▲ Neden? Bugün ne yapıyorsun?
● Büroya gitmem lazım. Saat üçte toplantım var.
▲ Ya sonra?
● Sonra da bir mektup yazmam ve göndermem lazım.
▲ Peki, dönüşte markete uğrayabilir misin?
● Tabii uğrarım.

● Was gibt es heute Abend zum Essen?
▲ Es gibt gar nichts. Der Kühlschrank ist ganz leer.
● Dann müssen wir einkaufen.
▲ Ja. Wollen wir am Nachmittag auf den Wochenmarkt gehen?
● Leider geht es heute nicht.
▲ Warum? Was machst du heute?
● Ich muss ins Büro gehen. Um drei Uhr habe ich eine Sitzung.
▲ Und dann?
● Danach muss ich einen Brief schreiben und abschicken.
▲ Und kannst du auf dem Rückweg beim Supermarkt vorbeigehen?
● Natürlich gehe ich da vorbei.

Ders 9
Bize ne lazım?

▲ İyi. Ben de meyve ve sebze almak için cuma pazarına giderim. Orada meyve ve sebze daha taze ve ucuz.
● Bize marketten ne lazım?
▲ Bize yarım kilo peynir, bir paket de tereyağı lazım. Ayrıca ...
● Evet, başka ne lazım?
▲ ... altı tane yumurta, bir kavanoz vişne reçeli, iki yüz gram pastırma lazım.
● Bir dakika. Ben bunları aklımda tutamam. En iyisi hepsini yazalım.
▲ İyi. Ben sana hemen bir alışveriş listesi yazarım.
● Sana alışveriş için para lazım mı?
▲ Hayır, bana para lazım değil. Param var.
...
▲ İşte alışveriş listesi.
● Sağ ol. Benim artık işe gitmem lazım. Akşama görüşmek üzere.
▲ Hay Allah, ekmek yazmayı unuttum. Bir de ekmek al lütfen. Sakın unutma!
● Olur, unutmam. Haydi Allahaısmarladık.
▲ Güle güle.

▲ Gut. Und ich gehe auf den Freitagsmarkt, um Obst und Gemüse zu kaufen. Dort sind Obst und Gemüse frischer und billiger.
● Was brauchen wir vom Supermarkt?
▲ Wir brauchen ein halbes Kilo Käse, eine Packung Butter. Außerdem ...
● Ja, was brauchen wir noch?
▲ ... sechs (Stück) Eier, ein Glas Sauerkirschenmarmelade, zweihundert Gramm *pastırma* (Knoblauchschinken).
● Moment mal. Das alles kann ich mir nicht merken. Lass uns am besten alles aufschreiben.
▲ Gut. Ich schreibe dir gleich eine Einkaufsliste.
● Brauchst du Geld für den Einkauf?
▲ Nein, ich brauche kein Geld. Ich habe Geld.
...
▲ Hier, die Einkaufsliste.
● Danke. Ich muss jetzt zur Arbeit. Bis heute Abend.
▲ Oh Gott, ich habe vergessen, Brot aufzuschreiben. Kauf bitte auch ein Brot. Vergiss es ja nicht!
● O.K., ich denke daran. Auf Wiedersehen.
▲ Auf Wiedersehen.

Sagen, was man braucht: *lazım* (nötig, notwendig)

Mit *lazım* drückt man aus, was man braucht. Bitte beachten Sie, dass die Person, die etwas braucht, im Dativ und das, was gebraucht wird, im Nominativ steht.

Bize ne lazım?	Was brauchen wir? (wörtlich: Was ist uns nötig?)
Bize altı yumurta lazım.	Wir brauchen sechs Eier.
Sana para lazım mı?	Brauchst du Geld? (wörtlich: Fehlt dir Geld?)
Bana para lazım değil.	Ich brauche kein Geld. (wörtlich: Mir fehlt kein Geld.)
Lale'ye bir gazete lazım.	Lale braucht eine Zeitung.

9 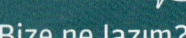 Bize ne lazım?

Mengenangaben

Beim Einkaufen werden unter anderem folgende Mengenangaben verwendet: *tane* (Stück), *kilo* (Kilo), *gram* (Gramm), *litre* (Liter), *demet* (Bund), *paket* (Packung), *şişe* (Flasche), *kavanoz* (Glas).

½ kg.	→ yarım kilo		250 gr.	→ iki yüz elli gram
1,5 kg.	→ bir buçuk kilo		1,25 kg.	→ bir kilo iki yüz elli gram

Weitere Mengenangaben finden Sie im Wortschatzteil.

Sözlü Alıştırma

a.

- Bize ne lazım?
- ▶ Bize yarım kilo peynir lazım.

1. biz – ½ kg. peynir
2. biz – 1 litre süt
3. ben – 1 tane sabun (Seife)
4. ben – 1 paket tereyağı
5. Ayşe – 2 şişe elma suyu (Apfelsaft)
6. Can – 1 kavanoz reçel

Sagen, was man machen muss

Lazım dient auch zur Wiedergabe von „müssen". In diesem Fall wird es aber mit einem verkürzten Infinitiv benutzt. Zur Kennzeichnung der jeweiligen Person, die etwas machen muss, hängt man an den verkürzten Infinitiv das entsprechende Possessivsuffix an. Die verkürzten Infinitive enden auf *-me* bzw. *-ma*. Das Suffix *-me* bzw. *-ma* der verkürzten Infinitive wird <u>betont</u>.

gitmek → git<u>me</u>	gehen → das Gehen
yazmak → yaz<u>ma</u>	schreiben → das Schreiben
Benim git<u>me</u>**m** lazım.	Ich muss gehen. (wörtlich: **Mein** Gehen ist nötig.)
(Benim) Mektup yaz<u>ma</u>**m** lazım.	Ich muss einen Brief schreiben.
(Bizim) Alışveriş yap<u>ma</u>**mız** lazım.	Wir müssen einkaufen.

Lazım kann auch nach einem Vollinfinitiv stehen. Dann bedeutet es „man muss".

Alışveriş yapmak lazım.	Man muss einkaufen. (wörtlich: Das Einkaufen ist nötig.)

Ders 9
Bize ne lazım?

Sözlü Alıştırma

b.
- Bugün ne yapıyorsun?
▶ Bugün büroya gitmem lazım.

1. bugün – (ben) büroya gitmek
2. hafta sonu – (ben) dinlenmek
3. öğlende – (ben) yemek yemek
4. bu akşam – (biz) ders çalışmak
5. yarın – (biz) Ahmet'i ziyaret etmek
6. öğleden sonra – (biz) alışveriş yapmak

Die Postposition *için* (für)

Die Postposition *için* steht nach ihrem Bezugswort. Wenn das Bezugswort

- ein Substantiv oder Name ist, dann steht es im Nominativ:
alışveriş için	für den Einkauf
Sinem için	für Sinem

- ein Personalpronomen ist, dann steht es im Genitiv, außer in der 3. Person Plural.
benim/senin/onun/bizim/sizin için	für mich/dich/ihn/sie/es/uns/euch/Sie
onlar için	für sie

Die Frageform lautet:
Kim için? bzw. *Kimin için?*	Für wen?
Ne için?	Wofür? / Für was?

İçin kann auch nach einem Vollinfinitiv stehen. Dann bedeutet es „um … zu …".
Meyve almak için pazara gidiyorum.   Ich gehe auf den Markt, um Obst zu kaufen.

Aklında tutmak (im Kopf behalten, sich merken)

Ben bunu aklımda tutamam.   Das kann ich mir nicht merken. (wörtlich: Das kann ich nicht in **meinem** Kopf behalten.)

Bunu aklında tutabilir misin?   Kannst du es dir merken? (wörtlich: Kannst du das in **deinem** Kopf behalten?)

9 Ders
Bize ne lazım?

Konuşma 2 3|24

Sinem ▲ geht auf dem Wochenmarkt einkaufen und wird von den Verkäufern ● / ◆ bedient.

● Buyurun.
▲ Bu domatesin kilosu kaça?
● 2 lira.
▲ Peki, şu domatesler kaça?
● Kilosu 3 lira.
▲ Onlar neden daha pahalı?
● Abla, renklerine bak, kıpkırmızı.

▲ O zaman onlardan bir kilo verir misiniz?
● Memnuniyetle. Başka bir arzunuz var mı?
▲ Kavunlar kaça?
● Tanesi dört buçuk lira.
▲ İyi, bir tane de kavun alayım. İki demet de maydanoz istiyorum.
● Buyurun, demeti bir lira. Başka?
▲ Teşekkür ederim, bu kadar. Hepsi ne yapıyor?
● Dokuz buçuk lira.
▲ Buyurun.
● Sağ olun, yine bekleriz.
...
▲ İyi günler.
◆ İyi günler. Buyurun.
▲ Zeytin almak istiyorum. Sizde Gemlik zeytini var mı?

● Bitte sehr.
▲ Was kostet ein Kilo von diesen Tomaten?
● 2 Lira.
▲ Und was kosten die Tomaten da?
● 3 Lira das Kilo.
▲ Warum sind die denn teurer?
● Schau dir ihre Farbe an, Schwester, leuchtend rot.
▲ Dann hätte ich gern ein Kilo von denen.
● Sehr gern. Haben Sie noch einen Wunsch?
▲ Was kosten die Honigmelonen?
● Viereinhalb Lira das Stück.
▲ O.K., dann nehme ich ein Stück Honigmelone. Ich möchte noch zwei Bund Petersilie.
● Bitte, ein Lira für das Bund. Sonst noch was?
▲ Danke sehr, das wär's. Was macht alles zusammen?
● Neuneinhalb Lira.
▲ Bitte.
● Danke, beehren Sie uns wieder.
...
▲ Guten Tag.
◆ Guten Tag. Bitte sehr.
▲ Ich möchte Oliven kaufen. Haben Sie Oliven aus Gemlik?

Ders 9
Bize ne lazım?

- ◆ Evet, hem yeşil var, hem de siyah.
- ▲ Yeşil zeytinin fiyatı ne kadar?
- ◆ Kilosu dokuz lira. Ne kadar olsun?
- ▲ Dört yüz gram rica edeyim.
- ◆ Buyurun. Başka bir şey lazım mı?
- ▲ Hayır, hepsi bu kadar. Hiç bozuk param kalmamış. Elli lira bozabilir misiniz?
- ◆ Tabii.
- ▲ Buyurun.
- ◆ Sağ olun. Bu da paranızın üstü.
- ▲ Sağ olun, hayırlı işler.

- ◆ Ja, wir haben sowohl schwarze als auch grüne?
- ▲ Wie viel kosten die grünen Oliven?
- ◆ Neun Lira das Kilo. Wie viel darf's sein?
- ▲ Vierhundert Gramm bitte.
- ◆ Bitte sehr. Brauchen Sie noch etwas?
- ▲ Nein, das ist alles. Ich habe kein Kleingeld mehr. Können Sie fünfzig Lira wechseln?
- ◆ Natürlich.
- ▲ Bitte.
- ◆ Danke. Und das ist Ihr Restgeld.
- ▲ Danke, frohes Schaffen.

Nach dem Preis fragen, den Preis angeben

Sie haben folgende Möglichkeiten, nach dem Preis zu fragen:
… *kaça?*   Wie viel kostet/kosten …?   … *kaç para?* Wie viel Geld kostet/kosten …?
… *kaç lira?* Wie viel Lira kostet/kosten …? … *ne kadar?* Wie viel kostet/kosten …?

Die Frage ohne Mengenangabe lautet z. B. für „Was kosten die Tomaten?":
Domates kaça?   *Domates kaç para?*
Domates kaç lira?   *Domates ne kadar?*
Die Antwort darauf enthält dann meist die Mengenangabe mit einem Possessivsuffix.
Kilosu 3 lira.   Das/Pro Kilo 3 Lira. (wörtlich: **Sein** Kilo 3 Lira.)
Demeti 1 lira.   Der Bund 1 Lira. (wörtlich: **Sein** Bund 1 Lira.)

Wenn Sie nach dem Preis für eine bestimmte Menge fragen, benutzen Sie die Genitiv-Possessiv-Verbindungen, die Sie aus *Ders* 6 kennen.
Domatesin kilosu kaça?/kaç lira? – 3 lira.   Was kostet das Kilo Tomaten? – 3 Lira.
Maydonozun demeti ne kadar? – 1 lira.   Was kostet ein Bund Petersilie? – 1 Lira.
In diesem Fall begnügt sich der Verkäufer nur mit der Angabe des Preises.

Eine andere Möglichkeit, nach dem Preis zu fragen, ist:
Zeytinin fiyatı ne kadar?   Wie viel kosten die Oliven? (wörtlich:
                                        Wie hoch ist der Preis der Oliven?)
Bei der Antwort darauf wird das Substantiv mit dem Genitivsuffix (*zeytinin*) weggelassen, weil es den Gesprächspartnern klar ist, wovon sie reden. Die Mengenangabe, auf die sich der Preis bezieht, wird dennoch mit einem Possessivsuffix versehen: *kilosu* (sein Kilo/ein Kilo davon), *demeti* (ein Bund davon), *tanesi* (ein Stück davon).
(Kilosu) 9 lira.   (Das Kilo) 9 Lira.

9 Ders
Bize ne lazım?

Neben den Singularformen benutzt man auch die Pluralformen, wenn die Ware zählbar ist:
Domatesler kaça?   *Domateslerin kilosu kaça?*
Kavunlar kaça?   *Kavunların tanesi kaça?* usw.

Bitte beachten Sie:
1 TL → *bir Türk Lirası* (offiziell)   50 Kuruş → *elli kuruş*
1 TL → *bir lira* (umgangssprachlich)   1,25 TL → *bir lira yirmi beş kuruş*

Sözlü Alıştırmalar  3|25-26

a.
- Buyurun.
▶ Domatesin kilosu kaça?
- 2 lira.
▶ İki kilo verir misiniz?

1. domates – kilo / 2 kilo
2. maydanoz – demet / 2 demet
3. karpuz – tane / 1 tane
4. patlıcan – kilo / 1,5 kilo
5. taze soğan – demet / 1 demet
6. kavun – tane / 2 tane

b.
- Buyurun.
▶ Zeytin var mı?
- Evet, var.
▶ Zeytinin fiyatı ne kadar?
- Kilosu dokuz lira.
▶ Dört yüz gram rica edeyim.

1. zeytin / 400 gr.
2. peynir / ½ kg.
3. salam / 250 gr.
4. pastırma / 300 gr.

SEMT PAZARI

Die Wochenmärkte sind mit ihrem preiswerten Angebot an frischem Obst und Gemüse, aber auch anderen Lebensmitteln sowie Haushaltswaren und Textilien sehr beliebt. Die Händler (*pazarcılar*) auf ihren mit Planen vor Sonne, Wind und Regen geschützten hölzernen Marktständen machen das lebendige Treiben akustisch noch bunter, was die Konkurrenz anregt und sich positiv auf die Preise auswirkt. Diese Tradition hat dazu geführt, dass vielerorts auch feste, sesshafte Märkte (*sabit pazar*) entstanden sind, die „Volksmärkte" (*halk pazarı*) genannt werden. Auch dort ist das Angebot frischer und preiswerter als in den mittlerweile etablierten Supermärkten oder traditionellen Obst- und Gemüseläden (*manav*).

Ders
Bize ne lazım?

Konuşma 3

Sinem ▲ und Ömer ● sind nach dem Einkaufen wieder zu Hause. Ömer schaut im Kühlschrank nach und ist positiv überrascht.

● Ooo, neler almışsın böyle?
▲ Sebze ve meyve aldım.
● Görüyorum. Domatesler de ne güzelmiş!
▲ Evet, bu mevsimde böyle güzel domates bulmak zor. Peki, sen her şeyi aldın mı?
● Evet, ama ekmek almayı unutmuşum. Şimdi fark ettim.
▲ Sorun değil, fırından alırsın. En taze ekmek orada. Benim için ıhlamur da aldın mı?
● Evet, aldım.
▲ Sağ ol. Pazarda Belma'ya rastladım. Sana selam söyledi.
● Öyle mi? Osman nasılmış, sordun mu?
▲ Osman evdeymiş. Çok yorgunmuş, bugün işe gitmemiş.
● Yorgun muymuş? Neden?
▲ Çünkü hafta sonu taşınmışlar.
● Öyle mi? Nereye taşınmışlar?
▲ Sultanahmet'e taşınmışlar.

● Oh, was du alles gekauft hast!
▲ Ich habe Obst und Gemüse gekauft.
● Das sehe ich. Die Tomaten sind ja schön!
▲ Stimmt, es ist schwierig, in dieser Jahreszeit so schöne Tomaten zu finden. Und hast du alles gekauft?
● Ja, aber ich habe vergessen, Brot zu kaufen. Gerade habe ich es gemerkt.
▲ Kein Problem, du kannst beim Bäcker welches kaufen. Das frischeste Brot gibt es dort. Hast du für mich Lindenblüten gekauft?
● Ja, ich habe sie gekauft.
▲ Danke. Ich bin auf dem Markt Belma begegnet. Sie hat dir Grüße bestellt.
● So? Und hast du gefragt, wie es Osman geht?
▲ Osman ist (wohl) zu Hause. Er ist müde, ist heute nicht zur Arbeit gegangen.
● Er ist müde? Warum?
▲ Weil sie letzte Woche umgezogen sind.
● Wirklich? Wohin sind sie denn gezogen?
▲ Sie sind nach Sultanahmet gezogen.

9 Ders
Bize ne lazım?

- Evleri güzel miymiş?
- ▲ Evet, güzelmiş. Eski evlerinden daha büyükmüş.
- Kaç metrekareymiş?
- ▲ Doksan beş metrekareymiş ve balkonu varmış.
- Ev kaç odalıymış?
- ▲ Üç odalıymış. Kaloriferli, aydınlık bir evmiş.
- Mutfak nasılmış?
- ▲ Mutfak çok kullanışlıymış, eski mutfaklarından daha büyük ve daha modernmiş.
- Peki, evin kirası ne kadarmış?
- ▲ Bilmiyorum, sormayı unuttum.

- Ist ihre Wohnung schön?
- ▲ Ja, sie ist (wohl) schön. Sie ist größer als ihre alte Wohnung.
- Wie viel Quadratmeter hat sie denn?
- ▲ Sie hat fünfundneunzig Quadratmeter und einen Balkon.
- Wie viele Zimmer hat die Wohnung denn?
- ▲ Sie hat drei Zimmer. Sie ist hell und hat eine Heizung.
- Wie ist denn die Küche?
- ▲ Die Küche ist sehr praktisch, größer und moderner als ihre alte Küche.
- Und wie hoch ist denn die Miete der Wohnung?
- ▲ Ich weiß [es] nicht. Ich habe vergessen, das zu fragen.

Erfahrenes weitererzählen („Hörensagen"): Die Vergangenheit auf -miş

Die Vergangenheit auf -miş benutzt man, um vergangene Handlungen bzw. Geschehnisse auszudrücken, die abgeschlossen sind und die man nicht selbst oder nicht bewusst erlebt hat. Man bildet sie mit dem vierförmigen Vergangenheitssuffix -mış, -miş, -muş oder -müş. Mit dieser Form kann man

- weitererzählen, was man gehört bzw. erfahren hat:

  Onlar taşınmış(lar).   (Ich habe gehört,) sie sind umgezogen. / Sie seien umgezogen.
  Osman işe gitmemiş.   Osman ist nicht zur Arbeit gegangen, (wie ich gehört habe). / Osman sei nicht zur Arbeit gegangen.
  Ercüment annesine gitmiş.   Ercüment soll zu seiner Mutter gegangen sein.

- eine nachträgliche Feststellung ausdrücken:

  Sırtınız kızarmış.   Ihr Rücken ist gerötet (wie ich jetzt sehe). (→ Ders 8)
  Yemek çok lezzetli olmuş.   Das Essen ist ja sehr lecker (geworden). (→ Ders 10)

- eine nachträgliche Feststellung bezüglich der eigenen Handlung ausdrücken:

  Bozuk param kalmamış.   Ich habe ja kein Kleingeld mehr übrig (wie ich feststelle).
  Ekmek almayı unutmuşum.   Ich habe vergessen, Brot zu kaufen (wie ich jetzt sehe).
  Kapıyı açık unutmuşum.   Ich habe ja die Tür aufgelassen.
  Dün çok içmişim.   Gestern habe ich offenbar viel getrunken.
  Geç kalmışım.   Ich habe mich wohl verspätet.

Ders 9
Bize ne lazım?

- eine Verwunderung ausdrücken:
  Neler almışsın böyle?   Oh, was du alles gekauft hast!

Die grammatikalische Form *imiş*

Zur Wiedergabe von „sein" und „haben" in der *miş*-Vergangenheit wird die grammatikalische Form *imiş* benutzt. *İmiş* kommt meistens als Suffix vor und lautet nach konsonantischem Auslaut *-mış*, nach vokalischem *-ymış*. Die getrennt geschriebene Form dient zur Hervorhebung.

*Evde **imiş**.*	*Evde**ymiş**.*	Ich habe gehört, dass er/sie zu Hause ist.
*Yorgun **imiş**.*	*Yorgun**muş**.*	Er/Sie ist/sei müde (wie ich gehört habe).
*Ev nerede **imiş**?*	*Ev nerede**ymiş**?*	Wo soll die Wohnung sein?
*Ev Fındıkzade'de **imiş**.*	*Ev Fındıkzade'de**ymiş**.*	Die Wohnung soll in Fındıkzade sein.
*Balkonu var **imiş**.*	*Balkonu var**mış**.*	Sie hat einen Balkon (wie ich gehört habe).
*Asansörü yok **imiş**.*	*Asansörü yok**muş**.*	Sie hat keinen Fahrstuhl (wie ich gehört habe).
*Domatesler ne güzel**miş**.*		Wie schön die Tomaten sind! (Verwunderung)

İmiş macht keine Aussage über die Zeitstufe, d. h. das Geschehen bzw. die Handlung kann sowohl in der Vergangenheit als auch in der Gegenwart liegen. Zur Unterscheidung braucht man dann eine Zeitangabe, wenn es nicht aus dem Kontext erkennbar ist.

Osman hasta imiş.	*Osman hastaymış.*	Osman soll krank sein/gewesen sein.
Osman dün hasta imiş.	*Osman dün hastaymış.*	Osman soll gestern krank gewesen sein.

Die Vergangenheit auf *-miş* ist die typische Erzählform in Märchen und Anekdoten. Alle türkischen Märchen beginnen mit dem Satz *Bir varmış, bir yokmuş.* (Es gab einmal, es gab keinmal.)
Die Konjugationsformen der Vergangenheit auf *-miş* und *imiş* finden Sie im Grammatikteil.

Sözlü Alıştırmalar

a.
- Osman nasılmış, sordun mu?
▶ Osman yorgunmuş, işe gitmemiş.

1. Osman: yorgun – işe gitmemek
2. Ekin: yorgun – dün taşınmak
3. Berna: iyi – tatile çıkmak
4. Ercüment: izinde – annesine gitmek
5. Melda: hasta – üşütmek
6. Yunus: üzgün – iş bulamamak

b.
- Ev kaç odalıymış?
▶ Üç odalıymış.

1. üç odalı
2. 80 metrekare
3. Fındıkzade'de
4. altı yüz lira
5. evet – var
6. hayır – yok

9 Ders
Bize ne lazım?

Dilbilgisi

Konjugation in der Vergangenheit auf -*miş*

Die Vergangenheitsform auf -*miş* wird mit dem vierförmigen Suffix -*miş* gebildet und an den Verbstamm angehängt. Es lautet -*mış*, -*miş*, -*muş*, oder -*müş*.

yap**mak** (tun, machen) → (o) yap**mış**   iç**mek** (trinken) → (o) iç**miş**
unut**mak** (vergessen) → (o) unut**muş**   gör**mek** (sehen) → (o) gör**müş**

Die Verneinung erfolgt wie üblich mit dem Negationssuffix -*me* bzw. -*ma*.
yapmamak (nicht tun) → (o) yapma**mış**   içmemek (nicht trinken) → (o) içme**miş**
unutmamak → (o) unutma**mış**   görmemek → (o) görme**miş**

Bei der Konjugation werden die Personalsuffixe des 1. Typs (→ *Ders* 2) an -*miş* angehängt.

	bejaht	bejahte Frage	verneint	verneinte Frage
ben	iç**miş**im	iç**miş** miyim?	içme**miş**im	içme**miş** miyim?
sen	iç**miş**sin	iç**miş** misin?	içme**miş**sin	içme**miş** misin?
o	iç**miş**	iç**miş** mi?	içme**miş**	içme**miş** mi?
biz	iç**miş**iz	iç**miş** miyiz?	içme**miş**iz	içme**miş** miyiz?
siz	iç**miş**siniz	iç**miş** misiniz?	içme**miş**siniz	içme**miş** misiniz?
onlar	iç**miş**	iç**miş** mi?	içme**miş**	içme**miş** mi?
(onlar)	iç**miş**ler	iç**miş**ler mi?	içme**miş**ler	içme**miş**ler mi?

Konjugation von *imiş*

	bejaht	bejahte Frage
ben	yorgun**muş**um	yorgun mu**ymuş**um?
sen	yorgun**muş**sun	yorgun mu**ymuş**sun?
o	yorgun**muş**	yorgun mu**ymuş**?
biz	yorgun**muş**uz	yorgun mu**ymuş**uz?
siz	yorgun**muş**sunuz	yorgun mu**ymuş**sunuz?
onlar	yorgun**muş**	yorgun mu**ymuş**?
(onlar)	yorgun**muş**lar/yorgunlar**mış**	yorgun mu**ymuş**lar?/yorgunlar mı**ymış**?

Yorgunmuşum. (Ich soll müde sein/gewesen sein. / Ich sei müde/gewesen.) usw.

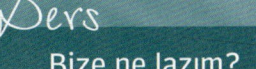

Bize ne lazım?

Die Verneinung erfolgt mit dem Negationswort *değil* (nicht). Daran hängt man dann wie oben *-(y)miş* und anschließend die entsprechenden Personalsuffixe an.

	verneint	verneinte Frage
ben	yorgun değil**miş**im	yorgun değil mi**ymiş**im?
sen	yorgun değil**miş**sin	yorgun değil mi**ymiş**sin? usw.

Die Verbalsubstantive

Verbalsubstantive werden von Verbstämmen abgeleitet und können wie Substantive Kasussuffixe, Negationssuffixe, Possessivsuffixe usw. annehmen.

1. Verbalsubstantive auf *-mek* bzw. *-mak* (der Infinitiv, der Vollinfinitiv)

Der Vollinfinitiv wird mit dem zweiförmigen Infinitivsuffix *-mek* bzw. *-mak* gebildet, z. B. *yüzmek* (schwimmen, das Schwimmen), *okumak* (lesen, das Lesen).
Der Vollinfinitiv steht häufig im Nominativ oder Ablativ und nimmt keine Genitiv- bzw. Possessivsuffixe und kein Pluralsuffix an.

Çay içmek istiyorum.	Ich möchte Tee trinken. (→ *Ders* 6)
Alışverişe gitmek niyetindeyim.	Ich habe vor, einkaufen zu gehen. (→ *Ders* 7)
Benim hobim yüzmek.	Mein Hobby ist Schwimmen.
Yüzmekten hoşlanıyorum.	Schwimmen gefällt mir. / Ich schwimme gern.
Yemek pişirmek kolay.	Kochen ist leicht.
Bu mevsimde güzel domates bulmak zor.	Es ist schwierig, in dieser Jahreszeit schöne Tomaten zu finden.
Türkçe öğrenmek zor değil.	Es ist nicht schwer, Türkisch zu lernen.
Sigara içmek sağlığa zararlı.	Rauchen schadet der Gesundheit.
Akşama görüşmek üzere.	Bis heute Abend. (wörtlich: Auf dass wir uns heute Abend sehen.)

2. Verbalsubstantive auf *-me* bzw. *-ma* (der verkürzte Infinitiv, der Kurzinfinitiv)

Den verkürzten Infinitiv bildet man mit dem Suffix *-me* bzw. *-ma*, das im Gegensatz zum Negationssuffix (→ *Ders* 5) <u>betont</u> wird (siehe dazu *CD Alıştırmaları* 1).

*Oku**ma**!*	Lies nicht!	*okuma*	die Lesung, das Lesen
*Konuş**ma**!*	Sprich nicht!	*konuşma*	die Rede, das Gespräch, der Vortrag

*Ekmek alma**yı** unutma!*	Vergiss nicht, Brot zu kaufen. (wörtlich: Vergiss das Brot-Kaufen nicht.)
*Sorma**yı** unuttum.*	Ich habe vergessen zu fragen.
*Yüzme**yi** sevmiyorum.*	Ich schwimme nicht gern. (wörtlich: Ich mag das Schwimmen nicht.)
*Can yüzme**ye** gitti.*	Can ist schwimmen gegangen.

9 Ders
Bize ne lazım?

Wiedergabe von „müssen"

Lazım (nötig, notwendig) wird im Sinne von „müssen" mit einem verkürzten Infinitiv benutzt. Zur Kennzeichnung der Person, die etwas machen muss, hängt man das entsprechende Possessivsuffix an den verkürzten Infinitiv an.

(benim) gitme**m** lazım	ich muss gehen	(bizim) okuma**mız** lazım	wir müssen lesen
(senin) gitme**n** lazım	du musst gehen	(sizin) okuma**nız** lazım	ihr müsst lesen
(onun) gitme**si** lazım	er/sie muss gehen	onların okuma**sı** lazım	sie müssen lesen
		(onların) okuma**ları** lazım	sie müssen lesen

Wenn der Name einer Person genannt wird, dann muss man an den Namen das Genitivsuffix anhängen. Die Frageform bildet man mit *lazım mı?* und die Verneinung mit *lazım değil*.

Heike'nin bilet alması lazım. — Heike muss eine Fahrkarte kaufen.
Canan'ın çok çalışması lazım mı? — Muss Canan viel arbeiten?
Hayır, onun çok çalışması lazım değil. — Nein, sie muss nicht viel arbeiten.

Verstärkung des Adjektivs

Man kann die Adjektive im Allgemeinen mit *çok* (viel, sehr) verstärken:

çok pahalı — sehr teuer   *çok taze* — sehr frisch

Eine weitere Möglichkeit der Verstärkung ist die Wiederholung des Adjektivs (Verdopplung):
çabuk çabuk — geschwind   *yavaş yavaş* — sachte
bol bol — reichlich, viel   *sakin sakin* — ganz ruhig

Steigerung des Adjektivs (der Komparativ und der Superlativ)

Die Adjektive bleiben bei der Steigerung unverändert. Sie werden mit **daha** (noch) gesteigert. Der Superlativ wird mit **en** gebildet. Bitte beachten Sie, dass *daha* und *en* <u>vor</u> dem Adjektiv stehen.
büyük (groß) → *daha büyük* (größer) → *en büyük* (am größten/der größte)

In einem Vergleichssatz bekommt das zweite Bezugswort das Ablativsuffix *-den* (als).
*Banyo **büyük**.* — Das Bad ist groß.
*Mutfak (çok) **daha büyük**.* — Die Küche ist (viel) größer.
*Mutfak banyo**dan (daha) büyük**.* — Die Küche ist (noch) größer als das Bad.
*Salon **en büyük**.* — Das Wohnzimmer ist am größten.

Ders 9
Bize ne lazım?

Alıştırmalar

Yazılı alıştırmalar

1. *Kime ne lazım?* (Wer braucht was?) Bilden Sie Sätze.

a. ben – kalem   *Bana kalem lazım.*
b. sen – sözlük   _____
c. o – kitap   _____
d. biz – masa   _____
e. siz – sandalye   _____
f. onlar – bilgisayar _____

2. *Kimin ne yapması lazım?* (Wer muss was machen?) Bilden Sie Sätze.

a. ben – okula gitmek   *Benim okula gitmem lazım.*
b. sen – çalışmak   _____
c. o – mektup yazmak   _____
d. biz – işe gitmek   _____
e. siz – Türkçe öğrenmek   _____
f. onlar – dinlenmek   _____
g. Çetin – uyumak   _____
h. hasta – muayene olmak   _____

3. Vergleichen Sie die unten angegebenen Fortbewegungsmittel miteinander.

a. otomobil – bisiklet / küçük   *Bisiklet otomobilden daha küçük.*
b. bisiklet – motosiklet / hızlı   _____
c. tren – vapur / yavaş   _____
d. tren – uçak / sessiz   _____
e. vapur – uçak / gürültülü   _____
f. otomobil – bisiklet / masraflı   _____

4. Bilden Sie Sätze in der Vergangenheit auf *-miş* (Hörensagen).

a. Jale – dün – alışverişe gitmek   *Jale dün alışverişe gitmiş.*
b. o – geçen hafta – çalışmak   _____
c. Çetin – dün gece – uyumamak   _____
d. siz – salı günü – işe gitmemek   _____
e. çocuk – bugün – yemek yememek   _____
f. sen – bu sabah – Orhan'ı görmek   _____

9 Ders
Bize ne lazım?

5. Was passt zusammen? Ordnen Sie zu.

a. Ayça nasılmış?
b. Hastayım.
c. Sana ne lazım?
d. Mutfak nasıl?
e. Aydın eve gelmiş mi?
f. Ev buldunuz mu?
g. Elma aldın mı?
h. Şebnem neredeymiş?

1. Çok kullanışlı.
2. Hayır, gelmemiş.
3. Hastaymış.
4. Okuldaymış.
5. Hayır, bulamadık.
6. Geçmiş olsun.
7. Yardım lazım.
8. Hayır, almayı unuttum.

6. Was machen Sie gern? Sagen Sie es anders.

a. Senin hobin ne?   Sen *ne yapmayı* seviyorsun?
b. Benim hobim yüzmek.   Ben _____ seviyorum.
c. Kitap okumak benim hobim.   Ben _____ seviyorum.
d. Benim hobim gitar çalmak.   Ben _____ seviyorum.
e. Sizin hobiniz ne?   Siz *ne yapmaktan* hoşlanıyorsunuz?
f. Benim hobim dans etmek.   Ben _____ hoşlanıyorum.
g. Hobim fotoğraf çekmek.   Ben _____ hoşlanıyorum.
h. Futbol oynamak benim hobim.   Ben _____ hoşlanıyorum.

CD Alıştırmaları 3|30-36

1. Hören Sie zu und sprechen Sie nach. Bitte achten Sie auf die Betonung.

a. oku**ma**   das Lesen, die Lesung   Oku**ma**!   Lies nicht!
b. konuş**ma**   das Gespräch, die Rede   Konu**ş**ma!   Sprich nicht!
c. yüz**me**   das Schwimmen   Yüz**me**!   Schwimm nicht!
d. iç**me**   das Trinken   İç**me**!   Trink nicht!
e. danış**ma**   das Informationsbüro   Danı**ş**ma!   Informier dich nicht!
f. el yaz**ma**sı   das Manuskript   Ya**z**ma!   Schreib nicht!

2. *Ne yapmanız lazım?* (Was müssen Sie tun?)

Beispiel: çalışmak → Çalışmam lazım.

a. tatile gitmek   c. mektup yazmak   e. telefon etmek   g. tatil yapmak
b. alışveriş yapmak   d. su içmek   f. ilaç almak   h. dinlenmek

Ders 9
Bize ne lazım?

3. *Kime ne lazım?* (Wer braucht was?)

Beispiel: biz / iş → Bize iş lazım.

a. ben – ev
b. o – 2 ekmek
c. Ayşe – 1 masa (Tisch)
d. Aslı – 4 sandalye (Stuhl)
e. Yusuf – cep telefonu (Handy)
f. Cengiz – buzdolabı

4. Hören Sie sich zuerst an, was Kerim auf Sehers Anrufbeantworter gesprochen hat. Beantworten Sie dann die unten stehenden Fragen. Was soll Kerim gemacht haben? Wie soll sein Urlaub gewesen sein?

a. Tatilde neredeymiş? *Tatilde Didim'deymiş.*
b. Tatilden ne zaman dönmüş? _____
c. Hava nasılmış? _____
d. Bol bol ne yapmış? _____
e. Otel nasılmış? _____
f. Yemekler nasılmış? _____
g. Çok yemek yemiş mi? _____
h. Kilo almış mı? _____

5. Hören Sie sich den Beispieldialog an und sprechen Sie dann selbst nach dem Muster. Der von Ihnen zu sprechende Teil ist mit ▶ gekennzeichnet.

■ Şeyda nasılmış?
▶ Şeyda iyiymiş.
■ Efendim, nasılmış?
▶ İyi imiş.

a. Şeyda – iyi
b. Nilgün – yorgun
c. çocuk – hasta
d. yemek – pahalı
e. yolculuk – rahat
f. ev – büyük
g. film – sıkıcı
h. kitap – ilginç

6. *Nergis'in yeni evi nasıl?* (Wie ist die neue Wohnung von Nergis?) Lesen Sie zuerst die folgenden Sätze, hören Sie den Dialog und kreuzen Sie dann die richtigen Aussagen an.

a. Nergis hafta sonu
 ☐ 1. kiralık ev aramış.
 ☐ 2. yeni bir ev bulmuş.
 ☐ 3. yeni evine taşınmış.
b. Ev
 ☐ 1. birinci kattaymış.
 ☐ 2. ikinci kattaymış.
 ☐ 3. üçüncü kattaymış.
c. Nergis'in evi
 ☐ 1. iki odalıymış.
 ☐ 2. üç odalıymış.
 ☐ 3. dört odalıymış.
d. Evin kirası
 ☐ 1. 90 liraymış.
 ☐ 2. 190 liraymış.
 ☐ 3. 900 liraymış.

7. Arbeiten Sie nun die weiteren mündlichen Übungen auf der CD durch.

9 Ders
Bize ne lazım?

Kelime Dağarcığı

Meyve / meyva — **Obst**
- elma — Apfel
- armut — Birne
- ayva — Quitte
- kayısı — Aprikose
- şeftali — Pfirsich
- üzüm — Weintraube
- kiraz — Kirsche
- vişne — Sauerkirsche
- çilek — Erdbeere
- mandalina — Mandarine
- portakal — Orange
- karpuz — Wassermelone

Sebze — **Gemüse**
- patates — Kartoffel
- biber — Paprika
- salatalık — Gurke
- kıvırcık — Kopfsalat
- lahana — Weißkohl
- kabak — Zucchini
- soğan — Zwiebel
- patlıcan — Aubergine
- enginar — Artischocke
- kuşkonmaz — Spargel
- kereviz — Sellerie
- havuç — Mohrrübe / Karotte

Mengenangaben
- kutu — Dose
- çift — Paar
- paket — Schachtel / Packung
- dilim — Scheibe
- poşet / torba — Tüte

Ders 9
Bize ne lazım?

Rund um die Wohnung

daire	Wohnung
ev	Haus / Wohnung
yazlık ev	Sommerhaus
apartman	Mehrfamilienhaus
kat	Etage / Etagenwohnung
oda	Zimmer
salon	Salon / Wohnzimmer
çocuk odası	Kinderzimmer
yatak odası	Schlafzimmer
çalışma odası	Arbeitszimmer
yemek odası	Esszimmer
koridor	Flur / Korridor
tuvalet	Toilette
balkon	Balkon
kiler	Speisekammer
bodrum	Keller
kalorifer	Heizung
kat kaloriferi	Etagenheizung
kira	Miete
depozito	Kaution
kiralık	zu vermieten
kiralık ev	Mietwohnung
satılık	zu verkaufen
misafir odası	Gästezimmer

Adjektive

büyük – küçük	groß – klein
geniş – dar	breit / geräumig – schmal
yüksek – alçak	hoch – niedrig
aydınlık – karanlık	hell – dunkel
kullanışlı – modern	praktisch – modern
sessiz – gürültülü	ruhig – laut

9  Bize ne lazım?

Die verschiedenen Bedeutungen des Verbs *almak*

almak	nehmen, bekommen
bir şey satın almak	etwas kaufen
mektup almak	einen Brief bekommen/erhalten
bilgi almak	Informationen einholen / sich informieren
soğuk almak	sich erkälten / eine Erkältung bekommen
kilo almak	zunehmen

Weitere Wendungen

hem ... hem (de) ...	sowohl ... als auch ...
Senin hobin ne?	Was ist dein Hobby?
Sizin hobileriniz ne?	Was sind Ihre Hobbys?
Benim hobim kitap okumak.	Mein Hobby ist Lesen.
Hava nasıl?	Wie ist das Wetter?
Güle güle otur!	wörtlich: Wohne mit Freude!
Akşama görüşürüz.	Bis heute Abend.
Allaha ısmarladık.	Auf Wiedersehen.
Hayırlı işler.	Frohes Schaffen.

10 Ders
Sizi çok özleyeceğim

10 Ders
Sizi çok özleyeceğim

Konuşma 1 🎵 3|37

Çiğdem ● hat Heike ▲, die in zwei Tagen nach Hause fliegt, bei sich zum Essen eingeladen.

● Heike, yolculuk ne zaman?
▲ Cumartesi günü öğleden sonra.
● Uçağın nereden kalkıyor?
▲ Atatürk Havalimanı'ndan.
● Saat kaçta?
▲ Dördü çeyrek geçe.
● Peki Berlin'e uçuş ne kadar sürüyor?
▲ Yaklaşık üç saat.
● Yani saat yediyi çeyrek geçe Berlin'de olacaksın.
▲ Türkiye saatiyle, evet. Beni geçirmeye havaalanına gelecek misin?
● Tabii, geleceğim. Peki, her şey hazır mı?
▲ Hemen hemen hazır. Anneme bir hediye almak istiyorum.
● Kendine de giyecek bir şeyler alsana!
▲ Aslında niyetim var. Sonbaharda giymek için ceketim yok. Bana bir de bluz lazım.
● Dün Beyoğlu'nda çok güzel giysiler gördüm.
▲ Olur, yarın oraya da uğrarım. Sen de gelmek ister misin?
● İsterim ama, yarın biraz zor.

● Heike, wann ist denn die Abreise?
▲ Am Samstagnachmittag.
● Wo fliegst du ab?
▲ Vom Atatürk-Flughafen.
● Um wie viel Uhr?
▲ Um Viertel nach vier.
● Wie lange dauert der Flug nach Berlin?
▲ Ungefähr drei Stunden.
● Dann wirst du also um Viertel nach sieben in Berlin sein.
▲ Nach der türkischen Zeit, ja. Wirst du zum Flughafen kommen, um mich zu verabschieden?
● Natürlich werde ich kommen. Und ist alles fertig?
▲ Fast fertig. Ich möchte meiner Mutter ein Geschenk kaufen.
● Kauf dir doch auch etwas zum Anziehen!
▲ Eigentlich habe ich (es) vor. Ich habe keine Jacke für den Herbst (, um sie im Herbst anzuziehen). Ich brauche auch noch eine Bluse.
● Ich habe gestern in Beyoğlu sehr schöne Kleider gesehen.
▲ O.K., morgen gehe ich auch dort vorbei. Hast du Lust mitzukommen?
● Ich würde gern, aber morgen ist es etwas schwierig.

Ders 10
Sizi çok özleyeceğim

- ▲ Neden? Yarın ne yapacaksın?
- ● Üniversiteden arkadaşlarla buluşup ders çalışacağım.
- ▲ İyi.
- ● Nasıl, mantıyı beğendin mi?
- ▲ Her zamanki gibi fevkalade olmuş. Eline sağlık!
- ● Afiyet olsun. Biraz daha ister misin?
- ▲ Sağ ol, doydum. Biraz daha yersem, patlayacağım.

- ▲ Warum? Was wirst du morgen machen?
- ● Ich werde mich mit Studienkollegen treffen und lernen.
- ▲ O.K.
- ● Na, hat dir denn *mantı* geschmeckt?
- ▲ Es ist wie immer phantastisch geworden. Ich danke dir! (Gesundheit für deine Hände!)
- ● Wohl bekomm's! Magst du noch etwas?
- ▲ Danke, ich bin satt. Wenn ich noch ein bisschen esse, werde ich platzen.

Sözlü Alıştırma

a.

- ■ Uçak nereden kalkıyor?
- ▶ Atatürk Havalimanı'ndan.
- ■ Saat kaçta?
- ▶ Dördü çeyrek geçe.

1. Atatürk Havalimanı / 16:15
2. Sirkeci İstasyonu / 21:10
3. otobüs terminali / 19:20
4. Kabataş İskelesi / 12:45
5. Tegel Havalimanı / 09:50
6. Haydarpaşa Garı / 10:55

Über Zukünftiges sprechen: das Futur und das Futursuffix -(y)ecek

Das Futur wird mit dem zweiförmigen, betonten Futursuffix *-(y)ecek* bzw. *-(y)acak* gebildet. Mit dieser Form kann man

- angeben oder fragen, was man vorhat bzw. was geplant ist:
  Yarın ne yap**acak**sın?   Was wirst du morgen machen?
  Ders çalış**acağ**ım.   Ich werde lernen.
  Arkadaşlarımla buluş**acağ**ım.   Ich werde mich mit meinen Freunden treffen.

- sagen, was man erwartet:
  Sizi çok özle**yeceğ**im.   Ich werde euch sehr vermissen. (→ *Konuşma* 3)

Sözlü Alıştırma

b.

- ■ Yarın ne yapacaksın?
- ▶ Ders çalışacağım.

1. ders çalışmak
2. sinemaya gitmek
3. dinlenmek
4. roman okumak
5. Çiğdem'i ziyaret etmek
6. alışveriş yapmak

10 Ders
Sizi çok özleyeceğim

Gefallen bzw. Missfallen ausdrücken: *beğenmek* bzw. *beğenmemek*

Das Verb *beğenmek* (gefallen, schmecken) verlangt den Akkusativ, d. h. das, was jemandem gefällt bzw. schmeckt, steht im Akkusativ.

(Sen) Mantıyı beğendin mi?	Hat dir *mantı* geschmeckt?
Evet, (ben) mantıyı beğendim.	Ja, *mantı* hat mir geschmeckt.
(Siz) Ceketi beğendiniz mi?	Hat Ihnen die Jacke gefallen?
Hayır, (ben)ceketi pek beğenmedim.	Nein, die Jacke hat mir nicht so gut gefallen.

Bitte beachten Sie, dass *beğenmek* im Türkischen in der Vergangenheitsform steht.
Im *-yor-* Präsens hat es im Türkischen eine allgemeine Bedeutung.

Mantıyı beğeniyorum.	*Mantı* schmeckt mir gut. / Ich mag *mantı*.

Das Konverb auf *-(y)ip*

Konverben (Verbaladverbien oder Gerundien) sind Verbformen, die mithilfe von Suffixen von Verbstämmen abgeleitet werden. Konverben machen keine Angabe über die Zeitstufe und können auch keine Personalsuffixe annehmen.

Das Konverb auf *-(y)ip* dient dazu, zwei (seltener mehrere) aufeinanderfolgende Handlungen miteinander zu verknüpfen und dadurch die Wiederholung der Personal- und Tempussuffixe zu vermeiden. Çiğdem sagt z. B. in *Konuşma* 1 anstatt ... *buluşacağım ve ders çalışacağım* einfach ... *buluşup ders çalışacağım*.

Das Konverb auf *-(y)ip* wird mit dem betonten vierförmigen Suffix *-(y)ıp, -(y)ip, -(y)up* bzw. *-(y)üp* gebildet und an den Verbstamm angehängt. Bitte beachten Sie, dass die Angaben über Person und Zeit dem Hauptverb zu entnehmen sind.

Yemek pişirdim ve yedim.	*Yemek pişirip yedim.*	Ich habe gekocht und gegessen.
Kahveye gidiyoruz, çay içiyoruz.	*Kahveye gidip çay içiyoruz.*	Wir gehen ins Café und trinken Tee.
Gazete okuyacak ve yatacak.	*Gazete okuyup yatacak.*	Er /Sie wird Zeitung lesen und schlafen.

Afiyet olsun und *elinize sağlık*

Afiyet olsun heißt zwar „Guten Appetit", wird aber im Türkischen nach dem Essen gewünscht und entspricht deshalb eher „wohl bekomm's". Für Speis und Trank bedankt man sich auf Türkisch mit *eline sağlık* (du) oder *elinize sağlık* (Sie oder ihr). Damit wünscht man dem Gastgeber wörtlich „gesunde Hände", die ja so geschickt waren und Leckeres zubereitet haben. Mit *eline sağlık* bedankt man sich gelegentlich auch bei jemandem, der einem bei einer Arbeit geholfen oder für einen etwas erledigt hat.

Ders 10
Sizi çok özleyeceğim

Konuşma 2

Heike ▲ möchte sich eine Jacke kaufen. Ein Verkäufer ◆ bedient sie.

- ◆ Yardımcı olabilir miyim?
- ▲ Bir ceket almak istiyorum.
- ◆ Nasıl bir ceket düşünüyorsunuz?
- ▲ Sonbaharda giymek için spor bir ceket.
- ◆ Tabii. Buyurun, göstereyim.
- ...
- ◆ Bu ceket nasıl?
- ▲ Bunu pek beğenmedim, biraz bol.
- ◆ Bakın, burada daha dar kesimli modellerimiz de var.
- ▲ Evet, bunlar daha güzel.
- ◆ Bu ceketi nasıl buluyorsunuz?
- ▲ Güzel. Prova edebilir miyim?
- ◆ Tabii. Kaç beden giyiyorsunuz?
- ▲ Otuz sekiz beden.
- ◆ Buyurun.
- ▲ Kabinler nerede?
- ◆ İleride, sağda.
- ▲ Teşekkür ederim.
- ...

- ◆ Kann ich (Ihnen) behilflich sein?
- ▲ Ich möchte eine Jacke kaufen.
- ◆ An was für eine Jacke dachten Sie denn?
- ▲ Eine sportliche Jacke für den Herbst (, um sie im Herbst anzuziehen).
- ◆ Natürlich. Bitte schön, ich zeige Ihnen (welche).
- ...
- ◆ Wie ist diese Jacke?
- ▲ Die gefällt mir nicht so gut, die ist ein bisschen weit.
- ◆ Schauen Sie, hier haben wir andere Modelle mit engerem Schnitt.
- ▲ Ja, die sind schöner.
- ◆ Wie finden Sie die Jacke hier?
- ▲ Schön. Kann ich (sie) anprobieren?
- ◆ Selbstverständlich. Welche Größe haben Sie?
- ▲ Achtunddreißig.
- ◆ Bitte sehr.
- ▲ Wo sind die Umkleidekabinen?
- ◆ Vorne rechts.
- ▲ Danke schön.
- ...

10 Ders
Sizi çok özleyeceğim

◆ Ceket hoşunuza gitti mi?
▲ Evet, ceket hoşuma gitti, ama rengi biraz koyu. Daha açık renklisi var mı?
◆ Tabii. Bu açık mavi ceketi nasıl buluyorsunuz?
▲ Evet, bu daha güzel. Bunun fiyatı ne kadar?
◆ İki yüz seksen lira.
▲ İyi.
◆ Nasıl ödeyeceksiniz?
▲ Kredi kartıyla.

◆ Gefällt Ihnen die Jacke?
▲ Ja, sie gefällt mir. Aber ihre Farbe ist etwas dunkel. Haben Sie (sie) heller?
◆ Natürlich. Wie finden Sie diese hellblaue Jacke hier?
▲ Ja, sie ist schöner. Was kostet sie?

◆ Zweihundertachtzig Lira.
▲ Gut.
◆ Wie werden Sie bezahlen?
▲ Mit Kreditkarte.

Nasıl bir ...? (Was für ein/-e ...?)

Das Fragewort *nasıl bir ...?* benutzt man wie im Deutschen, wenn es sich um ein unbestimmtes Objekt handelt.

Nasıl bir ceket istiyorsunuz?   Was für eine Jacke möchten Sie?
Nasıl bir etek arıyorsunuz?   Was für einen Rock suchen Sie?
Nasıl bir etek aldın?   Was für einen Rock hast du gekauft?

Gefallen bzw. Missfallen ausdrücken: *hoşa gitmek* bzw. *gitmemek*

Um Gefallen auszudrücken, kann man auch *hoşa gitmek* (gefallen, schmecken) benutzen. Diesmal steht das, was jemandem gefällt bzw. schmeckt, im Nominativ, also wie im Deutschen. Die Person, der etwas gefällt, steht aber im Genitiv und das Wort *hoş* wird mit dem entsprechenden Possessivsuffix und dem Dativsuffix erweitert.

Ceket (sizin) hoşunuza gitti mi?   Hat Ihnen die Jacke gefallen?
Evet, ceket (benim) hoşuma gitti.   Ja, die Jacke hat mir gefallen.
Yemek (senin) hoşuna gitti mi?   Hat dir das Essen geschmeckt?
Kahve (onun) hiç hoşuna gitmedi.   Der Kaffee hat ihm gar nicht geschmeckt.

Hier ist das Konjugationsschema für alle Personen:

... (benim) hoşuma gitti / gitmedi.   *... (bizim) hoşumuza gitti / gitmedi.*
... (senin) hoşuna gitti / gitmedi.   *... (sizin) hoşunuza gitti / gitmedi.*
... (onun) hoşuna gitti / gitmedi.   *... onların hoşuna gitti / gitmedi.*
   ... (onların) hoşlarına gitti / gitmedi.

Ders 10
Sizi çok özleyeceğim

Bitte beachten Sie, dass *hoşa gitmek* im Türkischen in der Vergangenheitsform steht.
Im *-yor-* oder *-r-*Präsens hat es im Türkischen eine allgemeine Bedeutung.
Kahve benim hoşuma gidiyor.   Ich mag Kaffee.
Kahve Ali'nin hoşuna gitmez.   Ali mag keinen Kaffee.

Sözlü Alıştırmalar 3|41-42

a.
- Yardımcı olabilir miyim?
▶ Bir ceket almak istiyorum.
- Nasıl bir ceket düşünüyorsunuz?
▶ Spor bir ceket.

1. ceket / spor
2. pantolon / kışlık
3. bluz / kısa kollu
4. gömlek / uzun kollu
5. tişört / yazlık
6. etek / siyah

b.
- Ceket hoşunuza gitti mi?
▶ Evet, hoşuma gitti, ama rengi biraz koyu. Daha açık renklisi var mı?

1. renk: koyu – açık renkli
2. boy: uzun – kısa
3. boy: kısa – uzun
4. renk: açık – koyu renkli
5. dar – bol
6. pahalı – ucuz

10 Ders
Sizi çok özleyeceğim

Konuşma 3

Çiğdem ● kommt zum Flughafen, um sich von Heike ▲ zu verabschieden.

▲ Merhaba Çiğdem.
● Merhaba Heike, kusura bakma, ancak gelebildim. Yollar çok doluydu.
▲ Olsun, geldin ya, sorun değil. Yeni ceketimi nasıl buluyorsun?
● Sana çok yakışmış. Güle güle giy.
▲ Sağ ol.
● Bugün de hava çok sıcak. Allahtan havaalanında klima var.
▲ Evet, eylül ortasında hava hâlâ otuz derece.
● Sahi, eylülde Berlin'de hava nasıl?
▲ Genellikle yağmurlu ve serin.
● Bak, bu senin için.
▲ Bu ne güzel bir ipek şal. Üstelik ceketime de uyuyor.
● Evet. Serin havalarda takarsın.
▲ Çok teşekkür ederim.
...
▲ Pasaport kontrolüne çağırıyorlar. Benim artık gitmem lazım.
● Heike, seninle bir daha ne zaman görüşeceğiz?
▲ İnşallah gelecek yıl.
● Hangi ayda?
▲ Şubatta veya martta.
● İyi. Sana iyi yolculuklar dilerim. Annene de bizden selam söyle.
▲ Olur, söylerim.
● Seni çok özleyeceğiz, Heike.
▲ Ben de sizi çok özleyeceğim. Hoşça kal, Çiğdem.
● Güle güle, kendine iyi bak.

▲ Hallo, Çiğdem.
● Grüß dich, Heike. Entschuldige, ich habe es erst jetzt geschafft zu kommen. Die Straßen waren sehr voll.
▲ Macht nichts, du bist ja gekommen, kein Problem. Wie findest du meine neue Jacke?
● Steht dir sehr gut. Trag sie mit Freude. (→ *Ders* 2)
▲ Danke.
● Es ist ja heute sehr warm. Gott sei dank gibt es am Flughafen eine Klimaanlage.
▲ Ja, mitten im September hat es immer noch dreißig Grad.
● Apropos, wie ist das Wetter im September in Berlin?
▲ Meistens regnerisch und kühl.
● Schau, das ist für dich.
▲ Was für ein schöner Seidenschal. Er passt sogar zu meiner Jacke.
● Ja. Du kannst ihn dir bei kühlem Wetter umlegen.
▲ Ich danke dir sehr.
...
▲ Sie rufen zur Passkontrolle. Ich muss jetzt gehen.
● Heike, wann werden wir uns wiedersehen?
▲ Hoffentlich nächstes Jahr.
● In welchem Monat?
▲ Im Februar oder März.
● Gut. Ich wünsche dir eine gute Reise. Grüße deine Mutter von uns.
▲ Ja, mache ich.
● Wir werden dich sehr vermissen, Heike.
▲ Ich werde euch auch sehr vermissen. Auf Wiedersehen, Çiğdem.
● Auf Wiedersehen, pass gut auf dich auf.

Ders 10
Sizi çok özleyeceğim

Sözlü Alıştırma

a.

- Yeni ceketimi nasıl buluyorsun?
- Sana çok yakışmış. Güle güle giy.

1. ceket
2. gömlek
3. kazak
4. ayakkabı
5. bluz
6. pantolon

Über das Wetter sprechen

Nach dem Wetter fragen:
(Berlin'de) Hava nasıl?   Wie ist das Wetter (in Berlin)?
Yarın hava nasıl olacak?   Wie wird das Wetter morgen?

Das Wetter beschreiben:
Hava açık.   Es ist heiter.
Yarın hava kapalı olacak.   Es wird morgen bedeckt sein.
Bugün hava serin.   Es ist heute kühl.
Fırtına bekleniyor.   Es wird Sturm erwartet.
Yağış beklenmiyor.   Es wird kein Schauer erwartet.
Yağmur yağıyor.   Es regnet.
Kar yağacak.   Es wird schneien.
Hava (sıcaklığı) kaç derece?   Wie viel Grad hat es?
Hava (sıcaklığı) 20 derece.   Es hat 20 Grad.
Hava sıcaklıkları 15 ile 20 derece arasında.   Die Temperaturen liegen zwischen 15 und 20 Grad.

Einige Wetter-Adjektive werden im Türkischen mit dem Suffix *-li* bzw. *-siz* gebildet, die Sie aus *Ders* 5 kennen.

güneş	Sonne	güneşli	sonnig	Hava güneşli.	Es ist sonnig.
bulut	Wolke	bulutlu	wolkig	Hava bulutlu.	Es ist wolkig.
yağış	Schauer	yağışlı	mit Schauer	Hava yağışlı.	Es gibt Schauer.
kar	Schnee	karlı	mit Schnee	Hava karlı.	Es gibt Schnee.
bulut	Wolke	bulutsuz	wolkenlos	Hava bulutsuz.	Es ist wolkenlos.

Sözlü Alıştırma

b.

- Berlin'de hava nasıl?
- Yağmurlu ve serin.
- Kaç derece?
- On beş derece.

1. yağmur – serin / 15 °C
2. kar – soğuk / -5 °C
3. güneş – sıcak / 32 °C
4. bulut / 18 °C
5. rüzgâr / 21 °C
6. fırtına / 3 °C

10 Ders
Sizi çok özleyeceğim

Jahreszeiten und Monatsnamen

Die Jahreszeiten und die entsprechenden Monatsnamen sind:

kış	Winter	aralık – ocak – şubat	Dezember – Januar – Februar
ilkbahar	Frühling	mart – nisan – mayıs	März – April – Mai
yaz	Sommer	haziran – temmuz – ağustos	Juni – Juli – August
sonbahar	Herbst	eylül – ekim – kasım	September – Oktober – November

Zeitangaben

Ne zaman?	Wann?
sonbaharda – ilkbaharda	im Herbst – im Frühling
kışın – yazın	im Winter – im Sommer
gelecek yaz / gelecek kış	im nächsten Sommer/Winter
gelecek ilkbaharda / gelecek sonbaharda	im nächsten Frühling/Herbst
gelecek mayısta	im nächsten Mai
ocakta	im Januar
eylülde	im September
25 haziranda	am 25. Juni
iki ay sonra	nach/in zwei Monaten
Doğum günün kaç martta?	Am wievielten März ist dein Geburtstag?
Kaç nisanda geleceksin?	Am wievielten April wirst du kommen?

Das Fragewort *hangi*? (welcher/-e/-es?)

Mit dem Fragewort *hangi?* fragen Sie nach etwas Bestimmtem.

Hangi ayda?	In welchem Monat?
Hangi ceketi beğendin?	Welche Jacke hat dir gefallen?
Hangi eteği aldın?	Welchen Rock hast du gekauft?
Hangi dilleri konuşuyorsun?	Welche Sprachen sprichst du?

Ders 10
Sizi çok özleyeceğim

Dilbilgisi

Das Futur und das Futursuffix -(y)ecek

Das Futur wird im Türkischen viel häufiger verwendet als im Deutschen. Es wird mit dem zweiförmigen Futursuffix -(y)ecek bzw. -(y)acak gebildet und an den Verbstamm angehängt. Es ist betont.

yapmak	→ (o) yap**acak**	er/sie wird machen
okumak	→ (o) oku**yacak**	er/sie wird lesen
içmek	→ (o) iç**ecek**	er/sie wird trinken
yürümek	→ (o) yürü**yecek**	er/sie wird laufen

Die Verneinung erfolgt mit dem zweiförmigen Negationssuffix -me bzw. -ma, an das das Futursuffix angehängt wird.

yapmamak	nicht machen	→ (o) yapma**yacak**	er/sie wird nicht machen
içmemek	nicht trinken	→ (o) içme**yecek**	er/sie wird nicht trinken

Bitte beachten Sie, dass
- bei den Verben *gitmek* (gehen), *etmek* (tun, machen) und *tatmak* (kosten, schmecken) das *-t* am Ende des Verbstamms zu *-d* wird: *gidecek, edecek* und *tadacak*.
- der Stammlaut *-e* von *yemek* (essen) und *demek* (sagen) zu *-i* wird: *yiyecek* und *diyecek*.

Bei der Konjugation werden die Personalsuffixe des 1. Typs (siehe *Ders* 2) an das Futursuffix -(y)ecek angehängt. Bei vokalischem Anlaut des Personalsuffixes (bei *ben* und *biz*) wird das *-k* am Ende des Futursuffixes zu *-ğ*. Sehen Sie sich dazu die Konjugationstabelle an:

	bejaht	bejahte Frage	verneint	verneinte Frage
ben	gid**eceğ**im	gid**ecek** miyim?	gitm**eyeceğ**im	gitm**eyecek** miyim?
sen	gid**ecek**sin	gid**ecek** misin?	gitm**eyecek**sin	gitm**eyecek** misin?
o	gid**ecek**	gid**ecek** mi?	gitm**eyecek**	gitm**eyecek** mi?
biz	gid**eceğ**iz	gid**ecek** miyiz?	gitm**eyeceğ**iz	gitm**eyecek** miyiz?
siz	gid**ecek**siniz	gid**ecek** misiniz?	gitm**eyecek**siniz	gitm**eyecek** misiniz?
onlar	gid**ecek**	gid**ecek** mi?	gitm**eyecek**	gitm**eyecek** mi?
(onlar)	gid**ecek**ler	gid**ecek**ler mi?	gitm**eyecek**ler	gitm**eyecek**ler mi?

10 Ders
Sizi çok özleyeceğim

Das Futur von „sein" und „haben" wird im Türkischen mit *olmak* (sein, werden) ausgedrückt.

Hafta sonunda Berlin'deyim.	Am Wochenende bin ich in Berlin.
Hafta sonunda Berlin'de olacağım.	Am Wochenende werde ich in Berlin sein.
Ayşe iki sene sonra mimar olacak.	Ayşe wird in zwei Jahren Architektin.
Yazın çok zamanım var.	Im Sommer habe ich viel Zeit.
Yazın çok zamanım olacak.	Im Sommer werde ich viel Zeit haben.
Bu hafta sonunda zamanım olmayacak.	Ich werde dieses Wochenende keine Zeit haben.

Das Reflexivpronomen *kendi* (eigen, selbst)

Wenn *kendi* vor einem Substantiv steht, hat es die Bedeutung „eigen".
Zeytinler kendi ağaçlarımızdan. (→ Ders 7)   Die Oliven sind von unseren eigenen Bäumen.
kendi evim   meine eigene Wohnung

Als Reflexivpronomen, also im Sinne von „selbst", werden an *kendi* Possessivsuffixe angehängt. Die 3. Person Singular kommt in zwei Varianten vor.

kendim	ich selbst	*kendimiz*	wir selbst
kendin	du selbst	*kendiniz*	ihr/Sie selbst
kendi/kendisi	er/sie selbst	*kendileri*	sie selbst

Kendi als Reflexivpronomen kann man auch deklinieren. Im Dativ und Akkusativ lautet es:
kendime (mir selbst), *kendine* (dir selbst), *kendine/kendisine* (ihm/ihr selbst) usw.
kendimi (mich selbst), *kendini* (dich selbst), *kendini/kendisini* (sich selbst) usw.
Kendine bir kazak alsana.   Kauf dir doch einen Pullover. (→ Ders 10)
Kendimi iyi hissetmiyorum.   Ich fühle mich nicht wohl. (→ Ders 8)

Ders 10
Sizi çok özleyeceğim

Alıştırmalar

Yazılı Alıştırmalar

1. *Kim ne yapacak?* (Wer wird was tun?) Bilden Sie Sätze.

a. ben – ders çalışmak   *Ben ders çalışacağım.*
b. sen – işe gitmek
c. o – kitap okumak
d. biz – yemek yemek
e. siz – tatile çıkmak
f. onlar – yemek pişirmek
g. Kerem – alışveriş yapmak
h. çocuklar – uyumak

2. Vervollständigen Sie die Antworten.

a. Bu akşam dinlenecek misin?   *Evet, dinleneceğim.*
b. Yarın işe gidecek misin?   *Hayır,*
c. Çiğdem yemek yiyecek mi?   *Hayır,*
d. Ahmet hafta sonu çalışacak mı?   *Evet,*
e. Hafta sonu diskoteğe gidecek misin? *Evet,*
f. Yarın kar yağacak mı?   *Hayır,*
g. Şebnemle Yusuf bize gelecekler mi?   *Hayır,*
h. Uyuyacak mısın?   *Evet,*

3. Bilden Sie Sätze im Futur.

a. Emel – alışverişe gitmek   *Emel alışverişe gidecek.*
b. (biz) – hafta sonu – çalışmamak
c. (ben) – bu akşam – erken uyumak
d. onlar – gelecek ay – tatile gitmek
e. Kerem – Aslı ile buluşmak
f. (siz) – yarın – Ahmet'i görmek
g. (ben) – pazar günü – konsere gitmek
h. uçak – saat altıda – kalkmak

10 Ders
Sizi çok özleyeceğim

4. Was passt zusammen? Ordnen Sie zu.

a. Yolculuk ne zaman?
b. Kasa nerede?
c. Orada hava nasıl?
d. Bu gömlek nasıl?
e. Kaç beden giyiyorsunuz?
f. O da gelecek mi?
g. Şebnem'e selam söyle!
h. Nasıl ödeyeceksiniz?

1. Olur, söylerim.
2. Kredi kartımla.
3. Yarın sabah.
4. Evet.
5. İleride solda.
6. Hoşuma gitti.
7. Kırk iki.
8. Güneşli.

5. Ergänzen Sie im folgenden Dialog die fehlenden Suffixe.

a. ▪ Geçen hafta sonunda ne yap*tın*___?
b. ▶ Hülya'yla buluş____ diskoteğe git____. Ya sen?
c. ▪ Ben sinemaday____. Film izle____ bira iç____.
d. ▶ Film güzel mi____?
e. ▪ Eh işte, şöyle böyle____.
f. ▶ Peki gelecek hafta sonunda ne yapacak____?
g. ▪ Henüz bir fikrim yok. Ya sen?
h. ▶ Gelecek hafta sınavlarım var. Evde otur____ ders çalış_____.
i. ▪ Kolay gelsin.
j. ▶ Sağ ol.

6. *Hangi renk uyar?* (Welche Farbe passt?) Schreiben Sie zu den Substantiven die passende Farbe aus dem Kasten.

beyaz • siyah • mavi • ~~sarı~~ • yeşil • portakal rengi • kahverengi • kırmızı

a. güneş *sarı*
b. kar _____
c. deniz _____
d. gece _____

e. ateş _____
f. portakal _____
g. ağaç _____
h. kahve _____

Ders 10
Sizi çok özleyeceğim

CD Alıştırmaları  3|46-50

1. *-(y)ıp , -(y)ip, -(y)up* oder *-(y)üp*? Beantworten Sie die Fragen mithilfe der Angaben. Bitte achten Sie auf die Zeitform. Ihre Rolle ist mit ▶ gekennzeichnet.

■ Hafta sonunda ne yaptın?
▶ Diskoteğe gidip dans ettim.

a. diskoteğe gitmek – dans etmek
b. konsere gitmek – müzik dinlemek
c. müzeleri gezmek – fotoğraf çekmek
d. internete girmek – gazeteleri okumak
e. Ayşe'yle buluşmak – sinemaya gitmek
f. televizyonda maç izlemek – bira içmek

2. Fragen Sie Ihre/-n Gesprächspartner/-in, ob ihm/ihr das angegebene Gericht geschmeckt hat und ob er/sie noch ein bisschen möchte? Hören Sie sich zuerst das Beispiel an und benutzen Sie dann die Angaben. Ihre Rolle ist wieder mit ▶ gekennzeichnet.

a.
▶ Mantı hoşuna gitti mi?
■ Evet, çok güzel olmuş. Eline sağlık.
▶ Afiyet olsun. Biraz daha alır mısın?
■ Evet, alayım.

1. (sen) mantı
2. (sen) salata
3. (sen) biftek
4. (siz) köfteler
5. (siz) yaprak sarma (gefüllte Weinblätter)
6. (siz) cacık

b. Bitte beachten Sie, dass *beğenmek* den bestimmten Akkusativ verlangt. Hören Sie sich zuerst wieder das Beispiel an und benutzen Sie dieselben Angaben wie in Übung a.

▶ Mantıyı beğendin mi?
■ Evet, çok lezzetli olmuş. Eline sağlık.
▶ Afiyet olsun. Biraz daha ister misin?
■ Evet, isterim.

10 Ders
Sizi çok özleyeceğim

3. *Tatil hakkında konuşma* (Über den Urlaub sprechen)

a. Ergänzen Sie zunächst die fehlenden Fragewörter in der linken Spalte. Vervollständigen Sie dann die Antworten in der rechten Spalte.

> kiminle • ne • ne kadar • ~~ne zaman~~ • ne zaman • nerede • nereye • neyle

1. ■ Tatile *ne zaman* _____ çıkacaksın? ▶ Tatile 28 eylül____ _____.
2. ■ Tatilde _____ gideceksin? ▶ İzmir'____ _____.
3. ■ Tatile _____ gideceksin? ▶ Petra'____ _____.
4. ■ Oraya _____ gideceksin? ▶ Oraya otobüs____ _____.
5. ■ Orada _____ kalacaksın? ▶ Küçük bir otel____ _____.
6. ■ Orada _____ kalacaksın? ▶ Bir hafta kadar _____.
7. ■ Orada _____ yapacaksın? ▶ Her gün güneşlen____ yüz_____.
8. ■ Tatilden _____ döneceksin? ▶ Üç ekim____ _____.

b. Hören Sie sich jetzt den Dialog auf der CD an und kontrollieren Sie Ihre Ergänzungen.

4. *İstanbul'da hava nasıl?* (Wie ist das Wetter in Istanbul?) Hören Sie sich den Wetterbericht an und kreuzen Sie die richtigen Angaben an.

a. Yarın İstanbul'da hava
 □ 1. gök gürültülü ve sağanak yağışlı.
 □ 2. nemli ve sıcak.
 □ 3. güneşli ve sıcak.

b. Hava sıcaklığı
 □ 1. 13 ile 19 derece arasında.
 □ 2. 19 ile 24 derece arasında.
 □ 3. 18 ile 24 derece arasında.

c. Hafta sonunda hava
 □ 1. bulutlu ve yağmurlu.
 □ 2. açık ve sıcak.
 □ 3. güneşli ama soğuk.

d. Hava sıcaklıkları
 □ 1. 18 ile 19 derece arasında.
 □ 2. 19 ile 24 derece arasında.
 □ 3. 13 ile 18 derece arasında.

5. Arbeiten Sie nun die weiteren mündlichen Übungen auf der CD durch.

Ders 10
Sizi çok özleyeceğim

Kelime Dağarcığı

Giysi / Elbise	Kleidung
bluz	Bluse
etek	Rock
elbise	Kleid
gömlek	Hemd
ceket	Jacke
pantolon	Hose
manto / palto	Mantel (für Frauen / Männer)
şal	Schal
çorap(lar)	Strumpf (Strümpfe)
ayakkabı(lar)	Schuh(e)
kazak – yelek	Pullover – Weste
don, külot – atlet	Unterhose – Unterhemd
uzun kollu – kısa kollu	langärmlig – kurzärmlig
kareli – çizgili	kariert – gestreift
Gömleklere bakabilir miyim?	Kann ich mir die Hemden ansehen?
Bu eteği pek beğenmedim.	Dieser Rock gefällt mir nicht so gut.
Bu pantolon benim hoşuma gitti.	Diese Hose gefällt mir gut.
Bu eteğin fiyatı ne kadar?	Wie viel kostet dieser Rock?
Şu pantolon kaça?	Was kostet die Hose da?
Bu bluz sana/size çok yakıştı.	Diese Bluse steht dir/Ihnen sehr gut.
Güle güle giy/giyin.	Trag/Tragen Sie (ihn/sie/es) mit Freude.

Hava ve Hava Durumu	Das Wetter und der Wetterbericht
güneş – güneşli	Sonne – sonnig
yağmur – yağmurlu	Regen – regnerisch
kar – karlı	Schnee – verschneit
bulut – bulutlu	Wolke – wolkig
rüzgâr – rüzgârlı	Wind – windig
fırtına – fırtınalı	Sturm – stürmisch
gök gürültüsü – gök gürültülü	Gewitter – gewittrig
Yarın hava nasıl?	Wie ist das Wetter morgen?
Güneşli ve sıcak.	Es ist sonnig und warm.
yağmur yağmak – kar yağmak – dolu yağmak	regnen – schneien – hageln
Kar yağıyor.	Es schneit.
Hava sağanak yağışlı.	Es gibt einen Wolkenbruch.

Ders 10
Sizi çok özleyeceğim

esmek	wehen
Rüzgâr esiyor.	Es ist windig. (wörtlich: Der Wind weht.)
Hava (sıcaklığı) kaç derece?	Wie viel Grad hat es?
Hava (sıcaklığı) 27 derece.	Es hat 27 Grad.

Weiterer Wortschatz

her zamanki gibi	wie immer
artı – eksi	Plus – Minus
sınav, imtihan	Prüfung
fikir, -kri	Idee
Henüz bir fikrim yok.	Ich habe noch keine Idee.
İyi yolculuklar.	Gute Reise.

Grammatikübersicht

Wiedergabe der CD-Übungen und
Lösungen der schriftlichen Übungen

Alphabetischer Wortschatz
Türkisch – Deutsch

Anhang

Anhang
Grammatikübersicht

Alphabet
Aa, Bb, Cc, Çç, Dd, Ee, Ff, Gg, Ğğ, Hh, Iı, İi, Jj, Kk, Ll, Mm, Nn, Oo, Öö, Pp, Rr, Ss, Şş, Tt, Uu, Üü, Vv, Yy, Zz.
Jeder Buchstabe entspricht einem Laut, alle Buchstaben werden gesprochen. Die seltenen Doppelkonsonanten und Doppelvokale werden getrennt gesprochen.
anne (an-ne)   elli (el-li)   saat (sa-at)   maalesef (ma-a-le-sef)

Vokale

helle, vordere Vokale	e, i, ö, ü
dunkle, hintere Vokale	a, ı, o, u

Konsonanten

stimmhaft	b	c	d	g	ğ		j	l	m	n	r	v	y	z
stimmlos	p	ç	t	k		h	ş					f		s

Der Merkspruch *Efe Paşa çok hasta* enthält alle stimmlosen Konsonanten.

Vokalharmonie beim Anhängen der Suffixe

Die zweiförmige Vokalharmonie (Die kleine Vokalharmonie)

der letzte Vokal des Wortes ist	a, ı, o, u	e, i, ö, ü
der Vokal des Suffixes ist	a	e

Die vierförmige Vokalharmonie (Die große Vokalharmonie)

der letzte Vokal des Wortes ist	a, ı	o, u	e, i	ö, ü
der Vokal des Suffixes ist	ı	u	i	ü

Bindekonsonanten
Die Bindekonsonanten werden dann verwendet, wenn ein Wort auf einen Vokal endet und das anzuhängende Suffix mit einem Vokal beginnt. Sie lauten *-n-*, *-s-* und *-y-*. Das *-n-* wird bei der Genitivbildung gebraucht und das *-s-* bei der Possessivbildung jeweils in der dritten Person. In den anderen Fällen lautet der Bindekonsonant *-y-*.

Konsonantenwechsel
Die stimmlosen Konsonanten *p*, *ç*, *t* und *k* werden am Wortende stimmhaft, wenn an das Wort ein Suffix angehängt wird, das mit einem Vokal anfängt: p → b, ç → c, t → d, k → ğ, nk → ng. Der Konsonantenwechsel kommt bei einigen einsilbigen und vielen mehrsilbigen Wörtern vor, z. B. kita**p** → kita**b**ı, ağa**ç** → ağa**c**ı, diskote**k** → diskote**ğ**i, ren**k** → ren**g**i.

Anhang
Grammatikübersicht

Die stimmhaften Konsonanten *c* und *d* am Anfang eines Suffixes werden stimmlos, wenn das Wort, an das das Suffix angehängt wird, auf einen stimmlosen Konsonanten endet: *c → ç, d → t*.
döner**ci**, gözlük**çü**; Alman**ca**, Türk**çe**   ev**de**, diskotek**te**; gel**di**, git**ti**

Die Fragewörter *kim?* und *ne?*

Nominativ	kim?	wer?	ne?	was?
Akkusativ	kimi?	wen?	ne(yi)?	was (genau)?
Genitiv	kimin?	wessen?	neyin?	wovon?
Dativ	kime?	wem?, zu wem?	neye?	zu was?, wozu?
Lokativ	kimde?	bei wem?	nede?	bei was?, wobei?
Ablativ	kimden?	von wem?	neden?	wovon?, woraus?

Das Fragewort *nere?*, die Ortspronomen *bura, şura, ora*

Nominativ	nere, neresi?	welcher Ort?	bura, burası	dieser Ort, hier
Akkusativ	nereyi?	welchen Ort?	burayı, burasını	diesen Ort
Genitiv	nerenin?	welchen Ortes?	bura(sı)nın	dieses Ortes
Dativ	nereye?	wohin?	buraya	hierher
Lokativ	nerede?	wo?	burada	hier
Ablativ	nereden?	woher?	buradan	von hier

Şura (der Ort/die Stelle da), *ora* (der Ort/die Stelle dort) und die Pluralformen *nereler, buralar, şuralar, oralar* werden wie oben dekliniert.

Demonstrativpronomen

Nominativ	bu	şu	o	bunlar	şunlar	onlar
Akkusativ	bunu	şunu	onu	bunları	şunları	onları
Genitiv	bunun	şunun	onun	bunların	şunların	onların
Dativ	buna	şuna	ona	bunlara	şunlara	onlara
Lokativ	bunda	şunda	onda	bunlarda	şunlarda	onlarda
Ablativ	bundan	şundan	ondan	bunlardan	şunlardan	onlardan

Anhang
Grammatikübersicht

Personalpronomen

Nominativ	Akkusativ	Genitiv	Dativ	Lokativ	Ablativ
ben	ben**i**	ben**im**	**bana**	ben**de**	ben**den**
sen	sen**i**	sen**in**	**sana**	sen**de**	sen**den**
o	on**u**	on**un**	on**a**	on**da**	on**dan**
biz	biz**i**	biz**im**	biz**e**	biz**de**	biz**den**
siz	siz**i**	siz**in**	siz**e**	siz**de**	siz**den**
onlar	onlar**ı**	onlar**ın**	onlar**a**	onlar**da**	onlar**dan**

Substantive

Pluralbildung

der letzte Vokal des Wortes ist	a, ı, o oder u	e, i, ö oder ü
das Pluralsuffix ist	-lar	-ler

Deklination

Das Wort endet auf einen Konsonanten und der letzte Vokal ist

	a oder ı	e oder i	o oder u	ö oder ü
Nominativ	kitap	iş	okul	gözlük
Akkusativ	kitab**ı**	iş**i**	okul**u**	gözlüğ**ü**
Genitiv	kitab**ın**	iş**in**	okul**un**	gözlüğ**ün**
Dativ	kitab**a**	iş**e**	okul**a**	gözlüğ**e**
Lokativ	kitap**ta**	iş**te**	okul**da**	gözlük**te**
Ablativ	kitap**tan**	iş**ten**	okul**dan**	gözlük**ten**

Das Wort endet auf einen Vokal und der letzte Vokal ist

	a oder ı	e oder i	o oder u	ö oder ü
Nominativ	masa	üniversite	konu	örtü
Akkusativ	masa**yı**	üniversite**yi**	konu**yu**	örtü**yü**
Genitiv	masa**nın**	üniversite**nin**	konu**nun**	örtü**nün**
Dativ	masa**ya**	üniversite**ye**	konu**ya**	örtü**ye**
Lokativ	masa**da**	üniversite**de**	konu**da**	örtü**de**
Ablativ	masa**dan**	üniversite**den**	konu**dan**	örtü**den**

Anhang
Grammatikübersicht

Possessivpronomen und Possessivsuffixe

Das Wort endet auf einen Konsonanten und der letzte Vokal ist

	a oder ı	e oder i	o oder u	ö oder ü
benim	kitab**ım**	iş**im**	okul**um**	gözlüğ**üm**
senin	kitab**ın**	iş**in**	okul**un**	gözlüğ**ün**
onun	kitab**ı**	iş**i**	okul**u**	gözlüğ**ü**
bizim	kitab**ımız**	iş**imiz**	okul**umuz**	gözlüğ**ümüz**
sizin	kitab**ınız**	iş**iniz**	okul**unuz**	gözlüğ**ünüz**
onların	kitab**ı**	iş**i**	okul**u**	gözlüğ**ü**
(onların)	kitap**ları**	iş**leri**	okul**ları**	gözlük**leri**

Das Wort endet auf einen Vokal und der letzte Vokal ist

	a oder ı	e oder i	o oder u	ö oder ü
benim	masa**m**	üniversite**m**	konu**m**	örtü**m**
senin	masa**n**	üniversite**n**	konu**n**	örtü**n**
onun	masa**sı**	üniversite**si**	konu**su**	örtü**sü**
bizim	masa**mız**	üniversite**miz**	konu**muz**	örtü**müz**
sizin	masa**nız**	üniversite**niz**	konu**nuz**	örtü**nüz**
onların	masa**sı**	üniversite**si**	konu**su**	örtü**sü**
(onların)	masa**ları**	üniversite**leri**	konu**ları**	örtü**leri**

Deklination der Possessivsuffixe

Nominativ	Akkusativ	Genitiv	Dativ	Lokativ	Ablativ
benim masam	masam**ı**	masam**ın**	masam**a**	masam**da**	masam**dan**
senin masan	masan**ı**	masan**ın**	masan**a**	masan**da**	masan**dan**
onun masası	masasın**ı**	masasın**ın**	masasın**a**	masasın**da**	masasın**dan**
bizim masamız	masamız**ı**	masamız**ın**	masamız**a**	masamız**da**	masamız**dan**
sizin masanız	masanız**ı**	masanız**ın**	masanız**a**	masanız**da**	masanız**dan**
onların masası	masasın**ı**	masasın**ın**	masasın**a**	masasın**da**	masasın**dan**
(onların) masaları	masaların**ı**	masaların**ın**	masaların**a**	masaların**da**	masaların**dan**

masam (mein Tisch), *masamı* (meinen Tisch), *masamın* (meines Tisches), *masama* ([zu] meinem Tisch), *masamda* (auf/an meinem Tisch), *masamdan* (von meinem Tisch)

Anhang
Grammatikübersicht

Nominativ	Akkusativ	Genitiv	Dativ	Lokativ	Ablativ
benim işim	işim**i**	işim**in**	işim**e**	işim**de**	işim**den**
senin işin	işin**i**	işin**in**	işin**e**	işin**de**	işin**den**
onun işi	işin**i**	işin**in**	işin**e**	işin**de**	işin**den**
bizim işimiz	işimiz**i**	işimiz**in**	işimiz**e**	işimiz**de**	işimiz**den**
sizin işiniz	işiniz**i**	işiniz**in**	işiniz**e**	işiniz**de**	işiniz**den**
onların işi	işin**i**	işin**in**	işin**e**	işin**de**	işin**den**
(onların) işleri	işleri**ni**	işleri**nin**	işleri**ne**	işleri**nde**	işleri**nden**

Genitiv-Possessiv-Verbindungen

kitab**ın** fiyat**ı**	der Preis des Buches	araba**nın** kapı**sı**	die Tür des Wagens
Deniz'**in** mektub**u**	der Brief von Deniz	Ayşe'**nin** anne**si**	Ayşes Mutter
okul**un** adres**i**	die Adresse der Schule	radyo**nun** örtü**sü**	die Decke des Radios
otobüs**ün** şoför**ü**	der Fahrer des Busses	öykü**nün** konu**su**	das Thema der Geschichte

Zusammengesetzte Substantive (Komposita)

yemek	+	masa	→	yemek masa**sı** (Esstisch)	yemek masası**nı** (den Esstisch)
masa	+	örtü	→	masa örtü**sü** (Tischdecke)	masa örtüsü**nü** (die Tischdecke)
seyahat	+	acente	→	seyahat acente**si** (Reisebüro)	seyahat acentesi**ne** (zum Reisebüro)
Türkçe	+	kurs	→	Türkçe kurs**u** (Türkischkurs)	Türkçe kursu**nda** (im Türkischkurs)

Var und *yok*

Burada çiçekçi var mı?	Gibt es hier einen Blumenladen?
Orada bir gazeteci var.	Dort gibt es einen Zeitungskiosk.
Sen**in** bisiklet**in** var mı?	Hast du ein Fahrrad?
Hayır, ben**im** bisiklet**im** yok.	Nein, ich habe kein Fahrrad.
Ayşe'**nin** sözlüğ**ü** var.	Ayşe hat ein Wörterbuch.
Onur'**un** araba**sı** vardı.	Onur hatte einen Wagen.
Öykü'**nün** zaman**ı** yoktu.	Öykü hatte keine Zeit.

Anhang
Grammatikübersicht

Personalsuffixe

		des 1. Typs	des 2. Typs
ben	ich	-(y)ım, -(y)im, -(y)um, -(y)üm	-m
sen	du	-sın, -sin, -sun, -sün	-n
o	er, sie, es	–	–
biz	wir	-(y)ız, -(y)iz, -(y)uz, -(y)üz	-k
siz	ihr, Sie	-sınız, -siniz, -sunuz, -sünüz	-nız, -niz, -nüz, -nuz
onlar	sie	–	–
(onlar)	sie	-lar, -ler	-lar, -ler

Verneinung

Für die Verneinung benutzt man das Wort *değil* (nicht bzw. kein), an das die entsprechenden Personalsuffixe angehängt werden.
Evde değilim. (Ich bin nicht zu Hause.)   *Yorgun değil misin?* (Bist du nicht müde?)

Bei den Verben erfolgt die Verneinung mit dem zweiförmigen Negationssuffix *-me, -ma*, das an den Verbstamm angehängt wird und einen negativen Verbstamm bildet.
almak (nehmen) → *almamak* (nicht nehmen)   *gitmek* (gehen) → *gitmemek* (nicht gehen)

Frage

Fragesatz

*Ali yarın **nereye** gidiyor?*   **Wohin** geht Ali morgen?
*Ali **ne zaman** sinemaya gidiyor?*   **Wann** geht Ali ins Kino?
***Kim** yarın sinemaya gidiyor?*   **Wer** geht morgen ins Kino?

Entscheidungsfrage (Ja-Nein-Frage)

Die Entscheidungsfrage wird mit der vierförmigen Fragepartikel *mı, mi, mu, mü* gebildet. Sie wird getrennt geschrieben, die Personalsuffixe des 1. Typs werden daran angehängt.
Hasta mısın? (Bist du krank?)   *Evli misiniz?* (Sind Sie verheiratet?)

Die Fragepartikel *mi* hat keine feste Position im Satz und steht hinter dem Satzteil, nach dem gefragt wird. Im Deutschen wird der jeweilige Satzteil betont.
*Sen Bozcaada'ya gidiyor **mu**sun?* (<u>Fährst du</u> nach Bozcaada?)   *Evet, gidiyorum.*
*Sen Bozcaada'ya **mı** gidiyorsun?* (Fährst du <u>nach Bozcaada</u>?)   *Evet, Bozcaada'ya.*
*Sen **mi** Bozcaada'ya gidiyorsun?* (Fährst <u>du</u> nach Bozcaada?)   *Evet, ben.*

Anhang
Grammatikübersicht

Verben

Das -yor-Präsens *(-ıyor, -iyor, -uyor, -üyor)*

Konjugation: Verbstamm + Tempussuffix + Personalsuffix des 1. Typs

	almak	okumak	gitmek	yüzmek
ben	alıyorum	okuyorum	gidiyorum	yüzüyorum
sen	alıyorsun	okuyorsun	gidiyorsun	yüzüyorsun
o	alıyor	okuyor	gidiyor	yüzüyor
biz	alıyoruz	okuyoruz	gidiyoruz	yüzüyoruz
siz	alıyorsunuz	okuyorsunuz	gidiyorsunuz	yüzüyorsunuz
onlar	alıyor	okuyor	gidiyor	yüzüyor
(onlar)	alıyorlar	okuyorlar	gidiyorlar	yüzüyorlar

Verneinung: Verbstamm + Negationssuffix + Tempussuffix + Personalsuffixe des 1. Typs
    almıyorum (ich nehme nicht)   *almıyorsun* (du nimmst nicht)

Frageform: Verbstamm + Tempussuffix Fragepartikel + Personalsuffixe des 1. Typs
    alıyor musun? (nimmst du?)   *alıyor musunuz?* (nehmen Sie/nehmt ihr?)

Das -r-Präsens *(-r, -er, -ar, -ır, -ir, -ur, -ür)*

Konjugation: Verbstamm + Tempussuffix + Personalsuffix des 1. Typs

	alırım	okurum	giderim	yüzerim
ben	alırım	okurum	giderim	yüzerim
sen	alırsın	okursun	gidersin	yüzersin
o	alır	okur	gider	yüzer
biz	alırız	okuruz	gideriz	yüzeriz
siz	alırsınız	okursunuz	gidersiniz	yüzersiniz
onlar	alır	okur	gider	yüzer
(onlar)	alırlar	okurlar	giderler	yüzerler

Verneinung: Verbstamm + Negationssuffix + Tempussuffix + Personalsuffixe des 1. Typs
    yüzmem (ich würde nicht schwimmen)   *yüzmezsin* (du würdest nicht schwimmen)

Frageform: Verbstamm + Tempussuffix Fragepartikel + Personalsuffixe des 1. Typs
    yüzer misin? (würdest du schwimmen?)   *yüzer mi?* (würde er/sie schwimmen?)

Das Futur *(-(y)ecek, -(y)acak)*

Konjugation: Verbstamm + Tempussuffix + Personalsuffix des 1. Typs

ben	al**acağ**ım	oku**yacağ**ım	gid**eceğ**im	yüz**eceğ**im
sen	al**acak**sın	oku**yacak**sın	gid**ecek**sin	yüz**ecek**sin
o	al**acak**	oku**yacak**	gid**ecek**	yüz**ecek**
biz	al**acağ**ız	oku**yacağ**ız	gid**eceğ**iz	yüz**eceğ**iz
siz	al**acak**sınız	oku**yacak**sınız	gid**ecek**siniz	yüz**ecek**siniz
onlar	al**acak**	oku**yacak**	gid**ecek**	yüz**ecek**
(onlar)	al**acak**lar	oku**yacak**lar	gid**ecek**ler	yüz**ecek**ler

Verneinung: Verbstamm + Negationssuffix + Tempussuffix + Personalsuffixe des 1. Typs
                git**meyeceğ**im (ich werde nicht gehen)   git**meyecek**sin (du wirst nicht gehen)

Frageform: Verbstamm + Tempussuffix Fragepartikel + Personalsuffixe des 1. Typs
                gid**ecek** miyim? (werde ich gehen?)   gid**ecek** misin? (wirst du gehen?)

Die Vergangenheit auf *-miş (-mış, -miş, -muş, -müş)*

Konjugation: Verbstamm + Tempussuffix + Personalsuffix des 1. Typs

ben	al**mış**ım	oku**muş**um	git**miş**im	yüz**müş**üm
sen	al**mış**sın	oku**muş**sun	git**miş**sin	yüz**müş**sün
o	al**mış**	oku**muş**	git**miş**	yüz**müş**
biz	al**mış**ız	oku**muş**uz	git**miş**iz	yüz**müş**üz
siz	al**mış**sınız	oku**muş**sunuz	git**miş**siniz	yüz**müş**sünüz
onlar	al**mış**	oku**muş**	git**miş**	yüz**müş**
(onlar)	al**mış**lar	oku**muş**lar	git**miş**ler	yüz**müş**ler

Verneinung: Verbstamm + Negationssuffix + Tempussuffix + Personalsuffixe des 1. Typs
                alma**mış**ım (ich hätte nicht genommen)   alma**mış**sın (du hättest nicht genommen)

Frageform: Verbstamm + Tempussuffix Fragepartikel + Personalsuffixe des 1. Typs
                al**mış** mıyım? (soll ich genommen haben?)   al**mış** mı? (soll er/sie genommen haben?)

Grammatikübersicht

Vergangenheit auf *-di (-dı, -di, -du, -dü, -tı, -ti, -tu, -tü)*

Konjugation: Verbstamm + Tempussuffix + Personalsuffix des 2. Typs

ben	al**dım**	oku**dum**	git**tim**	yüz**düm**
sen	al**dın**	oku**dun**	git**tin**	yüz**dün**
o	al**dı**	oku**du**	git**ti**	yüz**dü**
biz	al**dık**	oku**duk**	git**tik**	yüz**dük**
siz	al**dınız**	oku**dunuz**	git**tiniz**	yüz**dünüz**
onlar	al**dı**	oku**du**	git**ti**	yüz**dü**
(onlar)	al**dılar**	oku**dular**	git**tiler**	yüz**düler**

Verneinung: Verbstamm + Negationssuffix + Tempussuffix + Personalsuffixe des 2. Typs
                  okumadım (ich habe nicht gelesen)   *okumadın* (du hast nicht gelesen)

Frageform: Verbstamm + Tempussuffix + Personalsuffixe des 2. Typs Fragepartikel
                  okudum mu? (habe ich gelesen?)   *okudun mu?* (hast du gelesen?)

Wunschform

	bejaht	bejahte Frage	verneint	vereinte Frage
ben	kal**ayım**	kal**ayım** mı?	kalma**yayım**	kalma**yayım** mı?
biz	kal**alım**	kal**alım** mı?	kalma**yalım**	kalma**yalım** mı?
ben	sor**ayım**	sor**ayım** mı?	sorma**yayım**	sorma**yayım** mı?
biz	sor**alım**	sor**alım** mı?	sorma**yalım**	sorma**yalım** mı?
ben	gel**eyim**	gel**eyim** mi?	gelme**yeyim**	gelme**yeyim** mi?
biz	gel**elim**	gel**elim** mi?	gelme**yelim**	gelme**yelim** mi?
ben	götür**eyim**	götür**eyim** mi?	götürme**yeyim**	götürme**yeyim** mi?
biz	götür**elim**	götür**elim** mi?	götürme**yelim**	götürme**yelim** mi?

Anhang
Grammatikübersicht

Der Imperativ (Befehls- und Aufforderungsform)

			bejaht	verneint	bejaht	verneint
2. Person Singular	sen	du	sor	sorma	gel	gelme
3. Person Singular	o	er, sie, es	sor**sun**	sorma**sın**	gel**sin**	gelme**sin**
2. Person Plural	siz	ihr	sor**un**	sorma**yın**	gel**in**	gelme**yin**
3. Person Plural	onlar	sie	sor**sunlar**	sorma**sınlar**	gel**sinler**	gelme**sinler**
Höflichkeitsform	siz	Sie	sor**un**	sorma**yın**	gel**in**	gelme**yin**
offizielle Form	siz	Sie	sor**unuz**	sorma**yınız**	gel**iniz**	gelme**yiniz**

Wiedergabe des Verbs „sein"

• im Präsens

ben	hasta**yım**	doktor**um**	evli**yim**	şoför**üm**
sen	hasta**sın**	doktor**sun**	evli**sin**	şoför**sün**
o	hasta	doktor	evli	şoför
biz	hasta**yız**	doktor**uz**	evli**yiz**	şoför**üz**
siz	hasta**sınız**	doktor**sunuz**	evli**siniz**	şoför**sünüz**
onlar	hasta	doktor	evli	şoför
(onlar)	hasta**lar**	doktor**lar**	evli**ler**	şoför**ler**

ben hasta**yım** (ich bin krank), sen hasta**sın** (du bist krank) usw.
Verneinung: hasta değil**im** (ich bin nicht krank), hasta değil**sin** (du bist nicht krank) usw.
Frageform: hasta mı**yım**? (bin ich krank?), hasta mı**sın**? (bist du krank?)

• in der Vergangenheit auf -miş

ben	hastaymış**ım**	doktormuş**um**	evliymiş**im**	şoförmüş**üm**
sen	hastaymış**sın**	doktormuş**sun**	evliymiş**sin**	şoförmüş**sün**
o	hastaymış	doktormuş	evliymiş	şoförmüş
biz	hastaymış**ız**	doktormuş**uz**	evliymiş**iz**	şoförmüş**üz**
siz	hastaymış**sınız**	doktormuş**sunuz**	evliymiş**siniz**	şoförmüş**sünüz**
onlar	hastaymış	doktormuş	evliymiş	şoförmüş
(onlar)	hastaymışlar / hastalarmış	doktormuşlar / doktorlarmış	evliymişler / evlilermiş	şoförmüşler / şoförlermiş

ben hastaymış**ım** (ich sei/wäre krank/soll krank sein/gewesen sein) usw.
Verneinung: hasta değilmiş**im** (ich wäre nicht krank/soll nicht krank sein/gewesen sein) usw.
Frageform: hasta mıymış**ım**? (soll ich krank sein/gewesen sein?) usw.

Anhang
Grammatikübersicht

- in der Vergangeheit auf -di

ben	hastaydım	doktordum	evliydim	şofördüm
sen	hastaydın	doktordun	evliydin	şofördün
o	hastaydı	doktordu	evliydi	şofördü
biz	hastaydık	doktorduk	evliydik	şofördük
siz	hastaydınız	doktordunuz	evliydiniz	şofördünüz
onlar	hastaydı	doktordu	evliydi	şofördü
(onlar)	hastaydılar / hastalardı	doktordular / doktorlardı	evliydiler / evlilerdi	şofördüler / şoförlerdi

ben hastaydım (ich war krank/bin krank gewesen), *sen hastaydın* (du warst krank/bist krank gewesen)
Verneinung: *hasta değildim* (ich war nicht krank/bin nicht krank gewesen) usw.
Frageform: *hasta mıydın?* (warst du krank?/bist du krank gewesen?) usw.

Wiedergabe von „können" und „dürfen"

Können wird mit dem Möglichkeitssuffix *-(y)ebil, -(y)abil* ausgedrückt.
Sigara içebilir miyim?   Darf ich rauchen?
Ayşe'yi görebildin mi?   Hast du Ayşe sehen können?

Die Verneinung bildet man mit dem Unmöglichkeitssuffix *-(y)eme, -(y)ama*.
Burada sigara içemezsiniz.   Hier dürfen Sie nicht rauchen.
Bebek henüz yürüyemiyor.   Das Baby kann noch nicht laufen.
Dün uyuyamadım.   Gestern habe ich nicht schlafen können.

Ortssubstantive

iç (in):   *çantanın içine* (in die Tasche), *çantanın içinde* (in der Tasche)
alt (unter):   *masanın altına* (unter den Tisch), *masanın altında* (unter dem Tisch)
üst (auf, über):   *sandalyenin üstüne* (auf den Stuhl), *sandalyenin üstünde* (auf dem Stuhl)
üzer- (auf, über):   *masanın üzerine* (auf/über den Tisch), *masanın üzerinde* (auf dem Tisch)
yan (neben, bei):   *radyonun yanına* (neben das Radio), *benim yanımda* (bei mir)
ön (vor):   *arabanın önüne* (vor das Auto), *senin önünde* (vor dir)
arka (hinter):   *evin arkasına* (hinter das Haus), *evin arkasında* (hinter dem Haus)
ara (zwischen):   *Ali'yle Ayşe'nin arasına* (zwischen Ali und Ayşe), *Ali'yle Ayşe'nin arasında* (zwischen Ali und Ayşe)
karşı (gegenüber):   *durağın karşısında* (gegenüber der Haltestelle)

Postpositionen

-den beri	seit
-den önce	vor
-den sonra	nach, in
-den ... -(y)e kadar	von ... bis
-(y)e kadar	bis, bis zu/nach
-(y)e doğru	(zeitlich) gegen
-(y)e karşı	gegen
-(y)e dahil	inklusive, mit
- hariç	exklusive, ohne
-, -(n)in için	für
-, -(n)in ile, -(y)le	mit, und

Anhang
Wiedergabe der CD-Übungen und Lösungen der schriftlichen Übungen

Ders 1: Merhaba
Konuşma 1
Sözlü Alıştırma a.

1.
- ▪ Tanıştırayım: Heike, Yusuf.
- ▶ Memnun oldum, Yusuf.
- ● Ben de memnun oldum, Heike.

2.
- ▪ Tanıştırayım: İlyas, Ayşe.
- ▶ Memnun oldum, Ayşe.
- ● Ben de memnun oldum, İlyas.

3.
- ▪ Tanıştırayım: Tarık, Yasemin.
- ▶ Memnun oldum, Yasemin.
- ● Ben de memnun oldum, Tarık.

4.
- ▪ Tanıştırayım: Şebnem, Tunç.
- ▶ Memnun oldum, Tunç.
- ● Ben de memnun oldum, Şebnem.

5.
- ▪ Tanıştırayım: Burcu, Barış.
- ▶ Memnun oldum, Barış.
- ● Ben de memnun oldum, Burcu.

6.
- ▪ Tanıştırayım: Deniz, Canan.
- ▶ Memnun oldum, Canan.
- ● Ben de memnun oldum, Deniz.

Sözlü Alıştırma b.

1.
- ▪ İyi akşamlar, Yusuf.
- ▶ İyi akşamlar, Leyla.

2.
- ▪ Günaydın, Nergis.
- ▶ Günaydın, Cengiz.

3.
- ▪ İyi günler, Canan.
- ▶ İyi günler, Akdoğan.

4.
- ▪ Selam, Ali.
- ▶ Selam, Jale.

5.
- ▪ Merhaba, Tunç.
- ▶ Merhaba, Ceren.

6.
- ▪ İyi geceler, Burcu.
- ▶ İyi geceler, Barış.

Konuşma 2
Sözlü Alıştırma a.

1.
- ▪ Adım Selçuk. Sizin adınız ne?
- ▶ Heike.
- ▪ Memnun oldum.
- ▶ Ben de.

2.
- ▪ Adım Yıldız. Sizin adınız ne?
- ▶ Bora.
- ▪ Memnun oldum.
- ▶ Ben de.

3.
- ▪ Adım Gönül. Senin adın ne?
- ▶ Timur.
- ▪ Memnun oldum.
- ▶ Ben de.

4.
- ▪ Adım Cengiz. Senin adın ne?
- ▶ Yıldız.
- ▪ Memnun oldum.
- ▶ Ben de.

Sözlü Alıştırma b.

1.
- ▪ Adım Selçuk. Sizin adınız ne?
- ▶ Benim adım Heike.
- ▪ Memnun oldum, Heike Hanım.
- ▶ Ben de memnun oldum, Selçuk Bey.

2.
- ▪ Adım Canan. Sizin adınız ne?
- ▶ Benim adım Cengiz.
- ▪ Memnun oldum, Cengiz Bey.
- ▶ Ben de memnun oldum, Canan Hanım.

3.
- ▪ Adım Akdoğan. Sizin adınız ne?
- ▶ Benim adım Şebnem.
- ▪ Memnun oldum, Şebnem Hanım.
- ▶ Ben de memnun oldum, Akdoğan Bey.

4.
- ▪ Adım Havva. Sizin adınız ne?
- ▶ Benim adım Danyal.
- ▪ Memnun oldum, Danyal Bey.
- ▶ Ben de memnun oldum, Havva Hanım.

Anhang
Wiedergabe der CD-Übungen und Lösungen der schriftlichen Übungen

Konuşma 3
Sözlü Alıştırma a.
1.
- Ben Atilla Dönmez. Sizin adınız ne?
- ▶ Benim adım Gül Karakuş.
- Efendim?
- ▶ Benim adım Gül, soyadım Karakuş. Gül Karakuş.

2.
- Ben İnci Tezcan. Senin adın ne?
- ▶ Benim adım Ahmet Çalışkan.
- Efendim?
- ▶ Benim adım Ahmet, soyadım Çalışkan. Ahmet Çalışkan.

3.
- Ben Rüştü Çandar. Sizin adınız ne?
- ▶ Benim adım Ayşe Çiçek.
- Efendim?
- ▶ Benim adım Ayşe, soyadım Çiçek. Ayşe Çiçek.

4.
- Ben Jale Eğilmez. Senin adın ne?
- ▶ Benim adım Turgut Galipoğlu.
- Efendim?
- ▶ Benim adım Turgut, soyadım Galipoğlu. Turgut Galipoğlu.

Sözlü Alıştırma b.
1.
- Soyadın ne?
- ▶ Çıkrıkçı.
- Efendim?
- ▶ Benim soyadım Çıkrıkçı.
- Yine anlamadım. Harf harf söyle lütfen.
- ▶ Ç-ı-k-r-ı-k-ç-ı.

2.
- Soyadın ne?
- ▶ Karakuş.
- Efendim?
- ▶ Benim soyadım Karakuş.
- Yine anlamadım. Harf harf söyle lütfen.
- ▶ K-a-r-a-k-u-ş.

3.
- Soyadınız ne?
- ▶ Canik.
- Efendim?
- ▶ Benim soyadım Canik.
- Yine anlamadım. Harf harf söyleyin lütfen.
- ▶ C-a-n-i-k.

4.
- Soyadınız ne?
- ▶ Galipoğlu.
- Efendim?
- ▶ Benim soyadım Galipoğlu.
- Yine anlamadım. Harf harf söyleyin lütfen.
- ▶ G-a-l-i-p-o-ğ-l-u.

Alıştırmalar
Yazılı Alıştırmalar

1.
a. adın, b. adım, c. soyadınız, d. nasılsın

2.
a. – 2., b. – 4., c. – 1., d. – 3.

3.
a. – 2., b. – 1., c. – 3., d. – 1., e. – 1.

4.
1. Merhaba.
2. İyi akşamlar.
3. Benim adım Yakup Bakır. Senin adın ne?
4. Heike Oschmann.
5. Efendim?
6. Benim adım Heike, soyadım Oschmann. Heike Oschmann.
7. Haa, memnun oldum.
8. Ben de.

5.
geceler, beyler, taksiler, hanımlar, radyolar, sinemalar

CD Alıştırmaları

1.
b.
stimmhaft: B, C, D, G, Ğ, J, L, M, N, R, V, Y, Z
stimmlos: Ç, F, H, K, P, S, Ş, T

Anhang
Wiedergabe der CD-Übungen und Lösungen der schriftlichen Übungen

2.
Hörtexte:
a. İyi günler, benim adım Gülşen.
b. Günaydın Kemal.
c. Benim adım Ercan, soyadım Demir.
d. İyi akşamlar Özkan.
e. Merhaba Safter. Nasılsın?
f. Selam Ayça.
Lösung:
a. – Gülşen, b. – Kemal, c. – Ercan, d. – Özkan,
e. – Safter, f. – Ayça

3.
1. ● İyi geceler.   3. ● Günaydın, Yusuf.
   ■ Sana da.   ■ Günaydın.
2. ● Merhaba Suzan.   4. ● İyi akşamlar, Leyla.
   ■ İyi günler Mehmet.   ■ İyi akşamlar, Deniz.

Lösung:
Wann?	Dialognummer	Gruß
morgens	3	günaydın
tagsüber	2	merhaba, iyi günler
abends	4	iyi akşamlar
nachts	1	iyi geceler

Ders 2: Nasılsınız?
Konuşma 1
Sözlü Alıştırma a.
1.
■ Nasılsın?
▶ Sağ ol, iyiyim. Sen nasılsın?
■ Ben biraz yorgunum.
2.
■ Nasılsın?
▶ Sağ ol, biraz yorgunum. Sen nasılsın?
■ Sağ ol, ben iyiceyim.
3.
■ Nasılsın?
▶ Sağ ol, iyiceyim. Sen nasılsın?
■ Ben fena değilim.
4.
■ Nasılsın?
▶ Sağ ol, fena değilim. Sen nasılsın?
■ Sağ ol, ben iyiyim.

Sözlü Alıştırma b.
1.
■ Buyurun, arzunuz?
▶ Bir çay ve bir kahve, lütfen.
■ Memnuniyetle.
2.
■ Buyurun, arzunuz?
▶ Bir şişe su ve iki bardak, lütfen.
■ Memnuniyetle.
3.
■ Buyurun, arzunuz?
▶ İki limonata ve bir ayran, lütfen.
■ Memnuniyetle.
4.
■ Buyurun, arzunuz?
▶ İki çay, lütfen.
■ Memnuniyetle.

Konuşma 2
Sözlü Alıştırma a.
1.   4.
■ Bu kim?   ■ Bu kim?
▶ Ağabeyim.   ▶ Annem.
2.   5.
■ Bu kim?   ■ Bu kim?
▶ Babam.   ▶ Erkek kardeşim.
3.   6.
■ Bu kim?   ■ Bu kim?
▶ Ablam.   ▶ Kız kardeşim.

Sözlü Alıştırma b.
1.
■ Şu kim? Ablan mı?
▶ Hayır, o ablam değil, annem.
2.
■ Şu kim? Ağabeyin mi?
▶ Hayır, o ağabeyim değil, erkek kardeşim.
3.
■ Şu kim? Kız kardeşin mi?
▶ Hayır, o kız kardeşim değil, ablam.
4.
■ Şu kim? Eşin mi?
▶ Hayır, o eşim değil, arkadaşım.

Anhang
Wiedergabe der CD-Übungen und Lösungen der schriftlichen Übungen

Konuşma 3
Sözlü Alıştırma a.
1.
- Günaydın, Ahmet Bey.
- Günaydın, Suzan Hanım. Nasılsınız?
- Teşekkür ederim, iyiceyim. Ya siz?
- Sağ olun, ben iyiyim.

2.
- İyi akşamlar, Nergis Hanım.
- İyi akşamlar, Yusuf Bey. Nasılsınız?
- Teşekkür ederim, fena değilim. Ya siz?
- Sağ olun, ben yorgunum.

3.
- İyi günler, Deniz Bey.
- İyi günler, Yasemin Hanım. Nasılsınız?
- Teşekkür ederim, iyiyim. Ya siz?
- Sağ olun, ben iyiceyim.

4.
- Merhaba, Ayşe Hanım.
- Merhaba, Ali Bey. Nasılsınız?
- Teşekkür ederim, iyiceyim. Ya siz?
- Ben hastayım.

Sözlü Alıştırma b.
1.
- Eşiniz nasıl?
- Eşim de iyi.

2.
- Babanız nasıl?
- Babam da yorgun.

3.
- Anneniz nasıl?
- Annem de çok iyi.

4.
- Kızınız nasıl?
- Kızım da fena değil.

5.
- Arkadaşınız nasıl?
- Arkadaşım da iyice.

6.
- Ablanız nasıl?
- Ablam da hasta.

Alıştırmalar

Yazılı Alıştırmalar
1.

Ben	iyiyim.	Biz	yorgunuz.
Sen	nasılsın?	Siz	kimsiniz?
O	kim?	Onlar	üzgün(ler).

2.
a.
von oben nach unten: 5, 2, 3, 1, 4

b.
- Merhaba Timur, nasılsın?
- Sağ ol, iyiyim. Ya sen?
- Ben biraz hastayım.
- Geçmiş olsun.
- Sağ ol.

3.
a.
- İyi akşam_lar_, Leyla Hanım.
- Merhaba, Yusuf Bey. Nasıl_sınız_?
- Sağ ol_un_, iyi_yim_. Ya siz?
- Fena değil_im_. Burcu Hanım nasıl?
- Burcu d_a_ iyi.
...
- Hoşça kal_ın_.
- Güle güle.

b.
- Affedersiniz, siz kim_siniz_?
- Be_nim_ a_dım_ Nergis.
- Memnun ol_dum_, ben Cengiz.
- Ben d_e_ memnun oldum.
- Nasıl_sınız_?
- Sağ ol_un_, iyi_yim_. Siz nasıl_sınız_?
- Teşekkür eder_im_, ben d_e_ iyi_yim_.

4.
Bu benim aile_m_. Bunlar baba_m_ ve anne_m_. Bu ağabey_im_, bu da kız kardeş_im_. Bu bey benim eş_im_, bunlar da benim çocuklar_ım_.

5.
a. – 5., b. – 6., c. – 4., d. – 3., e. – 1., f. – 2.

6.
a. bis d.: da, e. bis h.: de

CD Alıştırmaları
2.
Hörtext: Cem ■, Canan ▶, Ceren ●
- Merhaba Canan.
- Selam Cem. Nasılsın?
- Biraz yorgunum. Ya sen?
- Sağ ol, ben iyiyim. Tanıştırayım, Ceren.
- Memnun oldum, Ceren.
- Ben de memnun oldum, Cem.
- Sen nasılsın?

Anhang
Wiedergabe der CD-Übungen und Lösungen der schriftlichen Übungen

- Biraz hastayım.
- Geçmiş olsun.
- Sağ ol.

...

- Hoşça kalın.
- Güle güle.
- Güle güle.

Lösung:
Kim? Nasıl?
Cem Biraz yorgun.
Canan İyi.
Ceren Biraz hasta.

4.
a. 91, b. 82, c. 37, d. 64, e. 54, f. 43, g. 23, h. 12

5.
a.
1. Heike yorgun.
   – biz
   ▶ Biz yorgunuz.
2. Yasemin hasta.
   – ben
   ▶ Ben hastayım.
3. İlyas ve Ayşe iyice.
   – siz
   ▶ Siz iyicesiniz.
4. Yusuf nasıl?
   – sen
   ▶ Sen nasılsın?
5. Cengiz ve Leyla nasıl?
   – siz
   ▶ Siz nasılsınız?

b.
1. Bu kim?
   – abla
   ▶ Ablam.
2. Bu kim?
   – kız kardeş
   ▶ Kız kardeşim.
3. Bu kim?
   – teyze
   ▶ Teyzem.
4. Bu kim?
   – dayı
   ▶ Dayım.
5. Bu kim?
   – abi
   ▶ Abim.

c.
kırk, kırk bir, kırk iki, kırk üç, kırk dört, kırk beş, kırk altı, kırk yedi, kırk sekiz, kırk dokuz, elli

Ders 3: Nerelisin?
Konuşma 1
Sözlü Alıştırma a.

1.
- Siz nerelisiniz?
▶ Ben Türküm.

2.
- Siz nerelisiniz?
▶ Ben İsviçreliyim.

3.
- Sen nerelisin?
▶ Ben Çekim.

4.
- Sen nerelisin?
▶ Ben Almanım.

5.
- Siz nerelisiniz?
▶ Ben Avusturyalıyım.

6.
- Siz nerelisiniz?
▶ Ben İtalyanım.

7.
- Sen nerelisin?
▶ Ben Rusum.

8.
- Sen nerelisin?
▶ Ben Japonum.

Sözlü Alıştırma b.

1.
▶ Siz İsviçreli misiniz?
- Hayır, ben İsviçreli değilim, Almanım.

2.
▶ Siz Alman mısınız?
- Hayır, ben Alman değilim, Polonyalıyım.

3.
▶ Sen Avusturyalı mısın?
- Hayır, ben Avusturyalı değilim, İsviçreliyim.

4.
▶ Sen İspanyol musun?
- Evet, ben İspanyolum.

5.
▶ Siz Perulu musunuz?
- Evet, ben Peruluyum.

6.
▶ Siz Çek misiniz?
- Evet, ben Çekim.

7.
▶ Sen İngiliz misin?
- Hayır, ben İngiliz değilim, İtalyanım.

8.
▶ Sen Türk müsün?
- Evet, ben Türküm.

Anhang
Wiedergabe der CD-Übungen und Lösungen der schriftlichen Übungen

Konuşma 2
Sözlü Alıştırma a.
1.
- Siz nerelisiniz?
- Ben İstanbulluyum. Siz nerelisiniz?
- Ben Münihliyim.

2.
- Siz nerelisiniz?
- Ben Kölnlüyüm. Siz nerelisiniz?
- Ben Stuttgartlıyım.

3.
- Sen nerelisin?
- Ben Stuttgartlıyım. Sen nerelisin?
- Ben Berlinliyim.

4.
- Sen nerelisin?
- Ben Münihliyim. Sen nerelisin?
- Ben Hamburgluyum.

Sözlü Alıştırma b.
1.
- Anneniz nereli?
- Annem Düsseldorflu.

2.
- Eşiniz nereli?
- Eşim Münihli.

3.
- Kant nereli?
- Kant Königsbergli.

4.
- Frauke nereli?
- Frauke Kölnlü.

5.
- Arkadaşın nereli?
- Arkadaşım Ürgüplü.

6.
- Baban nereli?
- Babam Weimarlı.

7.
- Yasemin nereli?
- Yasemin Diyarbakırlı.

8.
- Mozart nereli?
- Mozart Salzburglu.

Konuşma 3
Sözlü Alıştırma a.
1.
- Siz nerede oturuyorsunuz?
- Ben Kınalıada'da oturuyorum. Ya siz?
- Biz Kabataş'ta oturuyoruz.

2.
- Siz nerede oturuyorsunuz?
- Ben İstanbul'da oturuyorum. Ya siz?
- Ben de İstanbul'da oturuyorum.

3.
- Sen nerede oturuyorsun?
- Ben Berlin'de oturuyorum. Ya sen?
- Ben Paris'te oturuyorum.

4.
- Sen nerede oturuyorsun?
- Ben Köln'de oturuyorum. Ya sen?
- Ben Ürgüp'te oturuyorum.

5.
- Siz nerede oturuyorsunuz?
- Ben Kabataş'ta oturuyorum. Ya siz?
- Ben Taksim'de oturuyorum.

6.
- Siz nerede oturuyorsunuz?
- Ben Düsseldorf'ta oturuyorum. Ya siz?
- Ben Hamburg'ta oturuyorum.

7.
- Sen nerede oturuyorsun?
- Ben Paris'te oturuyorum. Ya sen?
- Ben Roma'da oturuyorum.

8.
- Sen nerede oturuyorsun?
- Ben Ürgüp'te oturuyorum. Ya sen?
- Ben Muş'ta oturuyorum.

Sözlü Alıştırma b.
1.
- Sizin telefon numaranız kaç?
- 216 - 381 40 67.
- Bir kez daha lütfen.
- İki yüz on altı, üç yüz seksen bir, kırk, altmış yedi.

2.
- Sizin telefon numaranız kaç?
- 030 - 249 50 74.
- Bir kez daha lütfen.
- Sıfır otuz, iki yüz kırk dokuz, elli, yetmiş dört.

3.
- Senin telefon numaran kaç?
- 211 45 58.
- Bir kez daha lütfen.
- İki yüz on bir, kırk beş, elli sekiz.

4.
- Senin telefon numaran kaç?
- 0539 - 657 14 20.
- Bir kez daha lütfen.
- Sıfır beş yüz otuz dokuz, altı yüz elli yedi, on dört, yirmi.

Anhang
Wiedergabe der CD-Übungen und Lösungen der schriftlichen Übungen

Alıştırmalar

Yazılı Alıştırmalar

1.
a. Alman
b. Türk
c. Fransız
d. İngiliz
e. İspanyol
f. İtalyan
g. Japon
h. Macar
i. Yunan
j. Avusturyalı
k. Çinli
l. İsveçli
m. İsviçreli
n. Polonyalı

2.
a. mı, b. mı, c. mu, d. mu, e. mi, f. mi, g. mü, h. mü

3.
a. Antalyalı, b. Bernli, c. Kölnlü, d. Brühllü,
e. Diyarbakırlı, f. Parisli, g. Oslolu, h. Hamburglu

4.
a. Ankara'da, b. Frankfurt'ta, c. Berlin'de, d. Münih'te,
e. Roma'da, f. Paris'te

5.
a. – 4., b. – 1., c. – 9., d. – 8., e. – 2., f. – 7., g. – 5., h. – 6.,
i. – 3.

CD Alıştırmaları

3.
a. 121: yüz yirmi bir
b. 432: dört yüz otuz iki
c. 643: altı yüz kırk üç
d. 756: yedi yüz elli altı
e. 1984: bin dokuz yüz seksen dört
f. 2150: iki bin yüz elli

4.
Hörtext: İlyas ■, Bianca ●
■ İyi akşamlar. Adım İlyas.
● Memnun oldum. Benim adım Bianca.
■ Ben de memnun oldum. Nerelisiniz?
● Dublinliyim. Ya siz?
■ Ben İzmirliyim, ama şimdi İstanbul'da oturuyorum.
● İstanbul'da nerede oturuyorsunuz?
■ Üsküdar'da oturuyorum. Siz nerede oturuyorsunuz?
● Ben Cihangir'de oturuyorum.
■ İstanbul'da ne yapıyorsunuz?
● Ben öğretmenim. Bir lisede çalışıyorum.
■ Ha, enteresan.

Lösung:
a. – 3., b. – 2., c. – 2., d. – 1.

5.
a.
1. ■ Amerikalı mısınız?
   ▶ Evet, Amerikalıyım.
2. ■ İngiliz misiniz?
   ▶ Evet, İngilizim.
3. ■ Rus musun?
   ▶ Evet, Rusum.
4. ■ Türk müsün?
   ▶ Evet, Türküm.
5. ■ İsviçreli misiniz?
   ▶ Evet, İsviçreliyim.

b.
1. (190) yüz doksan
2. (291) iki yüz doksan bir
3. (392) üç yüz doksan iki
4. (493) dört yüz doksan üç
5. (594) beş yüz doksan dört
6. (695) altı yüz doksan beş
7. (796) yedi yüz doksan altı
8. (897) sekiz yüz doksan yedi
9. (998) dokuz yüz doksan sekiz
10. (1009) bin dokuz

c.
1. ■ Jürgen – Stuttgart
   ▶ Jürgen Stuttgartlı mı?
2. ■ Yasemin – Münih
   ▶ Yasemin Münihli mi?
3. ■ Timur – Bonn
   ▶ Timur Bonnlu mu?
4. ■ sen – Kabataş
   ▶ Sen Kabataşlı mısın?
5. ■ siz – Kadıköy
   ▶ Siz Kadıköylü müsünüz?

Anhang
Wiedergabe der CD-Übungen und Lösungen der schriftlichen Übungen

Ders 4: Ne iş yapıyorsun?
Konuşma 1
Sözlü Alıştırma a.
1.
- Sizin mesleğiniz ne?
- Gözlükçüyüm.
- Nerede çalışıyorsunuz?
- Bir gözlükçüde çalışıyorum.
- Haftada kaç saat çalışıyorsunuz?
- Haftada kırk beş saat çalışıyorum.

2.
- Sizin mesleğiniz ne?
- Öğretmenim.
- Nerede çalışıyorsunuz?
- Bir okulda çalışıyorum.
- Haftada kaç saat çalışıyorsunuz?
- Haftada yirmi sekiz saat çalışıyorum.

3.
- Sizin mesleğiniz ne?
- Sekreterim.
- Nerede çalışıyorsunuz?
- Bir firmada çalışıyorum.
- Haftada kaç saat çalışıyorsunuz?
- Haftada otuz saat çalışıyorum.

4.
- Sizin mesleğiniz ne?
- Gazeteciyim.
- Nerede çalışıyorsunuz?
- Bir gazetede çalışıyorum.
- Haftada kaç saat çalışıyorsunuz?
- Haftada elli saat çalışıyorum.

5.
- Sizin mesleğiniz ne?
- Dönerciyim.
- Nerede çalışıyorsunuz?
- Bir dönercide çalışıyorum.
- Haftada kaç saat çalışıyorsunuz?
- Haftada elli beş saat çalışıyorum.

6.
- Sizin mesleğiniz ne?
- Doktorum.
- Nerede çalışıyorsunuz?
- Bir hastanede çalışıyorum.
- Haftada kaç saat çalışıyorsunuz?
- Haftada otuz beş saat çalışıyorum.

Sözlü Alıştırma b.
1.
- İşiniz nasıl?
- İşim iyi, ama yorucu.
- İşinizden memnun musunuz?
- Evet, işimden memnunum.

2.
- İşiniz nasıl?
- İşim ilginç, ama zor.
- İşinizden memnun musunuz?
- Evet, işimden memnunum.

3.
- İşiniz nasıl?
- İşim kolay, ama sıkıcı.
- İşinizden memnun musunuz?
- Hayır, işimden memnum değilim.

4.
- İşiniz nasıl?
- İşim enteresan, ama yorucu.
- İşinizden memnun musunuz?
- Hayır, işimden memnum değilim.

Konuşma 2
Sözlü Alıştırma a.
1.
- Kaç yaşındasınız?
- Otuz sekiz yaşındayım.

2.
- Kaç yaşındasınız?
- Yirmi üç yaşındayım.

3.
- Kaç yaşındasınız?
- Otuz dört yaşındayım.

4.
- Kaç yaşındasınız?
- Kırk beş yaşındayım.

Sözlü Alıştırma b.
1.
- Evli misiniz?
- Evet, evliyim.
- Çocuğunuz var mı?
- Evet, bir oğlum var.

Anhang
Wiedergabe der CD-Übungen und Lösungen der schriftlichen Übungen

2.
- Evli misiniz?
- Hayır, bekârım.
- Çocuğunuz var mı?
- Hayır, çocuğum yok.

3.
- Evli misiniz?
- Hayır, dulum.
- Çocuğunuz var mı?
- Evet, iki kızım var.

4.
- Evli misiniz?
- Evet, evliyim.
- Çocuğunuz var mı?
- Evet, bir kızım ve bir oğlum var.

5.
- Evli misiniz?
- Hayır, bekârım.
- Çocuğunuz var mı?
- Evet, bir oğlum ve iki kızım var.

6.
- Evli misiniz?
- Evet, evliyim.
- Çocuğunuz var mı?
- Hayır, çocuğum yok.

Konuşma 3
Sözlü Alıştırma a.
1.
- Ne iş yapıyorsun?
- Reklamcılık yapıyorum.

2.
- Ne iş yapıyorsun?
- Sekreterlik yapıyorum.

3.
- Ne iş yapıyorsun?
- Gazetecilik yapıyorum.

4.
- Ne iş yapıyorsun?
- Doktor olarak çalışıyorum.

5.
- Ne iş yapıyorsun?
- Hemşire olarak çalışıyorum.

6.
- Ne iş yapıyorsun?
- Fotoğrafçı olarak çalışıyorum.

Sözlü Alıştırma b.
1.
- Nereden böyle?
- İşten geliyorum.

2.
- Nereden böyle?
- Evden geliyorum.

3.
- Nereden böyle?
- Bürodan geliyorum.

4.
- Nereden böyle?
- Kurstan geliyorum.

Sözlü Alıştırma c.
1.
- Bu akşam ne yapıyorsun?
- Sinemaya gidiyorum.

2.
- Bu akşam ne yapıyorsun?
- Maça gidiyorum.

3.
- Bu akşam ne yapıyorsun?
- Konsere gidiyorum.

4.
- Bu akşam ne yapıyorsun?
- Diskoteğe gidiyorum.

Alıştırmalar

Yazılı Alıştırmalar

1.
b. – 9., c. – 8., d. – 7., e. – 6., f. – 2., g. – 4., h. – 1., i. – 5.

2.
b. diskotekte, c. hastanede, d. gözlükçüde, e. postanede, f. okulda, g. üniversitede, h. gazetede

3.
a. nerede, ne; b. kimden, nerede; c. kim; d. nereye; e. nasıl, kaç; f. nasıl

4.
a. yapıyor, çalışıyor; b. yapıyorsunuz, şoförlük yapıyorum; c. mı, dönercilik; d. oturuyor, oturuyor; e. yiyorsun, yiyorum; f. içiyorsunuz, içiyorum

5.
a. Senin adın ne?
b. Senin mesleğin ne?
c. Sen ne iş yapıyorsun?
d. Ben dönercilik yapıyorum.
e. Ben gazeteci olarak çalışıyorum.
f. Sen evli misin?

Anhang
Wiedergabe der CD-Übungen und Lösungen der schriftlichen Übungen

g. Hayır, ben evli değilim.
h. Senin çocuğun var mı?
i. Evet, benim çocuğum var.
j. Ben lokantada çay içiyorum.

CD Alıştırmaları

1.
a.
posta: postacı, balık: balıkçı, pansiyon: pansiyoncu,
yoğurt: yoğurtçu, döner: dönerci, diş: dişçi,
çöp: çöpçü, gözlük: gözlükçü
b.
tezgâhtar: tezgâhtarlık, fotoğrafçı: fotoğrafçılık,
doktor: doktorluk, yoğurtçu: yoğurtçuluk,
sekreter: sekreterlik, dişçi: dişçilik, şoför: şoförlük,
gözlükçü: gözlükçülük
c.
kurs: kursa, fotoğrafçı: fotoğrafçıya, büro: büroya,
iş: işe
Yusuf: Yusuf'a, Heike: Heike'ye, Aslı: Aslı'ya,
Kerem: Kerem'e
d.
ev: evden, iş: işten, okul: okuldan, avukat: avukattan
Yusuf: Yusuf'tan, Deniz: Deniz'den, Aslı: Aslı'dan,
Can: Can'dan

2.
a. hâlâ – hala, b. kar – kâr, c. bekâr – dekar,
d. adet – âdet

4.
Hörtext: Interviewer ●, Şebnem ■

● Şebnem Hanım, sizin mesleğiniz ne?
■ Bankacıyım.
● Nerede çalışıyorsunuz?
■ Bir bankada çalışıyorum.
● Haftada kaç saat çalışıyorsunuz?
■ Haftada kırk saat çalışıyorum.
● Hafta sonunda da çalışıyor musunuz?
■ Hayır, hafta sonunda çalışmıyorum.
● İşinizden memnun musunuz?
■ Evet, işimden memnunum, çünkü bankacılık çok enteresan.
● Şimdi de size kişisel bir kaç soru sormak istiyorum.
■ Buyurun.
● Kaç yaşındasınız?
■ Yirmi dokuz yaşındayım.
● Evli misiniz?
■ Hayır, bekârım.
● Şebnem Hanım, anket için size teşekkür ederim.
■ Bir şey değil.
● Hoşça kalın.
■ Hoşça kalın.

Lösung:
a. und c. sind richtig; b., d., e. und f. sind falsch.
Korrektur:
b. Haftada kırk saat çalışıyor.
d. İşinden memnun.
e. Bankacılık çok enteresan.
f. Şebnem bekâr.

5.
a.
1. ■ Şefinizden memnun musunuz?
   ▶ Evet, şefimden memnunum.
2. ■ Öğretmeninden memnun musun?
   ▶ Evet, öğretmenimden memnunum.
3. ■ Profesöründen memnun musun?
   ▶ Evet, profesörümden memnunum.
4. ■ Avukatınızdan memnun musunuz?
   ▶ Evet, avukatımdan memnunum.
5. ■ Kursunuzdan memnun musunuz?
   ▶ Evet, kursumdan memnunum.

b.
1. ■ Ben Berlin'de oturuyorum.
   ▶ Ben de Berlin'de oturuyorum.
2. ■ İşten geliyorum.
   ▶ Ben de işten geliyorum.
3. ■ Ben çay içiyorum.
   ▶ Ben de çay içiyorum.
4. ■ Ben otobüs bekliyorum.
   ▶ Ben de otobüs bekliyorum.
5. ■ Bu akşam sinemaya gidiyorum.
   ▶ Ben de bu akşam sinemaya gidiyorum.

c.
1. ■ Ben Münih'te oturuyorum.
   ▶ Ben Münih'te oturmuyorum.
2. ■ Kurstan geliyorum.
   ▶ Ben kurstan gelmiyorum.
3. ■ Ben kahve içiyorum.
   ▶ Ben kahve içmiyorum.
4. ■ Ben tramvay bekliyorum.
   ▶ Ben tramvay beklemiyorum.
5. ■ Bu akşam konsere gidiyorum.
   ▶ Ben bu akşam konsere gitmiyorum.

Ders 5: Hadi sen de gel!
Konuşma 1
Sözlü Alıştırma a.
1.
- ■ Kimi bekliyorsunuz?
- ▶ Seni bekliyoruz.

2.
- ■ Kimi bekliyorsun?
- ▶ Sizi bekliyorum.

3.
- ■ Kimi bekliyorsunuz?
- ▶ Onu bekliyoruz.

4.
- ■ Kimi bekliyorsun?
- ▶ Onları bekliyorum.

5.
- ■ Kimi bekliyorsunuz?
- ▶ Ferhat'ı bekliyoruz.

6.
- ■ Kimi bekliyorsun?
- ▶ Björn'ü bekliyorum.

7.
- ■ Kimi bekliyorsunuz?
- ▶ Zeynep'i (*zeynebi*) bekliyoruz.

8.
- ■ Kimi bekliyorsun?
- ▶ Arzu'yu bekliyorum.

Sözlü Alıştırma b.
1.
- ■ Saat kaç?
- ▶ Saat onu yirmi geçiyor.

2.
- ■ Saat kaç?
- ▶ Saat on biri yirmi beş geçiyor.

3.
- ■ Saat kaç?
- ▶ Saat yarım.

4.
- ■ Saat kaç?
- ▶ Saat ikiye çeyrek var.

5.
- ■ Saat kaç?
- ▶ Saat üçe on var.

6.
- ■ Saat kaç?
- ▶ Saat üç.

7.
- ■ Saat kaç?
- ▶ Saat dördü çeyrek geçiyor.

8.
- ■ Saat kaç?
- ▶ Saat beş buçuk.

Konuşma 2
Sözlü Alıştırma a.
1.
- ■ Buyurun?
- ▶ Ispanaklı börek var mı?
- ■ Evet, var.
- ▶ Bir porsiyon ıspanaklı börek lütfen.

2.
- ■ Buyurun?
- ▶ Limonlu çay var mı?
- ■ Evet, var.
- ▶ Bir bardak limonlu çay lütfen.

3.
- ■ Buyurun?
- ▶ Tavuk göğsü var mı?
- ■ Evet, var.
- ▶ Bir porsiyon tavuk göğsü lütfen.

4.
- ■ Buyurun?
- ▶ Fıstıklı dondurma var mı?
- ■ Evet, var.
- ▶ İki fıstıklı dondurma lütfen.

5.
- ■ Buyurun?
- ▶ Ayran var mı?
- ■ Evet, var.
- ▶ Bir ayran lütfen.

6.
- ■ Buyurun?
- ▶ Türk kahvesi var mı?
- ■ Evet, var.
- ▶ Orta şekerli bir Türk kahvesi lütfen.

Anhang
Wiedergabe der CD-Übungen und Lösungen der schriftlichen Übungen

Sözlü Alıştırma b.
1.
- Başka bir şey istiyor musunuz?
- Bu ne?
- Tavuk göğsü.
- Lezzetli mi?
- Tabii, lezzetli.
- O zaman bana bir de tavuk göğsü verin lütfen.

2.
- Başka bir şey istiyor musunuz?
- Şu ne?
- Börek.
- Peynirli mi?
- Tabii, peynirli.
- O zaman bana bir de börek verin lütfen.

3.
- Başka bir şey istiyor musunuz?
- O ne?
- Limonata.
- Naneli mi?
- Tabii, naneli.
- O zaman bana bir de limonata verin lütfen.

4.
- Başka bir şey istiyor musunuz?
- Bu ne?
- Künefe.
- Taze mi?
- Evet, taze.
- O zaman bana bir de künefe verin lütfen.

5.
- Başka bir şey istiyor musunuz?
- Şu ne?
- Ayran.
- Soğuk mu?
- Evet, soğuk.
- O zaman bana bir de ayran verin lütfen.

6.
- Başka bir şey istiyor musunuz?
- O ne?
- Baklava.
- Fıstıklı mı?
- Evet, fıstıklı.
- O zaman bana bir de baklava verin lütfen.

Konuşma 3
Sözlü Alıştırma a.

1.
- Neredesiniz?
- Muhallebicideyiz.
- Ne yapıyorsunuz?
- Çay içiyoruz.

2.
- Neredesin?
- Evdeyim.
- Ne yapıyorsun?
- Televizyon izliyorum.

3.
- Neredesiniz?
- Kahvedeyiz.
- Ne yapıyorsunuz?
- Tavla oynuyoruz.

4.
- Neredesiniz?
- Kantindeyiz.
- Ne yapıyorsunuz?
- Tost yiyoruz.

5.
- Neredesin?
- Kafeteryadayım.
- Ne yapıyorsun?
- Gazete okuyorum.

6.
- Neredesin?
- Lokantadayım.
- Ne yapıyorsun?
- Yemek yiyorum.

Sözlü Alıştırma b.

1.
- Bu akşam ne yapıyorsun?
- Bu akşam konsere gidiyorum.
- Konser saat kaçta başlıyor?
- Sekiz buçukta başlıyor.
- Saat kaçta bitiyor?
- Ona çeyrek kala bitiyor.

2.
- Yarın sabah ne yapıyorsun?
- Yarın sabah üniversiteye gidiyorum.
- Ders saat kaçta başlıyor?
- Sekizi çeyrek geçe başlıyor.
- Saat kaçta bitiyor?
- Onda bitiyor.

3.
- Yarın akşam ne yapıyorsun?
- Yarın akşam sinemaya gidiyorum.
- Film saat kaçta başlıyor?
- Altı buçukta başlıyor.
- Saat kaçta bitiyor?
- Dokuza beş kala bitiyor.

4.
- Bugün öğleden sonra ne yapıyorsun?
- Bugün öğleden sonra kursa gidiyorum.
- Kurs saat kaçta başlıyor?
- Üçü çeyrek geçe başlıyor.
- Saat kaçta bitiyor?
- Altı buçukta bitiyor.

Anhang
Wiedergabe der CD-Übungen und Lösungen der schriftlichen Übungen

Alıştırmalar

Yazılı Alıştırmalar

1.
b. – 9., c. – 1., d. – 8., e. – 7., f. – 2., g. – 4., h. – 5., i. – 6.

2.
b. içiyorsun
c. yazıyor
d. gidiyoruz
e. okuyor musunuz
f. oynuyor
g. öğreniyor
h. dinliyor

3.
b. kaçta
c. nasıl
d. kimi
e. neredesin
f. kaç

4.
b. Heike nerede?
c. Kimi bekliyorsun?
d. Nereye gidiyorsunuz?
e. Nereden geliyorsun?
f. Kurs saat kaçta bitiyor?

5.
a.
● Affedersiniz, saat kaç?
■ Dördü çeyrek ge<u>çi</u>yor.
● Teşek<u>kür</u> e<u>de</u>rim.
■ Bir şey de<u>ği</u>l.

b.
● Affedersin, saat kaç?
■ Dörde çeyrek <u>var</u>.
● Sağ o<u>l</u>.
■ Bir şey de<u>ği</u>l.

c.
● Affedersiniz, saat<u>iniz</u> kaç?
■ Altı<u>yı</u> beş geçiyor.
● Sağ o<u>lun</u>.
■ Bi<u>r</u> şey de<u>ği</u>l.

d.
● Affeder<u>sin</u>, saatin kaç?
■ On<u>a</u> on var.
● Sa<u>ğ</u> o<u>l</u>.
■ Bi<u>r</u> şey de<u>ği</u>l.

6.
b. – 6., c. – 5., d. – 1., e. – 2., f. – 4.

7.
2. (Yelda / O) Duş yapıyor, giyiniyor, kahvaltı ediyor, işe gidiyor.
3. (Yelda / O) İşe başlıyor.
4. Telefon ediyor, mektupları okuyor ve mektuplara cevap yazıyor.
5. Alışverişe gidiyor.
6. Yatıyor.

CD Alıştırmaları

3.
Hörtext: Necdet ●, Banu ■
● Efendim.
■ Merhaba Necdet, ben Banu.
● Merhaba, Banu.
■ Necdet, bu akşam çalışıyor musun?
● Hayır, çalışmıyorum.
■ Ben bu akşam Çiğdem'le konsere gidiyorum. Sen de gel!
● Çiğdem kim?
■ Arkadaşım.
● Maalesef, ben bu akşam sinemaya gidiyorum.
■ Konser saat dokuzda başlıyor. Film saat kaçta?
● Film saat sekiz buçukta başlıyor ve onda bitiyor.
■ O zaman hoşça kal.
● Hoşça kal, Banu.
Lösung:
e. ist richtig a., b., c., d., und f. sind falsch.
Korrektur:
b. _y_ Banu bu akşam (Çiğdem'le) konsere gidiyor.
c. _y_ Necdet, Çiğdem'i tanımıyor.
d. _y_ Necdet sinemaya gidiyor.
e. _d_
f. _y_ Film (saat) onda bitiyor.

4.
a.
1. ■ Saat on otuz.
   ▶ Saat on buçuk.
2. ■ Saat on bir kırk beş.
   ▶ Saat on ikiye çeyrek var.
3. ■ Saat on iki otuz.
   ▶ Saat yarım.
4. ■ Saat on dört yirmi.
   ▶ Saat ikiyi yirmi geçiyor.
5. ■ Saat on beş elli.
   ▶ Saat dörde on var.

Anhang
Wiedergabe der CD-Übungen und Lösungen der schriftlichen Übungen

b.
1. ■ Ben bu akşam sinemaya gidiyorum.
   – yarın akşam
   ▶ Ben yarın akşam sinemaya gidiyorum.
2. ■ Ben sabahları salata yiyorum.
   – akşamları
   ▶ Ben akşamları salata yiyorum.
3. ■ Ben yarın öğleden önce çalışıyorum.
   – öğleden sonra
   ▶ Ben yarın öğleden sonra çalışıyorum.
4. ■ Ben bugün alışverişe gidiyorum.
   – yarın
   ▶ Ben yarın alışverişe gidiyorum.
5. ■ Ben akşamları televizyon izliyorum.
   – hafta sonları
   ▶ Ben hafta sonları televizyon izliyorum.

c.
1. ■ e-mail yazmak
   ▶ Lütfen e-mail yazın.
2. ■ bana telefon etmek
   ▶ Lütfen bana telefon edin.
3. ■ bana bir kahve vermek
   ▶ Lütfen bana bir kahve verin.
4. ■ müzik dinlememek
   ▶ Lütfen müzik dinlemeyin.
5. ■ sigara içmemek
   ▶ Lütfen sigara içmeyin.

Ders 6: Buralarda seyahat acentesi var mı?

Konuşma 1
Sözlü Alıştırma a.

1.
■ Bayramda ne yapmak istiyorsun?
▶ Bozcaada'ya gitmek istiyorum.
■ Orada ne yapmak istiyorsun?
▶ Dinlenmek ve yüzmek istiyorum.

2.
■ Şeker Bayramında ne yapmak istiyorsun?
▶ Berlin'e gitmek istiyorum.
■ Orada ne yapmak istiyorsun?
▶ Bergama Müzesi'ni gezmek istiyorum.

3.
■ Tatilde ne yapmak istiyorsun?
▶ Alaçatı'ya gitmek istiyorum.
■ Orada ne yapmak istiyorsun?
▶ Sörf yapmak istiyorum.

4.
■ Yaz tatilinde ne yapmak istiyorsun?
▶ İstanbul'a gitmek istiyorum.
■ Orada ne yapmak istiyorsun?
▶ Türkçe kursuna katılmak istiyorum.

5.
■ Kurban Bayramında ne yapmak istiyorsun?
▶ Patara'ya gitmek istiyorum.
■ Orada ne yapmak istiyorsun?
▶ Yürüyüş yapmak istiyorum.

6.
■ Yılbaşında ne yapmak istiyorsun?
▶ Bursa'ya gitmek istiyorum.
■ Orada ne yapmak istiyorsun?
▶ Uludağ'da kayak yapmak istiyorum.

Sözlü Alıştırma b.

1.
■ Emel ne yapmak istiyor?
▶ Emel ablasıyla şehir turu yapmak istiyor.

2.
■ Necla ne yapmak istiyor?
▶ Necla eşiyle arkeoloji müzesine gitmek istiyor.

3.
■ Cengiz ne yapmak istiyor?
▶ Cengiz arkadaşıyla bisiklet turu yapmak istiyor.

4.
■ Petra ne yapmak istiyor?
▶ Petra Yusuf'la İlyada okumasına katılmak istiyor.

5.
■ Ayfer ne yapmak istiyor?
▶ Ayfer Jörn'le klasik müzik konserine gitmek istiyor.

6.
■ Heike ne yapmak istiyor?
▶ Heike Josef'le sörf yapmak istiyor.

Anhang
Wiedergabe der CD-Übungen und Lösungen der schriftlichen Übungen

Konuşma 2
Sözlü Alıştırma a.

1.
- Buyurun.
- Yalı Otel'in bahçesi var mı?
- Evet, var.
- Otelin yüzme havuzu var mı?
- Hayır, yok.

2.
- Buyurun.
- Sultan Pansiyon'un restoranı var mı?
- Evet, var.
- Pansiyonun barı var mı?
- Hayır, yok.

3.
- Buyurun.
- Motel Galata'nın plajı var mı?
- Evet, var.
- Motelin tenis sahası var mı?
- Hayır, yok.

4.
- Buyurun.
- Konukevinin saunası var mı?
- Evet, var.
- Konukevinin hamamı var mı?
- Hayır, yok.

Sözlü Alıştırma b.

1.
- Otel şehir merkezine yakın mı?
- Evet, yakın. Yürüyerek aşağı yukarı 15, otobüsle 8 dakika.

2.
- Otel şehir merkezine yakın mı?
- Hayır, uzak. Otobüsle aşağı yukarı 45, arabayla 25 dakika.

3.
- Otel şehir merkezine yakın mı?
- Hayır, biraz uzak. Bisikletle aşağı yukarı 30, taksiyle 15 dakika.

4.
- Otel şehir merkezine yakın mı?
- Evet, çok yakın. Yayan aşağı yukarı 8, metroyla 3 dakika.

Konuşma 3
Sözlü Alıştırma a.

1.
- Affedersiniz, bu yakınlarda seyahat acentesi var mı?
- Evet, var.
- Nerede?
- İleride, sağ tarafta.

2.
- Affedersiniz, bu yakınlarda eczane var mı?
- Evet, var.
- Nerede?
- İleride, sol tarafta.

3.
- Affedersiniz, bu yakınlarda banka var mı?
- Evet, var.
- Nerede?
- İleride, köşede.

4.
- Affedersiniz, bu yakınlarda gazeteci var mı?
- Evet, var.
- Nerede?
- İleride, solda.

Sözlü Alıştırma b.

1.
- Affedersiniz, buralarda seyahat acentesi var mı?
- Evet, var. Bakın, karşıda bir pasaj var. Görüyor musunuz?
- Evet, görüyorum.
- Seyahat acentesi pasajın içinde.

2.
- Affedersiniz, buralarda gözlükçü var mı?
- Evet, var. Bakın, karşıda bir banka var. Görüyor musunuz?
- Evet, görüyorum.
- Gözlükçü bankanın yanında.

3.
- Affedersiniz, buralarda otobüs durağı var mı?
- Evet, var. Bakın, köşede bir sinema var. Görüyor musunuz?
- Evet, görüyorum.
- Otobüs durağı sinemanın önünde.

Wiedergabe der CD-Übungen und Lösungen der schriftlichen Übungen

4.
- Affedersiniz, buralarda metro istasyonu var mı?
- Evet, var. Bakın, ileride bir cami var. Görüyor musunuz?
- Evet, görüyorum.
- Metro istasyonu caminin arkasında.

5.
- Affedersiniz, buralarda büfe var mı?
- Evet, var. Bakın, sol tarafta bir gözlükçü var. Görüyor musunuz?
- Evet, görüyorum.
- Büfe gözlükçünün altında.

6.
- Affedersiniz, buralarda pansiyon var mı?
- Evet, var. Bakın, sağ tarafta bir postane var. Görüyor musunuz?
- Evet, görüyorum.
- Pansiyon postanenin karşısında.

7.
- Affedersiniz, buralarda kuaför var mı?
- Evet, var. Bakın, ileride bir eczane var. Görüyor musunuz?
- Evet, görüyorum.
- Kuaför eczanenin üstünde.

8.
- Affedersiniz, buralarda gazeteci var mı?
- Evet, var. Bakın, karşıda bir pansiyon var. Görüyor musunuz?
- Evet, görüyorum.
- Gazeteci pansiyonun sağında.

Alıştırmalar

Yazılı Alıştırmalar

1.
b. Türkçe
c. İsveççe
d. Portekizce

2.
b. Frauke'nin Türkçesi çok güzel.
c. Oğuz'un İtalyancası oldukça iyi.
d. Jörg'ün Japoncası pek iyi değil.

3.
b. otobüs durağı
c. Kabataş İskelesi
d. arkeoloji müzesi
e. hafta sonu
f. yaz tatili
g. telefon kulübesi
h. Türkçe kitabı
i. zeytin ağacı
j. bisiklet turu
k. İngilizce kursu
l. uçak bileti

4.
a.
- Affedersiniz, asansör nere<u>de</u>?
- Bura<u>dan</u> doğru gidin, sonra so<u>la</u> sapın. Asansör ora<u>da</u>.

b.
- Bura<u>da</u>/Bura<u>larda</u> telefon kulübesi var mı?
- Evet, var. İleri<u>de</u>, sağ taraf<u>ta</u>.

c.
- Affedersiniz, tuvaletler nere<u>de</u>?
- Aşağı<u>da</u>, sol<u>da</u>.

d.
- Sekreterlik nere<u>de</u>, biliyor musunuz?
- Bilmiyorum. Yukarı<u>ya</u> çıkın, ora<u>da</u> tekrar sorun.

e.
- Affedersiniz, buralar<u>da</u> eczane var mı?
- Evet, var. Postane<u>yi</u> geçin. İleri<u>de</u>, sol taraf<u>ta</u> bir metro istasyonu var. Ora<u>ya</u> kadar doğru yürüyün. Eczane metro istasyonu<u>nun</u> yanı<u>nda</u>.

f.
- Affedersiniz, buralar<u>da</u> çiçekçi var mı?
- Evet, var. Pansiyo<u>nu</u> geçin. Sağ<u>da</u> bir banka var. Banka<u>ya</u> kadar doğru yürüyün. Çiçekçi banka<u>nın</u> arka<u>sında</u>.

5.
b. Münih Berlin'<u>in</u> güney<u>inde</u>.
c. Stuttgart Berlin'<u>in</u> güney batı<u>sında</u>.
d. Münih Hamburg'<u>un</u> güney doğu<u>sunda</u>.

6.
a. Eczane postane<u>nin</u> karşı<u>sında</u>.
b. Banka<u>nın</u> yanında bir çiçekçi var.
c. Avukat bürosu gözlükçü<u>nün</u> üst<u>ünde</u>.
d. Taksiler pansiyo<u>nun</u> ön<u>ünde</u> duruyor.
e. Ayşe Tarık'la Ali'<u>nin</u> ara<u>sında</u> oturuyor.
f. Kuaför pasajı<u>nın</u> için<u>de</u>.
g. Çiçekçi ayakkabıcı<u>nın</u> arka<u>sında</u>.
h. Kitapçı<u>nın</u> sol<u>unda</u> bir muhallebici var.

Anhang
Wiedergabe der CD-Übungen und Lösungen der schriftlichen Übungen

CD Alıştırmaları

2.
Hörtext: Defne ●, Tarık ■
● Merhaba Tarık.
■ Merhaba Defne. Nereye böyle?
● Goethe Enstitüsü'ne gidiyorum.
■ Goethe Enstitüsü'nde ne yapıyorsun?
● Almanca öğreniyorum. Ya sen nereden geliyorsun?
■ Seyahat acentesinden.
● Yine Bodrum'a mı?
■ Tabii.
● Sana iyi yolculuklar. Benim gitmem lazım. Hoşça kal.
■ Güle güle.
Lösung:
a. – 1., b. – 2.

3.
Hörtexte:
a.
Benim adım Jörg. Berlinliyim ve Berlin'de oturuyorum. Yılbaşında İstanbul'a gitmek, arkadaşlarımı ziyaret etmek istiyorum.
b.
Adım Nilüfer. Şimdi Antalya'da oturuyorum. Bayram tatilinde eşimle Berlin'e gitmek, Bergama Müzesini gezmek istiyorum.
c.
Ben Cengiz. Bir bankada çalışıyorum. İşim yorucu. Tatilde Alaçatı'ya gitmek, sörf yapmak ve biraz dinlenmek istiyorum.
Lösung:
a. – 3., b. – 1., c. – 2.

4.
a.
1. ■ Helga iyi İngilizce konuşuyor mu?
   ▶ Evet, Helga'nın İngilizcesi iyi.
2. ■ Frauke iyi Fransızca konuşuyor mu?
   ▶ Evet, Frauke'nin Fransızcası iyi.
3. ■ Yusuf iyi İtalyanca konuşuyor mu?
   ▶ Evet, Yusuf'un İtalyancası iyi.
4. ■ Siz iyi İspanyolca konuşuyor musunuz?
   ▶ Evet, benim İspanyolcam iyi.
5. ■ Sen iyi Türkçe konuşuyor musun?
   ▶ Evet, benim Türkçem iyi.

b.
1. ■ Türkçe kursuna neyle gidiyorsunuz?
   – bisiklet
   ▶ Türkçe kursuna bisikletle gidiyorum.
2. ■ Bardan eve neyle geliyorsunuz?
   – taksi
   ▶ Bardan eve taksiyle geliyorum.
3. ■ Türkiye'ye neyle gidiyorsunuz?
   – uçak
   ▶ Türkiye'ye uçakla gidiyorum.
4. ■ Alışverişe neyle gidiyorsunuz?
   – metro
   ▶ Alışverişe metroyla gidiyorum.
5. ■ Adalara neyle gidiyorsunuz?
   – vapur
   ▶ Adalara vapurla gidiyorum.

c.
1. ■ Türkçe öğrenmek istiyorum.
   – Türkçe kursu
   ▶ Türkçe kursuna git.
2. ■ Müzeye gitmek istiyorum.
   – Bergama Müzesi
   ▶ Bergama Müzesine git.
3. ■ Müzik dinlemek istiyorum.
   – Rock konseri
   ▶ Rock konserine git.
4. ■ Telefon etmek istiyorum.
   – telefon kulübesi
   ▶ Telefon kulübesine git.
5. ■ Yemek yemek istiyorum.
   – Türk lokantası
   ▶ Türk lokantasına git.

Ders 7: Ne içelim?
Konuşma 1

Sözlü Alıştırma a.
1.
■ Kaç kişilik oda istiyorsunuz?
▶ İki kişilik çift yataklı bir oda istiyoruz.
2.
■ Kaç kişilik oda istiyorsunuz?
▶ Tek kişilik iki oda istiyoruz.
3.
■ Kaç kişilik oda istiyorsunuz?
▶ İki kişilik tek yataklı üç oda istiyoruz.

Anhang
Wiedergabe der CD-Übungen und Lösungen der schriftlichen Übungen

4.
- Kaç kişilik oda istiyorsunuz?
▶ Tek kişilik bir oda istiyorum.

5.
- Kaç kişilik oda istiyorsunuz?
▶ İki kişilik çift yataklı iki oda istiyoruz.

6.
- Kaç kişilik oda istiyorsunuz?
▶ İki kişilik tek yataklı bir oda istiyoruz.

Sözlü Alıştırma b.

1.
- Ne kadar kalmak istiyorsunuz?
▶ Pazartesi gününe kadar kalmak niyetindeyiz.

2.
- Ne kadar kalmak istiyorsunuz?
▶ Perşembeye kadar kalmak niyetindeyim.

3.
- Ne kadar kalmak istiyorsunuz?
▶ Çarşamba günü öğleden sonraya kadar kalmak niyetindeyiz.

4.
- Ne kadar kalmak istiyorsunuz?
▶ Hafta sonuna kadar kalmak niyetindeyim.

5.
- Ne kadar kalmak istiyorsunuz?
▶ Cumartesi sabahına kadar kalmak niyetindeyim.

6.
- Ne kadar kalmak istiyorsunuz?
▶ Cuma günü saat 12'ye kadar kalmak niyetindeyim.

Konuşma 2

Sözlü Alıştırma a.

1.
- Rakı içelim mi?
▶ Olur içelim. Garson bey, bize küçük bir şişe rakı lütfen.

2.
- Kırmızı şarap içelim mi?
▶ Olur içelim. Garson bey, bize bir şişe kırmızı şarap lütfen.

3.
- Bira alalım mı?
▶ Olur alalım. Garson bey, bize iki bira lütfen.

4.
- Salata alalım mı?
▶ Olur alalım. Garson bey, bize küçük bir salata lütfen.

5.
- Cacık yiyelim mi?
▶ Olur yiyelim. Garson bey, bize bir porsiyon cacık lütfen.

6.
- Haydari yiyelim mi?
▶ Olur yiyelim. Garson bey, bize bir tabak haydari lütfen.

Sözlü Alıştırma b.

1.
- Sıcak meze ister misiniz?
▶ Sıcak mezelerden ne var?
- Karides, sigara böreği, patates tava ...
▶ Ben karides alayım.

2.
- Salata ister misiniz?
▶ Salatalardan ne var?
- Çoban salatası, domates salatası, yeşil salata ...
▶ Ben çoban salatası yiyeyim.

3.
- Soğuk meze ister misiniz?
▶ Soğuk mezelerden ne var?
- Fava, haydari, patlıcan salatası ...
▶ Ben patlıcan salatası alayım.

4.
- Çorba ister misiniz?
▶ Çorbalardan ne var?
- Mercimek çorbası, yayla çorbası, işkembe çorbası ...
▶ Ben mercimek çorbası içeyim.

Konuşma 3

Sözlü Alıştırma a.

1.
- Kahve içer misin?
▶ Evet, içerim.

2.
- Tatlı yer misin?
▶ Tabii, yerim.

3.
- Tuz ister misin?
▶ Evet, isterim.

4.
- Buz alır mısın?
▶ Evet, alırım.

5.
- Buraya gelir misin?
▶ Tamam, gelirim.

6.
- Yardım eder misin?
▶ Tabii, ederim.

Anhang
Wiedergabe der CD-Übungen und Lösungen der schriftlichen Übungen

Sözlü Alıştırma b.

1.
▶ Tuzluğu verir misin?
▪ Buyur.

2.
▶ Hesabı getirir misiniz?
▪ Hay hay.

3.
▶ Kahve pişirir misin?
▪ Tabii.

4.
▶ Burayı imzalar mısınız?
▪ Hemen.

Alıştırmalar

Yazılı Alıştırmalar

1.
b. – 6., c. – 8., d. – 5., e. – 1., f. – 7., g. – 4., h. – 2.

2.
b. Müzik dinleyelim.
c. Balık alayım.
d. Denize gidelim.
e. Kahve içelim.
f. Taksiyle gidelim.
g. Çorba içelim.
h. Döner yiyeyim.

3.
a. Hayır, <u>içmem</u>.
b. Garson Bey, menüyü <u>getirir</u> misiniz?
c. Ayşe, bana buz <u>verir</u> misin?
d. Biraz daha salata <u>ister</u> misin?
e. Teşekkür <u>ederim</u>. – Rica <u>ederim</u>.
f. Garson Bey, <u>bakar</u> mısınız?

4.
a. Hafta son<u>u</u> ne yapıyorsun?
b. Evde<u>yim</u>.
c. Diskoteğe gid<u>elim</u> mi?
d. Olur. Saat kaç<u>ta</u> buluş<u>alım</u>?
e. On<u>a</u> çeyrek kala.
f. Çok geç. Dokuz<u>da</u> ol<u>ur</u> mu?
g. Olur. Nere<u>de</u> buluş<u>alım</u>?
h. Diskoteğ<u>in</u> ön<u>ünde</u>.
i. Tamam, hoşça kal.
j. Güle güle.

5.
b. sigara böreği
c. yemek listesi
d. domates çorbası
e. bulgur pilavı
f. vişne suyu
g. kredi kartı
h. şarap bardağı

CD Alıştırmaları

2.
a. ▪ Yarın ne yapalım?
   ▶ Patara kazısını gezelim mi?
b. ▪ Yarın ne yapalım?
   ▶ Saklı Kent'e gidelim mi?
c. ▪ Yarın ne yapalım?
   ▶ Yüzelim mi?
d. ▪ Yarın ne yapalım?
   ▶ Güneşlenelim mi?
e. ▪ Yarın ne yapalım?
   ▶ Dinlenelim mi?
f. ▪ Yarın ne yapalım?
   ▶ Sinemaya gidelim mi?

3.
Hörtext:
Merhaba Maral, ben Kerem. Ankara'da bir oteldeyim. Otelimin adı Hitit Güneşi. Pazartesi akşamına kadar burada kalıyorum. Görüşelim mi? Otelim Bahçelievler'de on altıncı sokakta. Odam üçüncü katta, numarası otuz yedi. Hoşça kal.
Lösung:
b., e. und g. sind richtig; c., d. und f. sind falsch.
Korrektur:
c. Kerem pazartesi akşamına kadar Ankara'da.
d. Otel Bahçelievler'de 16. Sokakta.
f. Kerem'in odası üçüncü katta.

4.
a.
1. ▪ Kahve içelim mi?
   ▶ Olur, içelim.
2. ▪ Salata alalım mı?
   ▶ Olur, alalım.
3. ▪ Hesabı ödeyelim mi?
   ▶ Olur, ödeyelim.
4. ▪ Türkçe konuşalım mı?
   ▶ Olur, konuşalım.
5. ▪ Televizyon izleyelim mi?
   ▶ Olur, izleyelim.

b.
1. ▪ Kahve içelim mi?
   ▶ Hayır, içmeyelim.
2. ▪ Salata alalım mı?
   ▶ Hayır, almayalım.
3. ▪ Hesabı ödeyelim mi?
   ▶ Hayır, ödemeyelim.

4. ■ Türkçe, konuşalım mı?
   ▶ Hayır, konuşmayalım.
5. ■ Televizyon izleyelim mi?
   ▶ Hayır, izlemeyelim.

c.
1. ■ Bira içer misin?
   ▶ Evet, içerim.
   ▶ Hayır, içmem.
2. ■ Sen de gelir misin?
   ▶ Evet, gelirim.
   ▶ Hayır, gelmem.
3. ■ Fıstık ister misin?
   ▶ Evet, isterim.
   ▶ Hayır, istemem.
4. ■ Gazete okur musun?
   ▶ Evet, okurum.
   ▶ Hayır, okumam.
5. ■ Müzik dinler misin?
   ▶ Evet, dinlerim.
   ▶ Hayır, dinlemem.

Ders 8: Geçmiş olsun!
Konuşma 1
Sözlü Alıştırma a.

1.
■ Neyiniz var?
▶ Başım ağrıyor.
■ Ne zamandan beri?
▶ Bu sabahtan beri.

2.
■ Neyiniz var?
▶ Bacağım ağrıyor.
■ Ne zamandan beri?
▶ Üç günden beri.

3.
■ Neyiniz var?
▶ Karnım ağrıyor.
■ Ne zamandan beri?
▶ Birkaç günden beri.

4.
■ Neyiniz var?
▶ Nezleyim.
■ Ne zamandan beri?
▶ Dün sabahtan beri.

5.
■ Neyiniz var?
▶ Midem bulanıyor.
■ Ne zamandan beri?
▶ Üç saatten beri.

6.
■ Neyiniz var?
▶ Öksürüyorum.
■ Ne zamandan beri?
▶ Bir haftadan beri.

Sözlü Alıştırma b.

1.
■ Sırtım yanıyor.
▶ Yanıklara karşı size bir merhem yazıyorum.

2.
■ Başım ağrıyor.
▶ Baş ağrısına karşı size bir ağrı kesici yazıyorum.

3.
■ Öksürüyorum.
▶ Öksürüğe karşı size bir öksürük şurubu yazıyorum.

4.
■ Nezleyim.
▶ Nezleye karşı size bir damla yazıyorum.

Konuşma 2
Sözlü Alıştırma a.

1.
■ Dün akşam neredeydiniz?
▶ Lokantadaydık.
■ Ne yaptınız?
▶ Yemek yedik.

2.
■ Dün neredeydin?
▶ Plajdaydım.
■ Ne yaptın?
▶ Yüzdüm ve güneşlendim.

3.
■ Cumartesi gecesi neredeydin?
▶ Diskotekteydim.
■ Ne yaptın?
▶ Dans ettim.

4.
■ Pazar günü neredeydiniz?
▶ Evdeydik.
■ Ne yaptınız?
▶ Televizyon izledik.

5.
■ Perşembe günü neredeydiniz?
▶ Arkeoloji müzesindeydik.
■ Ne yaptınız?
▶ Müzeyi gezdik.

6.
■ Bayram tatilinde neredeydin?
▶ Paris'teydim.
■ Ne yaptın?
▶ Şehir turu yaptım.

Anhang
Wiedergabe der CD-Übungen und Lösungen der schriftlichen Übungen

Sözlü Alıştırma b.
1.
- Haşmet rahatsız.
- Hayrola, neyi var?
- Omuzları ve sırtı kızardı.
- Yanıklara karşı omuzlarına yoğurt sürsün.

2.
- Şeyda rahatsız.
- Hayrola, neyi var?
- Başı ağrıyor.
- Baş ağrısına karşı bol bol su içsin.

3.
- Banu rahatsız.
- Hayrola, neyi var?
- Boğazı ağrıyor.
- Boğaz ağrısına karşı limonlu çay içsin.

4.
- Turgut rahatsız.
- Hayrola, neyi var?
- Öksürüyor.
- Öksürüğe karşı ballı süt içsin.

Konuşma 3
Sözlü Alıştırma a.
1.
- Yelken yapabilir misin?
- Tabii, yelken yapabilirim.

2.
- Yarın bana telefon edebilir misin?
- Tabii, telefon edebilirim.

3.
- Fotoğraf çekebilir misin?
- Evet, fotoğraf çekebilirim.

4.
- Bana haber verebilir misin?
- Evet, haber verebilirim.

5.
- Beni biraz bekleyebilir misin?
- Tabii, bekleyebilirim.

6.
- Türk kahvesi pişirebilir misin?
- Evet, Türk kahvesi pişirebilirim.

7.
- Kazak örebilir misin?
- Tabii, kazak örebilirim.

8.
- Bana tuzluğu verebilir misin?
- Tabii, tuzluğu verebilirim.

Sözlü Alıştırma b.
1.
- Balkonu temizleyebilir misin?
- Hayır, temizleyemem.

2.
- Kapıyı açabilir misin?
- Evet, açabilirim.

3.
- Televizyonu kapatabilir misin?
- Hayır, şimdi kapatamam.

4.
- Radyoyu açabilir misin?
- Ne yazık ki, şimdi açamam.

5.
- Evi süpürebilir misin?
- Olmaz, süpüremem.

6.
- Bulaşığı yıkayabilir misin?
- Tabii, yıkayabilirim.

7.
- Çiçekleri sulayabilir misin?
- Maalesef, şimdi sulayamam.

8.
- Tuzluğu verebilir misin?
- Maalesef, şimdi veremem.

Alıştırmalar
Yazılı Alıştırmalar

1.
a.
- Lâle Hanım, nere*niz* ağrıyor?
- Mide*m* ağrıyor.
- Başka şikâyet*iniz* var mı?
- Hayır, yok.

b.
- Işık Hanım, ne*yiniz* var?
- Nezle*yim*.
- Geçmiş ol*sun*.
- Sağ ol*un*.

Anhang
Wiedergabe der CD-Übungen und Lösungen der schriftlichen Übungen

c.
- ▶ Sen hasta mısın?
- ● Evet, ishal oldum.
- ▶ Çok kötü mü?
- ● Evet.

d.
- ▶ Merhaba Haşmet, nasılsın?
- ● Hastayım.
- ▶ Neyin var?
- ● Üşüttüm, boğazım ağrıyor.

e.
- ▶ Senin neren ağrıyor?
- ● Buram ağrıyor.
- ▶ Şuran da ağrıyor mu?
- ● Hayır, oram ağrımıyor.

f.
- ▶ Ayşe nerede?
- ▶ Hasta, evde yatıyor.
- ▶ Neyi / Nesi var?
- ▶ Başı ağrıyor, midesi bulanıyor.

2.
b. – 6., c. – 1., d. – 4., e. – 2., f. – 5.

3.
a.
- ▶ Yemek yediniz mi?
- ● Evet, yemek yedik.

b.
- ▶ Yemekten sonra ne yaptınız?
- ● Biraz televizyon izledik.

c.
- ▶ Babanıza telefon ettiniz mi?
- ● Hayır, telefon etmedik, unuttuk.

d.
- ▶ Ödevlerinizi yaptınız mı?
- ● Tabii, ödevlerimizi yaptık.

e.
- ▶ Futbol oynadınız mı?
- ● Hayır, futbol oynamadık.

f.
- ▶ Kitap okudunuz mu?
- ● Evet, kitap okuduk.

4.
a.
- ▪ Sen tatilde neredeydin?
- ● Bozcaada'daydım.
- ▪ Orada ne yaptın?
- ● Dinlendim ve yüzdüm.

b.
- ▪ Hafta sonu ne yaptınız?
- ● Biz sinemadaydık.
- ▪ Film nasıldı?
- ● Çok güzeldi.

c.
- ▪ Sen tatilde Bern'de değil miydin?
- ● Hayır, Bern'de değil, Berlin'deydim.
- ▪ Orada ne yaptın?
- ● Bergama Müzesini gezdim.

d.
- ▪ Ahmet, dün ne yaptın?
- ● Güneşlendim, voleybol oynadım.
- ▪ Plajda mıydın?
- ● Evet, plajdaydım.

5.
b.
Lütfen, yarın bana telefon edin!
Yarın bana telefon eder misiniz?
Yarın bana telefon edebilir misiniz?

c.
Lütfen, sen de gel!
Sen de gelir misin?
Sen de gelebilir misin?

d.
Tişörtünüzü giyin, lütfen.
Tişörtünüzü giyer misiniz?
Tişörtünüzü giyebilir misiniz?

6.
b.
- ▪ Çorba tuzsuz. Bana tuzluğu verebilir misin?
- ● Tabii.

c.
- ▪ Affedersiniz, burada sigara içebilir miyim?
- ● Hayır, içemezsiniz, çünkü yasak.
- ▪ Peki, nerede sigara içebilirim?
- ● Dışarıda.

d.
- ▪ Affedersiniz, burası boş mu?
- ● Evet, boş.
- ▪ Oturabilir miyim?
- ● Tabii, buyurun.

e.
- ▪ İstanbul'a nasıl gidebilirim?
- ● Uçakla veya otobüsle.

f.
- ▪ Bana yardım edebilir misiniz?
- ● Memnuniyetle.

Anhang
Wiedergabe der CD-Übungen und Lösungen der schriftlichen Übungen

CD Alıştırmaları

2.

a.
- Bu merhemi nasıl kullanayım?
▶ Günde üç kez sırtınıza sürün.

b.
- Bu hapı nasıl kullanayım?
▶ Yemeklerden önce alın.

c.
- Bu şurubu nasıl kullanayım?
▶ Yemeklerden sonra için.

d.
- Bu damlayı nasıl kullanayım?
▶ Günde dört defa iki damla damlatın.

3.
Hörtext: Burcu ▶, Rüştü ●
▶ Merhaba Rüştü.
● Merhaba Burcu. Tatilden ne zaman döndün?
▶ Bodrum'dan mı?
● Evet, Bodrum'dan.
▶ Geçen hafta sonu.
● Orada ne yaptın?
▶ Yüzdüm, güneşlendim. Küçük bir yelken turu yaptım. Bir de Alev'i ziyaret ettim.
● Alev nasıldı?
▶ Alev çok iyiydi. Sen tatilde neredeydin?
● Ben Bozcaada'daydım. İlyada okumasına katıldım. Sörf yaptım. Bol bol balık yedim.
▶ Balıklar lezzetli miydi?
● Evet, çok lezzetliydi.
▶ Orada nerede kaldın?
● Küçük bir pansiyonda.
▶ İyi dinlenebildin mi?
● Evet, çok iyi dinlendim.

Lösung:
b. und f. sind richtig, c., d. und e. sind falsch.
Korrektur:
c. Burcu Bodrum'da Alev'i ziyaret etti.
d. Rüştü tatilde Bozcaada'daydı.
e. Rüştü orada İlyada okumasına katıldı.

4.

a.
1. ■ Salı günü çalışıyorum.
   ▶ Salı günü çalıştım.
2. ■ Çarşamba sabahı alışveriş yapıyorum.
   ▶ Çarşamba sabahı alışveriş yaptım.
3. ■ Cuma günü öğleden sonra yemek pişiriyorum.
   ▶ Cuma günü öğleden sonra yemek pişirdim.
4. ■ Cumartesi akşamı diskoteğe gidiyorum.
   ▶ Cumartesi akşamı diskoteğe gittim.
5. ■ Pazar günü öğleden önce gazete okuyorum.
   ▶ Pazar günü öğleden önce gazete okudum.

b.
1. ■ Gazeteyi verebilir misin?
   ▶ Hayır, maalesef veremem.
2. ■ Kapıyı açabilir misin?
   ▶ Hayır, maalesef açamam.
3. ■ Yemek pişirebilir misin?
   ▶ Hayır, maalesef pişiremem.
4. ■ Sigara içebilir miyim?
   ▶ Hayır, maalesef içemezsin.
5. ■ Telefon edebilir miyim?
   ▶ Hayır, maalesef edemezsin.

c.
1. ■ Cumartesi akşamı neredeydin?
   – diskotek
   ▶ Cumartesi akşamı diskotekteydim.
2. ■ Pazartesi günü neredeydin?
   – büro
   ▶ Pazartesi günü bürodaydım.
3. ■ Perşembe günü öğleden sonra neredeydin?
   – kuaför
   ▶ Perşembe günü öğleden sonra kuafördeydim.
4. ■ Hafta sonu neredeydin?
   – konser
   ▶ Hafta sonu konserdeydim.
5. ■ Çarşamba sabahı neredeydin?
   – iş
   ▶ Çarşamba sabahı işteydim.

Wiedergabe der CD-Übungen und Lösungen der schriftlichen Übungen

Ders 9 : Bize ne lazım?
Konuşma 1
Sözlü Alıştırma a.

1.
- Bize ne lazım?
- Bize yarım kilo peynir lazım.

2.
- Bize ne lazım?
- Bize bir litre süt lazım.

3.
- Sana ne lazım?
- Bana bir tane sabun lazım.

4.
- Sana ne lazım?
- Bana bir paket tereyağı lazım.

5.
- Ayşe'ye ne lazım?
- Ayşe'ye iki şişe elma suyu lazım.

6.
- Can'a ne lazım?
- Can'a bir kavanoz reçel lazım.

Sözlü Alıştırma b.

1.
- Bugün ne yapıyorsun?
- Bugün büroya gitmem lazım.

2.
- Hafta sonu ne yapıyorsun?
- Hafta sonu dinlenmem lazım.

3.
- Öğlende ne yapıyorsun?
- Öğlende yemek yemem lazım.

4.
- Bu akşam ne yapıyorsunuz?
- Bu akşam ders çalışmamız lazım.

5.
- Yarın ne yapıyorsunuz?
- Yarın Ahmet'i ziyaret etmemiz lazım.

6.
- Öğleden sonra ne yapıyorsunuz?
- Öğleden sonra alışveriş yapmamız lazım.

Konuşma 2
Sözlü Alıştırma a.

1.
- Buyurun.
- Domatesin kilosu kaça?
- 2 lira.
- İki kilo verir misiniz?

2.
- Buyurun.
- Maydanozun demeti kaça?
- Bir lira.
- İki demet verir misiniz?

3.
- Buyurun.
- Karpuzun tanesi kaça?
- Dokuz lira.
- Bir tane verir misiniz?

4.
- Buyurun.
- Patlıcanın kilosu kaça?
- İki lira otuz kuruş.
- Bir buçuk kilo verir misiniz?

5.
- Buyurun.
- Taze soğanın demeti kaça?
- İki buçuk lira.
- Bir demet verir misiniz?

6.
- Buyurun.
- Kavunun tanesi kaça?
- Sekiz lira.
- İki tane verir misiniz?

Sözlü Alıştırma b.

1.
- Buyurun.
- Zeytin var mı?
- Evet, var.
- Zeytinin fiyatı ne kadar?
- Kilosu dokuz lira.
- Dört yüz gram rica edeyim.

Anhang
Wiedergabe der CD-Übungen und Lösungen der schriftlichen Übungen

2.
- Buyurun.
- Peynir var mı?
- Evet, var.
- Peynirin fiyatı ne kadar?
- Kilosu on iki lira.
- Yarım kilo rica edeyim.

3.
- Buyurun.
- Salam var mı?
- Evet, var.
- Salamın fiyatı ne kadar?
- Kilosu on sekiz lira.
- İki yüz elli gram rica edeyim.

4.
- Buyurun.
- Pastırma var mı?
- Evet, var.
- Pastırmanın fiyatı ne kadar?
- Kilosu yirmi lira.
- Üç yüz gram rica edeyim.

Konuşma 3
Sözlü Alıştırma a.
1.
- Osman nasılmış, sordun mu?
- Osman yorgunmuş, işe gitmemiş

2.
- Ekin nasılmış, sordun mu?
- Ekin yorgunmuş. Dün taşınmış.

3.
- Berna nasılmış, sordun mu?
- Berna iyiymiş. Tatile çıkmış.

4.
- Ercüment nasılmış, sordun mu?
- Ercüment izindeymiş. Annesine gitmiş.

5.
- Melda nasılmış, sordun mu?
- Melda hastaymış. Üşütmüş.

6.
- Yunus nasılmış, sordun mu?
- Yunus üzgünmüş. İş bulamamış.

Sözlü Alıştırma b.
1.
- Ev kaç odalıymış?
- Üç odalıymış.

2.
- Ev kaç metrekareymiş?
- Seksen metrekareymiş.

3.
- Ev neredeymiş?
- Fındıkzade'deymiş.

4.
- Evin kirası ne kadarmış?
- Altı yüz liraymış.

5.
- Evin balkonu var mıymış?
- Evet, varmış.

6.
- Evin asansörü var mıymış?
- Hayır, yokmuş.

Alıştırmalar
Yazılı Alıştırmalar

1.
b. Sana sözlük lazım.
c. Ona kitap lazım.
d. Bize masa lazım.
e. Size sandalye lazım.
f. Onlara bilgisayar lazım.

2.
b. Senin çalışman lazım.
c. Onun mektup yazması lazım.
d. Bizim işe gitmemiz lazım.
e. Sizin Türkçe öğrenmeniz lazım.
f. Onların dinlenmesi lazım.
g. Çetin'in uyuması lazım.
h. Hastanın muayene olması lazım.

3.
b. Motosiklet bisikletten daha hızlı.
c. Vapur trenden daha yavaş.
d. Tren uçaktan daha sessiz.
e. Uçak vapurdan daha gürültülü.
f. Otomobil bisikletten daha masraflı.

Anhang
Wiedergabe der CD-Übungen und Lösungen der schriftlichen Übungen

4.
b. O geçen hafta çalışmış.
c. Çetin dün gece uyumamış.
d. Siz salı günü işe gitmemişsiniz.
e. Çocuk bugün yemek yememiş.
f. Sen bu sabah Orhan'ı görmüşsün.

5.
b.−6., c.−7., d.−1., e.−2., f.−5., g.−8., h.−4.

6.
b. yüzmeyi
c. kitap okumayı
d. gitar çalmayı
f. dans etmekten
g. fotoğraf çekmekten
h. futbol oynamaktan

CD Alıştırmaları

2.
a. Tatile gitmem lazım.
b. Alışveriş yapmam lazım.
c. Mektup yazmam lazım.
d. Su içmem lazım.
e. Telefon etmem lazım.
f. İlaç almam lazım.
g. Tatil yapmam lazım.
h. Dinlenmem lazım.

3.
a. Bana ev lazım.
b. Ona iki ekmek lazım.
c. Ayşe'ye bir masa lazım.
d. Aslı'ya dört sandalye lazım.
e. Yusuf'a cep telefonu lazım.
f. Cengiz'e buzdolabı lazım.

4.
Hörtext:
Merhaba Seher, ben Kerim. Didim'de tatildeydim. Dün döndüm. Hava çok güzeldi. Bol bol yüzdüm. Otel rahattı, ama çok doluydu. Yemekler lezzetliydi, çok yemek yedim ve kilo aldım. Ben seni sonra ararım.
b. Tatilden dün dönmüş.
c. Hava güzelmiş.
d. Bol bol yüzmüş.
e. Otel rahatmış, ama çok doluymuş.
f. Yemekler lezzetliymiş.
g. Evet, çok yemek yemiş.
h. Evet, kilo almış.

5.
a.
■ Şeyda nasılmış?
▶ Şeyda iyiymiş.
■ Efendim, nasılmış?
▶ İyi imiş.

b.
■ Nilgün nasılmış?
▶ Nilgün yorgunmuş.
■ Efendim, nasılmış?
▶ Yorgun imiş.

c.
■ Çocuk nasılmış?
▶ Çocuk hastaymış.
■ Efendim, nasılmış?
▶ Hasta imiş.

d.
■ Yemek nasılmış?
▶ Yemek pahalıymış.
■ Efendim, nasılmış?
▶ Pahalı imiş.

e.
■ Yolculuk nasılmış?
▶ Yolculuk rahatmış.
■ Efendim, nasılmış?
▶ Rahat imiş.

f.
■ Ev nasılmış?
▶ Ev büyükmüş.
■ Efendim, nasılmış?
▶ Büyük imiş.

g.
■ Film nasılmış?
▶ Film sıkıcıymış.
■ Efendim, nasılmış?
▶ Sıkıcı imiş.

h.
■ Kitap nasılmış?
▶ Kitap ilginçmiş.
■ Efendim, nasılmış?
▶ İlginç imiş.

6.
Hörtext: Nergis ●, İlyas ■
● Selam İlyas.
■ Merhaba Nergis, nasılsın?
● Biraz yorgunum.
■ Neden, hafta sonu ne yaptın?
● Taşındım.
■ Yeni evin nerede?
● Fındıkzade'de.
■ Evin güzel mi?
● Evet, çok güzel. Aydınlık ve büyük.
■ Kaçıncı katta?
● İkinci katta.
■ Kaç metrekare?
● 95 metrekare.
■ Kaç odalı?
● İki oda, bir salon. Mutfağım da oldukça büyük.
■ Evin balkonu var mı?
● Evet, var, ama biraz küçük.
■ Peki, evin kirası ne kadar?
● 900 lira.
■ Pek pahalı değil. Güle güle otur.
● Sağ ol.
Lösung:
a.−3., b.−2., c.−2., d.−3.

Anhang
Wiedergabe der CD-Übungen und Lösungen der schriftlichen Übungen

7.
a.
1. ■ Alışveriş yaptın mı?
   – yarın
   ▶ Hayır, ama yarın yapmam lazım.
2. ■ Ayça'ya telefon ettin mi?
   – bu akşam
   ▶ Hayır, ama bu akşam etmem lazım.
3. ■ Annene mektup yazdın mı?
   – gelecek hafta
   ▶ Hayır, ama gelecek hafta yazmam lazım.
4. ■ Şencan'la görüştün mü?
   – salı günü
   ▶ Hayır, ama Salı günü görüşmem lazım.
5. ■ Yemek yedin mi?
   – şimdi
   ▶ Hayır, ama şimdi yemem lazım .

b.
1. ■ Peynir kaça?
   – kilo
   ▶ Peynirin kilosu kaça?
2. ■ Süt ne kadar?
   – litre
   ▶ Sütün litresi ne kadar?
3. ■ Su kaç para?
   – şişe
   ▶ Suyun şişesi kaç para?
4. ■ Kavun kaç lira?
   – tane
   ▶ Kavunun tanesi kaç lira?
5. ■ Maydanoz kaça?
   – demet
   ▶ Maydanozun demeti kaça?

c.
1. ■ Ev nasılmış?
   – büyük
   ▶ Ev büyükmüş.
2. ■ Bodrum'da hava nasılmış?
   – çok sıcak
   ▶ Bodrum'da hava çok sıcakmış.
3. ■ Melda nereye gitmiş?
   – İstanbul
   ▶ Melda İstanbul'a gitmiş.

4. ■ Şebnem ne yapmış?
   – çalışmak
   ▶ Şebnem çalışmış.
5. ■ Cemile neredeymiş?
   – tatil
   ▶ Cemile tatildeymiş.

Ders 10: Sizi çok özleyeceğim!
Konuşma 1
Sözlü Alıştırma a.
1.
■ Uçak nereden kalkıyor?
▶ Atatürk Havalimanı'ndan.
■ Saat kaçta?
▶ Dördü çeyrek geçe.
2.
■ Tren nereden kalkıyor?
▶ Sirkeci İstasyonu'ndan.
■ Saat kaçta?
▶ Dokuzu on geçe.
3.
■ Otobüs nereden kalkıyor?
▶ Otobüs terminalinden.
■ Saat kaçta?
▶ Yediyi yirmi geçe.
4.
■ Feribot nereden kalkıyor?
▶ Kabataş İskelesi'nden.
■ Saat kaçta?
▶ Bire çeyrek kala.
5.
■ Uçak nereden kalkıyor?
▶ Tegel Havalimanı'ndan.
■ Saat kaçta?
▶ Ona on kala.
6.
■ Tren nereden kalkıyor?
▶ Haydarpaşa Garı'ndan.
■ Saat kaçta?
▶ On bire beş kala.

Anhang
Wiedergabe der CD-Übungen und Lösungen der schriftlichen Übungen

Sözlü Alıştırma b.
1.
- Yarın ne yapacaksın?
- Ders çalışacağım.
2.
- Yarın akşam ne yapacaksın?
- Sinemaya gideceğim.
3.
- Hafta sonu yapacaksın?
- Dinleneceğim.
4.
- Öbür akşam ne yapacaksın?
- Roman okuyacağım.
5.
- Bayram tatilinde ne yapacaksın?
- Çiğdem'i ziyaret edeceğim.
6.
- Cumartesi günü ne yapacaksın?
- Alışveriş yapacağım.

Konuşma 2
Sözlü Alıştırma a.
1.
- Yardımcı olabilir miyim?
- Bir ceket almak istiyorum.
- Nasıl bir ceket düşünüyorsunuz?
- Spor bir ceket.
2.
- Yardımcı olabilir miyim?
- Bir pantolon almak istiyorum.
- Nasıl bir pantolon düşünüyorsunuz?
- Kışlık bir pantolon.
3.
- Yardımcı olabilir miyim?
- Bir bluz almak istiyorum.
- Nasıl bir bluz düşünüyorsunuz?
- Kısa kollu bir bluz.
4.
- Yardımcı olabilir miyim?
- Bir gömlek almak istiyorum.
- Nasıl bir gömlek düşünüyorsunuz?
- Uzun kollu bir gömlek.
5.
- Yardımcı olabilir miyim?
- Bir tişört almak istiyorum.
- Nasıl bir tişört düşünüyorsunuz?
- Yazlık bir tişört.
6.
- Yardımcı olabilir miyim?
- Bir etek almak istiyorum.
- Nasıl bir etek düşünüyorsunuz?
- Siyah bir etek.

Sözlü Alıştırma b.
1.
- Ceket hoşunuza gitti mi?
- Evet, hoşuma gitti, ama rengi biraz koyu. Daha açık renklisi var mı?
2.
- Etek hoşunuza gitti mi?
- Evet, hoşuma gitti, ama boyu biraz uzun. Daha kısası var mı?
3.
- Palto hoşunuza gitti mi?
- Evet, hoşuma gitti, ama boyu biraz kısa. Daha uzunu var mı?
4.
- Manto hoşunuza gitti mi?
- Evet, hoşuma gitti, ama rengi biraz açık. Daha koyu renklisi var mı?
5.
- Bluz hoşunuza gitti mi?
- Evet, hoşuma gitti, ama biraz dar. Daha bolu var mı?
6.
- Şal hoşunuza gitti mi?
- Evet, hoşuma gitti, ama biraz pahalı. Daha ucuzu var mı?

Konuşma 3
Sözlü Alıştırma a.
1.
- Yeni ceketimi nasıl buluyorsun?
- Sana çok yakışmış. Güle güle giy.
2.
- Yeni gömleğimi nasıl buluyorsun?
- Sana çok yakışmış. Güle güle giy.

Anhang
Wiedergabe der CD-Übungen und Lösungen der schriftlichen Übungen

3.
- ▶ Yeni kazağımı nasıl buluyorsun?
- ■ Sana çok yakışmış. Güle güle giy.

4.
- ▶ Yeni ayakkabılarımı nasıl buluyorsun?
- ■ Sana çok yakışmış. Güle güle giy.

5.
- ▶ Yeni bluzumu nasıl buluyorsun?
- ■ Sana çok yakışmış. Güle güle giy.

6.
- ▶ Yeni pantolonumu nasıl buluyorsun?
- ■ Sana çok yakışmış. Güle güle giy.

Sözlü Alıştırma b.

1.
- ■ Berlin'de hava nasıl?
- ▶ Yağmurlu ve serin.
- ■ Kaç derece?
- ▶ On beş derece.

2.
- ■ Moskova'da hava nasıl?
- ▶ Karlı ve soğuk.
- ■ Kaç derece?
- ▶ Eksi beş derece.

3.
- ■ Antalya'da hava nasıl?
- ▶ Güneşli ve sıcak.
- ■ Kaç derece?
- ▶ Otuz iki derece.

4.
- ■ Londra'da hava nasıl?
- ▶ Bulutlu.
- ■ Kaç derece?
- ▶ On sekiz derece.

5.
- ■ Düsseldorf'ta hava nasıl?
- ▶ Rüzgârlı.
- ■ Kaç derece?
- ▶ Yirmi bir derece.

6.
- ■ Münih'te hava nasıl?
- ▶ Fırtınalı.
- ■ Kaç derece?
- ▶ Üç derece.

Alıştırmalar

Yazılı Alıştırmalar

1.
- b. Sen işe gideceksin.
- c. O kitap okuyacak.
- d. Biz yemek yiyeceğiz.
- e. Siz tatile çıkacaksınız.
- f. Onlar yemek pişirecek(ler).
- g. Kerem alışveriş yapacak.
- h. Çocuklar uyuyacak(lar).

2.
- b. gitmeyeceğim.
- c. yemeyecek.
- d. çalışacak.
- e. gideceğim.
- f. yağmayacak.
- g. gelmeyecekler.
- h. uyuyacağım.

3.
- b. Hafta sonu çalışmayacağız.
- c. Bu akşam erken uyuyacağım.
- d. Onlar gelecek ay tatile gidecek.
- e. Kerem Aslı ile (Aslı'yla) buluşacak.
- f. Yarın Ahmet'i göreceksiniz.
- g. Pazar günü konsere gideceğim.
- h. Uçak saat altıda kalkacak.

4.
b. – 5., c. – 8., d. – 6., e. – 7., f. – 4., g. – 1., h. – 2.

5.
- b. Hülya'yla buluşup diskoteğe gittim. Ya sen?
- c. Ben sinemadaydım. Film izleyip bira içtim.
- d. Film güzel miydi?
- e. Eh işte, şöyle böyleydi.
- f. Peki gelecek hafta sonunda ne yapacaksın?
- h. Gelecek hafta sınavlarım var. Evde oturup ders çalışacağım.

6.
- b. beyaz
- c. mavi
- d. siyah
- e. kırmızı
- f. portakal rengi
- g. yeşil
- h. kahverengi

Anhang
Wiedergabe der CD-Übungen und Lösungen der schriftlichen Übungen

CD Alıştırmaları

1.
a.
- Hafta sonunda ne yaptın?
▶ Diskoteğe gidip dans ettim.

b.
- Gelecek hafta sonunda ne yapacaksın?
▶ Konsere gidip müzik dinleyeceğim.

c.
- İstanbul'da ne yaptın?
▶ Müzeleri gezip fotoğraf çektim.

d.
- Akşamları evde ne yapıyorsun?
▶ İnternete girip gazeteleri okuyorum.

e.
- Gelecek hafta sonunda ne yapacaksın?
▶ Ayşe'yle buluşup sinemaya gideceğim.

f.
- Gelecek hafta sonunda ne yapacaksın?
▶ Televizyonda maç izleyip bira içeceğim.

2.
a.
1.
▶ Mantı hoşuna gitti mi?
- Evet, çok güzel olmuş. Eline sağlık.
▶ Afiyet olsun. Biraz daha alır mısın?
- Evet, alayım.

2.
▶ Salata hoşuna gitti mi?
- Evet, çok güzel olmuş. Eline sağlık.
▶ Afiyet olsun. Biraz daha alır mısın?
- Sağ ol, almayayım.

3.
▶ Biftek hoşuna gitti mi?
- Evet, çok güzel olmuş. Eline sağlık.
▶ Afiyet olsun. Biraz daha alır mısın?
- Evet, alayım.

4.
▶ Köfteler hoşunuza gitti mi?
- Evet, çok güzel olmuş. Elinize sağlık.
▶ Afiyet olsun. Biraz daha alır mısınız?
- Teşekkür ederim, almayayım.

5.
▶ Yaprak sarma hoşunuza gitti mi?
- Evet, çok güzel olmuş. Elinize sağlık.
▶ Afiyet olsun. Biraz daha alır mısınız?
- Evet, alayım.

6.
▶ Cacık hoşunuza gitti mi?
- Evet, çok güzel olmuş. Elinize sağlık.
▶ Afiyet olsun. Biraz daha alır mısınız?
- Teşekkür ederim, almayayım.

b.
1.
▶ Mantıyı beğendin mi?
- Evet, çok lezzetli olmuş. Eline sağlık.
▶ Afiyet olsun. Biraz daha ister misin?
- Evet, isterim.

2.
▶ Salatayı beğendin mi?
- Evet, çok lezzetli olmuş. Eline sağlık.
▶ Afiyet olsun. Biraz daha ister misin?
- Hayır, teşekkür ederim.

3.
▶ Bifteği beğendin mi?
- Evet, çok lezzetli olmuş. Eline sağlık.
▶ Afiyet olsun. Biraz daha ister misin?
- Evet, isterim.

4.
▶ Köfteleri beğendiniz mi?
- Evet, çok lezzetli olmuş. Elinize sağlık.
▶ Afiyet olsun. Biraz daha ister misiniz?
- Hayır, sağ olun.

5.
▶ Yaprak sarmayı beğendiniz mi?
- Evet, çok lezzetli olmuş. Elinize sağlık.
▶ Afiyet olsun. Biraz daha ister misiniz?
- Evet, isterim.

6.
▶ Cacığı beğendiniz mi?
- Evet, çok lezzetli olmuş. Elinize sağlık.
▶ Afiyet olsun. Biraz daha ister misiniz?
- Hayır, sağ olun.

Anhang
Wiedergabe der CD-Übungen und Lösungen der schriftlichen Übungen

3.
a. und b.
1.
- Tatile ne zaman çıkacaksın?
- Tatile 28 eylülde çıkacağım.

2.
- Tatilde nereye gideceksin?
- İzmir'e gideceğim.

3.
- Tatile kiminle gideceksin?
- Petra'yla gideceğim.

4.
- Oraya neyle gideceksin?
- Oraya otobüsle gideceğim.

5.
- Orada nerede kalacaksın?
- Küçük bir otelde kalacağım.

6.
- Orada ne kadar kalacaksın?
- Bir hafta kadar kalacağım.

7.
- Orada ne yapacaksın?
- Her gün güneşlenip yüzeceğim.

8.
- Tatilden ne zaman döneceksin?
- Üç ekimde döneceğim.

4.
Hörtext:
Sayın dinleyiciler, şimdi hava durumunu veriyoruz. İstanbul Çamlıca FM radyosunun devlet meteoroloji işlerinden aldığı bilgilere göre yarın İstanbul'da hava güneşli ve sıcak. Hava sıcaklığı gece 19, gündüz 24 derece olacak. Hafta sonunda hava bulutlu ve yağmurlu olacak. Hava sıcaklıkları 13 ile 18 derece arasında değişecek. Şimdi reklamları dinleyeceksiniz.
Lösung:
a. – 3., b. – 2., c. – 1., d. – 3.

5.
a.
1.
- Salı akşamı erken yatmak istiyorum.
- Salı akşamı erken yatacağım.

2.
- Çarşamba günü kuaföre gitmek istiyorum.
- Çarşamba günü kuaföre gideceğim.

3.
- Yarın akşam mantı pişirmek niyetindeyim.
- Yarın akşam mantı pişireceğim.

4.
- Öbür gün Ayşe'yle buluşmak niyetindeyim.
- Öbür gün Ayşe'yle buluşacağım.

5.
- Hafta sonu Türkçe çalışmak istiyorum.
- Hafta sonu Türkçe çalışacağım.

b.
1.
- Yeşim Ankara'ya gidecek.
- sen
- Sen de Ankara'ya gidecek misin?

2.
- Onlar alışveriş yapacak.
- siz
- Siz de alışveriş yapacak mısınız?

3.
- Ben yemek yiyeceğim.
- arkadaşın
- Arkadaşın da yemek yiyecek mi?

4.
- Berrin İstanbul'a gelecek.
- sen
- Sen de İstanbul'a gelecek misin?

5.
- Ceyda çalışmayacak.
- biz
- Biz de çalışmayacak mıyız?

c.
1.
- Alışveriş yapacak mısın?
- Hayır, yapmayacağım.

2.
- Can'la buluşacak mısın?
- Hayır, buluşmayacağım.

3.
- Şarap içecek misin?
- Hayır, içmeyeceğim.

4.
- Bu akşam televizyon izleyecek misin?
- Hayır, izlemeyeceğim.

5.
- Yavuz'a mektup yazacak mısın?
- Hayır, yazmayacağım.

Anhang
Alphabetischer Wortschatz

Die Zahl gibt die Lektion an, in der das Wort zum ersten Mal erscheint. Abkürzungen: etw. = etwas, jmdm. = jemandem, jmdn. = jemanden. Angabe unregelmäßiger r-Präsens-Formen: -ir. Ergänzungen der Verben: -i = Akkusativ (bestimmt -i, unbestimmt -), -e = Dativ, -de = Lokativ, -den = Ablativ, -nin = Genitiv. Angabe lautlicher Besonderheiten: kitap, *kitabı*.

A

aa oh 2
abi Kurzform von *ağabey* 2
abla ältere Schwester 2
acaba vielleicht, wohl, etwa 6
acente, acenta Agentur 6
açık (Farben) hell, (Wetter) heiter, (Tür usw.) offen 10
acılı ezme feingehackte Tomaten mit Paprika, Zwiebeln und Petersilie (scharf) 7
acımak wehtun 8
açmak, -i öffnen, auf-, anmachen 8
ad Vorname, Name 1
ada Insel 3
Adalar die Prinzeninseln 3
adet Stück, Exemplar 4
âdet Gewohnheit, Brauch, Sitte 4
adres Adresse 3
Affedersin/iz. Verzeihung. (du/Sie) 2, 7
Afiyet olsun! Guten Appetit! / Wohl bekomm's! 5, 7, 10
ağabey, abi älterer Bruder 2
ağaç, *ağacı* Baum 4
ağrı kesici Schmerztablette, -mittel 8
ağrımak schmerzen, wehtun 8
ağustos August 10
ahtapot Oktopus 7
aile Familie 2
aklında tutmak, -i sich etwas merken 9
akmak fließen 8
akşam Abend, am Abend 1, 5
akşama abends, heute Abend 8
akşamları abends, an den Abenden 5
akşamleyin am Abend 5
aktif aktiv 8
alçak niedrig 9
alıştırma Übung 1
alışveriş Einkauf 5
alışveriş listesi Einkaufsliste 9
alışveriş yapmak einkaufen 9
Allahaısmarladık. Auf Wiedersehen. 9
Allahtan! Gott sei Dank! 10
almak, -ır nehmen, kaufen 7, 9
Alman Deutsche/-r 3
Alman Lisesi Deutsches Gymnasium 3
Almanca Deutsch 6
alt Unterseite 6
altı sechs 2
altmış sechzig 2
ama aber 4, 5
Amerikalı Amerikaner/-in 3
Amma saçmalık! Was für ein Unsinn! / Quatsch! 8
anahtar Schlüssel 7
ancak erst, gerade noch 10
anket Umfrage, Interview 4
anlamak verstehen 1
anne Mutter 2
ara Zwischenraum 6
araba Wagen, Auto 6
aralık Dezember 10
aramak, -i anrufen, jmdn. (auf)suchen 5, 7
arasında zwischen 6
arka Hinterseite 6
arkadaş Freund/-in 2, 6
arkeoloji müzesi archäologisches Museum 6
artık nun, nunmehr 10
artık (+ Verneinung) nicht mehr 5
arzu Wunsch 2
aşağı yukarı ungefähr, zirka 6
aşağı, aşağıya nach unten 6
aşağıda unten 6
asansör Fahrstuhl 6
aslında eigentlich 6, 8
aspirin Aspirin 8
ateş Fieber, Feuer 8, 10
avukat Rechtsanwalt/-anwältin 4
Avusturyalı Österreicher/-in 3
ayakkabı Schuh 10
ayakkabıcı Schuhgeschäft, -verkäufer/-in
Ayasofya Hagia Sophia 6
aydınlık hell, Helligkeit 9
ayran Joghurtgetränk mit Salz 2, 7
ayrıca außerdem 6

Anhang
Alphabetischer Wortschatz

B

baba Vater 2
bacak, *bacağı* Bein 8
bağ Weinberg 6
bağ evi Gartenhaus, kleines Haus in einem Weinberg 6
bahçe Garten 2, 6
baklava Süßspeise mit Blätterteig 5, 7
bakmak, -*e* schauen, sich etw. ansehen 2, 10
bal Honig 8
balık Fisch 4
balıkçı Fischer/-in, Fischladen 4
balkon Balkon 7
bana mir 4
banka Bank 4
bankacı Bankangestellte/-r 4
banyo Bad 7
bar Bar 4, 6
bardak Glas, Becher 2
baş Kopf, Haupt, Anfang 6, 8
baş ağrısı Kopfschmerzen 8
baş dönmesi Schwindelgefühl 8
Baş üstüne. Jawohl. / Mach ich. 7, 8
başı dönmek, -*nin* jmdm. ist schwindlig 8
başka (sonst) noch, sonst 5
başlamak anfangen, beginnen 5
batı Westen, westlich 6
bayat (Lebensmittel) alt 7
bayram Fest, Feiertag 6
bazen manchmal 5
beden (Kleidung) Größe 10
beğenmek, -*i* schmecken, gefallen, mögen 10
bekâr ledig 4
beklemek, -*i* warten auf, erwarten 4
beklenmek erwartet werden 10
ben ich 1
bende bei mir 3
Benden de iyilik. Mir geht es auch gut. 8
beni mich 5
benim mein 1
benimle mit mir 6
beraber zusammen 5
Bergama Müzesi Pergamon-Museum 6
beri, -*den* seit 5
beş fünf 2
bey Herr 1
beyaz weiß 10
beyaz peynir Schafskäse, weißer Käse 7
beyefendi Herr, mein Herr; Hochwohlgeboren, Majestät 5
biftek Steak 7
bile (+ Verneinung) nicht mal 8
bilet Fahrkarte, Eintrittskarte 6
bilgi Information, Wissen 9
bilgisayar Computer 9
bilmek, -*ir* wissen 2, 4
bin tausend 3
binmek, -*e* einsteigen 6
bir ein, eine 2
bir (Zahl) eins 2
bir buçuk anderthalb, eineinhalb 5
Bir dakika. Einen Moment. 5, 7
bir kez daha noch einmal 3
bir şey etwas 5
Bir şey değil. Nichts zu danken. / Keine Ursache. 4
bira Bier 4, 7
bırakmak, -*i* lassen 5
biraz ein bisschen, etwas 2
biraz önce vorhin 8
birer je ein 8
birinci erste/r/s 7, 9
birkaç einige, ein paar 4, 6
bisiklet Fahrrad 6
bisiklete binmek Fahrrad fahren 6
bitmek enden, aufhören 5
biz wir 1
bizde bei uns 3
bize (Dativ) uns 4
bizi (Akkusativ) uns 5
bizim unser 6
bizimle mit uns 6
bluz Bluse 10
boğaz Hals, Rachen 8
boğaz ağrısı Halsschmerzen 8
bol weit 10
bol bol reichlich 8
bomboş ganz leer 9
boş leer, frei 7
boy Länge, Größe 10
böyle so 4
bozmak (Geld) wechseln; kaputt machen 9
bozuk para Kleingeld, Wechselgeld 9
bozulmak kaputt gehen 9

Anhang
Alphabetischer Wortschatz

börek gefüllter Blätterteig 5
bronşit Bronchitis 8
broşür Broschüre 6
bu diese/r/s, der/die/das hier 2
bu akşam heute Abend, diesen Abend 4, 5
bu gece heute Nacht 5
bu sabah heute Morgen, heute früh 5
bu yakınlarda hier in der Nähe 6
bu yüzden deshalb 8
buçuk halb 5
büfe Imbissstube 6
bugün heute 2, 5
bulanmak Übelkeit empfinden, jmdm. ist übel 8
bulaşık Geschirr 5
bulaşık yıkamak Geschirr spülen 5
bulgur Bulgur 7
bulmak, -ur, -i finden 7
buluşmak (ile) sich treffen (mit) 5, 10
bulut Wolke 5, 10
bulutlu wolkig 5, 10
bunlar diese (hier), die hier 2, 7
bunu diese/n/s, den/die/das hier 5
bununla damit 6
bura hier, dieser Ort/diese Stelle hier 3, 8
burada hier, an diesem Ort 3
buradan von hier 4
buralarda hier in der Gegend 6
burası hier, der/dieser Ort hier, dieser Platz 2, 8
buraya hierher 4, 7
burayı hier, den Ort hier, die Stelle hier 5, 7
burnu akmak seine/ihre Nase läuft 8
büro Büro 3
burun, *burnu* Nase 8
büyük groß 5
buyur bitte; ja, bitte; bitte schön (du) 2
buyurun bitte; ja, bitte; bitte schön (Sie) 2
buz Eis, Eiswürfel 7
buzdolabı Kühlschrank 9

C

cacık Joghurt mit Gurken und Knoblauch 7
cami Moschee 6
canım Liebling 8
ceket Jacke, Jackett 10
cep telefonu, cep Handy 3, 5
cevap, *cevabı* Antwort 5
cuma Freitag 6
cumartesi Samstag 6
cüzdan Portemonnaie 7

Ç

çabuk schnell 9
çağırmak, -i rufen 10
çalışma odası Arbeitszimmer 9
çalışmak arbeiten 3
çalmak (Telefon) klingeln, (Musikinstrument) spielen 5
çamaşır Wäsche 5
çarşamba Mittwoch 6
çay Tee 2
çay kleiner Fluss, Bach 7
Çek Tscheche/Tschechin 3
çeyrek Viertel 5
çiçek Blume 8
çiçekçi Blumenladen 6
çift doppelt, Paar 7, 9
çift yataklı mit Doppelbett 7
çıkarmak, -i ausziehen 8
çıkmak, -den hin-, herausgehen 5, 6
çikolatalı mit Schokolade 5
çoban salatası Hirtensalat, gemischter Salat 7
çocuk, *çocuğu* Kind 2, 4
çok sehr, viel 2
Çok yaşa/yın! Gesundheit! (du/Sie) 8
çorba Suppe 7
çöp Müll 4
çöpçü Müllmann 4
çünkü denn, weil 4, 8

D

dağ Berg 6
daha noch, Komparativpartikel 6, 9
daha sonra danach, später 5
dahil, -e inklusive, mit 7
dakika Minute 5
damla Tropfen 8
damlatmak tropfen 8
danışma bürosu Informationsbüro 9
danışmak, -e, -i sich informieren (bei jmdm. über etw.) 9
dans etmek tanzen 6
dar schmal, eng 9

Anhang
Alphabetischer Wortschatz

dayı Onkel (mütterlicherseits) 2
de, da auch, und (dazu) 1, 2
defa Mal 8
değil nicht, kein 1
değil mi? nicht wahr? 2
dekar (Flächenmaß) zehn Ar, 1000 m² 4
demek sagen, meinen 8
demet Bund 9
demin vorhin, eben 8
deniz Meer 7
derece Grad 10
ders Lektion, Unterricht, Vorlesung 1, 5
ders çalışmak (für die Schule, Prüfung, Vorlesung) lernen 9
devlet Staat 6
devlet meteoroloji işleri staatliches Amt für Meteorologie 10
dil Sprache; Zunge 10
dilemek, -e -i jmdm. etw. wünschen 10
dinlemek, -i zuhören, (Radio usw.) hören 5
dinlenmek sich erholen, sich ausruhen 6, 10
dinleyici Zuhörer/-in 10
diş Zahn 4, 8
dışarı, dışarıya hinaus, heraus 6
dışarıda, dışarda draußen 6
dışarıya çıkmak, -den hin-, herausgehen 6
dişçi Zahnarzt/-ärztin 4
diskotek, *diskoteği* Diskothek 4
diz Knie 8
doğru richtig, es stimmt; geradeaus 4, 6
doğru, -e gegen 7
doğu Osten, östlich 6
doksan neunzig 2
doktor Doktor 2, 4
dokuz neun 2
dolmuş Sammeltaxi 1, 6
domates Tomate 7
dondurma Speiseeis 5
doymak satt werden 10
döner Döner 4, 7
dönerci Dönerverkäufer/-in, Dönerladen 4
dönmek zurückkommen, -kehren 6
dönüş Rückweg 9
dördüncü vierte/r/s 7
dört, *dördü* vier 2, 5
dul verwitwet 4
durak Haltestelle 6

durmak, -ur stehen(bleiben) 5, 6
duş Dusche 5, 7
duş almak/yapmak duschen 5
dün gestern 8
düşünmek denken 10

E

eczane Apotheke 6
efendim mein Herr, meine Dame 7
Efendim? Wie bitte? / Ja, bitte! 1, 5
ekim Oktober 10
ekmek Brot 7, 9
el yazması Manuskript 9
Eline sağlık! Gesundheit für deine Hände! 10
elli fünfzig 2
elma suyu Apfelsaft 9
en Superlativpartikel 9
en iyisi am besten 5, 9
enformasyon Information 6
enstitü Institut 6
enteresan interessant 1
erkek kardeş jüngerer Bruder 2
erken früh 5
eski alt, nicht neu 6
eş Ehefrau, -mann 2
etek Rock 10
etmek tun, machen 4
ev Haus, Wohnung 2
ev kadını Hausfrau 4
ev yapımı hausgemacht 7
evde zu Hause 3
evet ja 2
evli verheiratet 4
eylül September 10

F

fark etmek, -i etw. merken 9
fava Pferdebohnenpüree 7
fena değil nicht schlecht 2
feribot (Schnell-)Fähre 6
fırın Bäckerei 9
fırtına Sturm, Gewitter 10
fıstık (hier:) Pistazie 5
fıstıklı mit Pistazien 5, 7
fikir, *fikri* Idee 6
film Film 5

Anhang
Alphabetischer Wortschatz

film izlemek sich einen Film anschauen 5
firma Firma 4
fiyat Preis 6
fiyatı ne kadar? -*(nin)* wie viel kostet? 9
fotoğraf Foto 6
fotoğraf çekmek fotografieren 6, 8
fotoğrafçı Fotograf/-in 4
Fransız Franzose/Französin 3
futbol Fußball 4
futbol oynamak Fußball spielen 8

G

gar Hauptbahnhof 10
garson Kellner/-in 1
gazete Zeitung 4
gazeteci Journalist, Zeitungskiosk 4, 6
gazetecilik Journalismus 4
geç spät 5
gece Nacht 1
geçe, -*i* (Uhrzeit) nach, vorbeigehend 5
geceleri nachts 5
geceleyin in der Nacht 5
geçen letzte/r/s, vorige/r/s 8
geçirmek, -*i* jmdn. verabschieden 10
geçmek vorbeigehen, passieren, vergehen 5, 6
Geçmiş olsun. Gute Besserung. 2
gelecek nächste/r/s, kommende/r/s 6
gelmek, -*ir* kommen 2, 7
genç jung 2
genellikle meistens 5
geniş breit 9
geri (Uhr) nachgehen 5
geri, geriye zurück, nach hinten 6
geride hinten 6
getirmek, -*i* bringen, holen 2, 7
gezmek, -*i* besichtigen 2, 6
giriş Eingang 5
girmek, -*e* eintreten, hineingehen 6
gitar Gitarre 5
gitmek, -*e* gehen, (hin)fahren 4, 6
giyecek, *giyeceği* (Be-)Kleidung 10
giyinmek sich anziehen 5
giymek anziehen, tragen 8, 10
giysi (Be-)Kleidung 10
gizli versteckt 7
göğüs, *göğsü* Brust 8

gök gürültülü gewittrig 10
gölge Schatten 8
gömlek Hemd 10
göndermek abschicken 9
göre, -*e* nach, je nach 7
görmek, -*ür* sehen 3, 5, 7
görünmek aussehen 2
görüşmek sich treffen und unterhalten; sich sehen 8, 10
görüşmek (ile) sprechen (mit) 7
Görüşmek üzere. Auf Wiedersehen. 9
göstermek, -*e* -*i* jmdm. etw. zeigen 10
götürmek (hin)bringen 7
göz Auge 7
gözlük Brille 4
gözlükçü Optiker/-in, Optiker 4
gram Gramm 9
grip, *gribi* Grippe 8
Güle güle. Auf Wiedersehen. 2
gülmek, (-*e*) lachen 7
gün Tag 1
Günaydın. Guten Morgen. 1
gündüz tagsüber, am Tage 10
güneş Sonne 7, 10
güneşe çıkmak in die Sonne gehen 8
güneşlenmek sich sonnen 7
güneşli sonnig 10
güney Süden, südlich 6
güney doğu Südosten 6
gürültülü laut 9
güzel schön 2

H

haa ah 1
haber vermek, -*e* Bescheid sagen, benachrichtigen 8
hadi Kurzform von *haydi* 4
hafif leicht 8
hafta Woche 4
hafta sonları an Wochenenden 5
hafta sonu das Wochenende, am Wochenende 4, 5
hafta sonunda am Wochenende 4, 5
hakkında über (jmdn. oder etw.) 10
haklı olmak recht haben 5
haklısın du hast recht 5
hala Tante (väterlicherseits) 2

Anhang
Alphabetischer Wortschatz

hâlâ noch, immer noch 4, 10
halsiz schwach, kraftlos, schlapp 8
hamam türkisches Dampfbad 6
hangi? welche/r/s? 3, 10
hanım Frau 1
hanımefendi Dame, meine Dame 5, 7
hap Tablette, Pille 8
hapşu hatschi 8
harem Harem 2
harf harf söylemek buchstabieren 1
hariç exklusive, ohne 7
harika wunderbar 7
hasta krank, der/die Kranke 2, 8
hastane Krankenhaus 4
hava (hier) Wetter, Luft 10
hava durumu Wetterbericht, -lage 10
havalimanı Flughafen 6, 10
Hay Allah! Oh Gott! 7
hay hay sehr gern 7
haydari pikante Joghurt-Käse-Creme 7
Haydi! Los! / Komm! 4
hayır nein 1
Hayırlı işler. Frohes Schaffen. 9
Hayrola? Nanu, was ist denn los/passiert? / Sag bloß! 2, 8
hazır fertig, bereit 10
haziran Juni 10
hediye Geschenk 10
hem ... hem (de) ... sowohl ... als auch ... 9
hemen gleich, sofort 9
hemen hemen fast 10
hemşire Krankenschwester 4
henüz erst 4
henüz (mit Verneinung) noch nicht, noch kein/e 6
hepsi alle, alles 5, 9
Hepsi bu kadar. Das ist alles. / Das wär's. 9
her jede/r/s 5
her şey alles 10
her zamanki gibi wie immer 10
herhalde wahrscheinlich 7
hesap, *hesabı* Rechnung 7
hızlı schnell 9
hiç (+ Verneinung) gar, überhaupt (nicht) 9
hissetmek (kendini) fühlen (sich) 8
hmm hmm 5
hobi Hobby 9
Hoş bulduk. Antwort auf hoş *geldin/geldiniz* 7

Hoş geldin/geldiniz. Willkommen. (du/Sie) 7
hoşa gitmek gefallen 10
Hoşça kal. Mach's gut. 2, 3
Hoşça kalın. Machen Sie's gut. 2
hoşlanmak, -den gefallen; Gefallen finden (an); gernhaben, mögen 9

I

ıhlamur Lindenblüte 9
ıspanak Spinat 5
ızgara Grill, Gegrilltes 7

İ

iç Innenseite 6
içeri, içeriye hinein, herein 6
içeride, içerde drinnen 6
için für 9
içki alkoholisches Getränk 7
içmek trinken 2, 6
idi war, ist gewesen 8
iki zwei 2
ikinci zweite/r/s 7, 9
ilaç Medikament 8
ile mit; und 6
ileri, ileriye nach vorne 6
ileride weiter vorne, vorne 6
ilginç interessant 3, 9
ilk erste/r/s 6
ilkbahar Frühling 10
İlyada Ilias 6
imzalamak unterschreiben 7
incir Feige 7
İngiliz Engländer/-in 3
İngilizce Englisch 6
inmek, -den aussteigen, hinuntergehen 3, 6
inşallah hoffentlich 10
internete girmek ins Internet gehen 10
ipek seiden, Seide 10
ishal, *ishali* Durchfall 8
iskele Anlegestelle 6
İspanyol Spanier/-in 3
istasyon Station, Bahnhof 6
istemek möchten, wollen 2, 5, 6
istirahat Bettruhe 8
İsveçli Schwede/Schwedin 3
İsviçreli Schweizer/-in 3

Anhang
Alphabetischer Wortschatz

iş Arbeit 4, 6
iş yeri Arbeitsplatz, -stelle 6
işkembe Kutteln 7
işte (bei Hinweisen) da, hier, das 3
İtalyan Italiener/-in 3
iyi gut 1
iyi gelmek gut tun 8
İyi yolculuklar! Gute Reise! 6, 10
iyice ganz gut 2
iyileşmek gesund werden, sich erholen 8
izin, *izni* Erlaubnis, (hier) Urlaub 9

J

Japon Japaner/-in 3

K

kabin (Umkleide)kabine 10
kaç kişilik? für wie viele Personen? 7
kaç yaşında? wie alt? / in welchem Alter? 4
kaç? wie viel? 4, 6
... kaç lira? Wie viel Lira kostet/kosten ...? 9
... kaça? Wie viel kostet/kosten ...? 9
kaçıncı? wie vielte? 7
kadar, *-e* bis 6
kafeterya Cafeteria 5
kahvaltı Frühstück 5, 7
kahvaltı etmek frühstücken 5
kahve Kaffee, Café 2
kahverengi braun, kaffeefarben 10
kala, *-e* (Uhrzeit) vor, bleibend 5
kalem Stift 9
kalkmak aufstehen; abfliegen, abfahren 5, 10
kalmak, *-ır, -de* bleiben 5, 7
kalorifer Heizung 9
kano Kanu 7
kanyon Schlucht 7
kapalı (Wetter) bedeckt, (Tür usw.) geschlossen 10
kapatmak schließen, zumachen, ausmachen 5, 8
kapı Tür 5
kar Schnee 4, 10
kâr Profit, Gewinn 4
kar yağmak schneien 10
karanlık dunkel 9
karides Garnele 7
karın, *karnı* Bauch 8
karışık gemischt 7

karpuz Wassermelone 9
karşı gegenüber 6
karşı, *-e* gegen 8
karşıda da drüben 6
karşıya geçmek überqueren 6
kart Karte 4
kasa Kasse 10
kasım November 10
kat Etage, Stockwerk; Etagenwohnung 7, 9
katılmak teilnehmen, mitmachen 6
kavanoz Glasbehälter 9
kavşak Kreuzung 6
kavun Honigmelone 7
kayak yapmak Ski fahren/laufen 6
kaynamak (hier) entspringen 7
kazak Pullover 8
kazı Ausgrabung 7
kebap, *kebabı* gegrilltes/gebratenes Fleisch 7
keçi Ziege 7
kekik Oregano, wilder Thymian 7
kendi eigen; (sich) selbst 7, 8
Kendine iyi bak! Pass gut auf dich auf! / Lass es dir gut gehen! 10
kent Stadt 7
kesim Schnitt 10
kesin fest, sicher 6
kez Mal 8
kıpırdatmak, *-i* leicht bewegen, rühren 8
kıpkırmızı knallrot, leuchtend rot 8, 9
kırk vierzig 2
kırmızı rot, Rot 7, 10
kısa kurz 10
kış Winter 10
kışın im Winter 10
kışlık für den Winter 10
kıymalı mit Gehacktem 5
kız Tochter; Mädchen 2
kız kardeş jüngere Schwester 2
kızarmak röten 8
ki doch, denn, wohl 8
kilo Kilogramm 9
kilo almak zunehmen 9
kim? wer? 2
kimde? bei wem? 3
kimden? von wem? 4
kime? (zu) wem? 4
kimi? wen? 5

Anhang
Alphabetischer Wortschatz

kimin wessen? 6
kimin için? für wen? 9
kiminle? mit wem? 6
kimlik Ausweis 7
kimse jemand, (mit Verneinung) niemand 5
kira Miete 9
kişi Person 7
kişi başına pro Kopf/Person 7
kişisel persönlich 4
kitap, *kitabı* Buch 4, 5
kitapçı Buchhandlung 6
klasik müzik klassische Musik 6
klima Klimaanlage 10
kocakarı ilacı Altweiberheilmittel 8
kol Arm; Flussarm 7, 8
kolay leicht 4
kollu -ärm(e)lig 10
konser Konzert 4
kontrol, *kontrolü* Kontrolle 10
konukevi Gasthaus 6
konuşma Gespräch, Rede, Dialog 1, 9
konuşmak (ile) sprechen (mit) 5, 6
koyu (Farbe) dunkel 10
köfte Frikadelle, Boulette 7
köşe Ecke 6
köşeli eckig 2
köşk Villa 2
kötü schlecht, schlimm 2, 8
köy Dorf 7
kredi kartı Kreditkarte 7
kuaför Friseur/-in 4
kullanışlı praktisch, bequem eingerichtet 9
kullanmak gebrauchen, verwenden 8
kumsal Sandstrand 8
kurs Kurs 4
kursa gitmek einen Kurs besuchen 5
kuruş ein Hundertstel der Lira 5
kusur Versäumnis, Verschulden, Fehler 5
Kusura bakma/bakmayın! Entschuldige! / Entschuldigen Sie! 5
kuzey Norden, nördlich 6
küçük klein 6
kütüphane Bibliothek 6

L

lakerda eingelegter Fisch (Bonito) 7
lazım nötig, notwendig 6, 9
lezzet Geschmack 5
lezzetli lecker, schmackhaft 5, 7
lezzetsiz fade 5
liman Hafen 6
limonata Limonade 2
limon Zitrone 5, 8
lira Lira (Währungseinheit der Türkei) 5
lise Gymnasium 3
liste Liste 9
litre Liter 9
lokanta Restaurant 4
lütfen bitte 2, 7

M

maalesef leider 4, 9
maç Match, Spiel 4
mantı mit Hackfleisch gefüllte Teigtäschchen 10
manzara Blick, Aussicht 7
market Supermarkt 9
mart März 10
masa Tisch 7, 9
masraflı teuer, kostspielig 9
mavi blau 10
maydanoz Petersilie 9
mayıs Mai 10
mektup, *mektubu* Brief 5, 9
memnun, -den zufrieden (mit) 4
Memnuniyetle. Gerne. / Mit Vergnügen. 2, 7
Memnun oldum. Sehr erfreut. 1
menü Speisekarte 7
Merak etme! Keine Sorge! 7
merak etmek sich Sorgen machen 7
mercimek Linse (Gemüse) 7
mercimek çorbası Linsensuppe 7
merhaba hallo, grüße dich/Sie 1
merhem Salbe 8
merkez Zentrum 6
meslek, *mesleği* Beruf 4
metrekare Quadratmeter 9
metro U-Bahn 6
metro istasyonu U-Bahnhof 6
mevsim Jahreszeit 7
meyhane Wirtshaus, Kneipe 7

Anhang
Alphabetischer Wortschatz

meyve Obst 9
meze Vorspeise 7
mi, mı, mu, mü Fragepartikel 3
mide Magen 8
mide bulantısı Übelkeit 8
milyon Million 3
minibüs Minibus 6
misafir Gast 9
model Modell 10
modern modern 9
motel Motel 6
motosiklet Motorrad 6, 9
muayene etmek untersuchen 8
muayene olmak untersucht werden, sich untersuchen lassen 9
muayenehane Arztpraxis 8
muhafaza etmek, -i bewahren 5
muhakkak bestimmt, sicher, unbedingt 7, 8
muhallebici Konditorei (→ Landeskunde) 5
müdür Direktor 1
müze Museum 6
müzik Musik 5
naneli mit Minze 5

N

nar Granatapfel 7
nasıl? wie? 1
nasıl na? 10
nasıl bir …? was für ein/e …? 10
ne güzel! wie schön! 3
ne? was? 1
ne için? wofür?, für was? 9
ne kadar? wie viel?, wie weit?, wie lange? 5, 6, 7
… ne kadar? Wie viel kostet/kosten …? 9
Ne kadar olsun? Wie viel darf's sein? 9
Ne tesadüf! Was für ein Zufall! 3
ne yazık ki leider 5
ne zaman? wann? 6, 7
ne zamandan beri? seit wann? 8
neden? warum, wieso? 5, 8
nefis hervorragend, köstlich 7
neler? Plural von *ne?* 9
nemli feucht 10
nere? welcher Ort?, welche Stelle? 3
nerede? wo?, an welchem Ort? 3
nereden? woher? 4
nereli? woher stammend? 3
neresi? welcher Ort? 6
neresinde? wo?, an welchem Ort von …? 6
nereye? wohin? 4
neyi? was? 5
Neyiniz var? Was haben Sie denn? 8
neyle?, ne ile? womit? 6
nezle Schnupfen, verschnupft 8
niçin? warum?, weshalb? 4
nisan April 10
niyet Absicht, Vorhaben 7
niyetinde (olmak) beabsichtigen, vorhaben, wollen 7
Norveçli Norweger/-in 3
numara Nummer 7

O

o er, sie, es 1
o jene/r/s, der/die/das dort 2
o zaman dann, in diesem Fall, unter diesen Umständen 4
ocak Januar 10
oda Zimmer 6
oğul, *oğlu* Sohn 2
okul Schule 4
okuma Lesung 6
okumak lesen 4
olarak als 4
oldukça ziemlich 6
olmak, -ur sein, werden 7
olmaz das geht nicht 4
Olsun! Macht nichts! 10
olur O.K., in Ordnung, das geht 4, 5
olur mu? in Ordnung?, geht das? 5
omuz Schulter 8
on zehn 2
ona ihm, ihr 4
onda bei ihm/ihr 3
onlar (3. Person Plural) sie, die dort 1, 2
onlara ihnen; denen 4
onlarda bei ihnen 3
onları (3. Person Plural) sie; die dort 5
onların (3. Person Plural) ihr 6
onlarla mit ihnen; mit denen dort 6
onu ihn, sie, es; den/die/das dort 5
onun sein, ihr 6

Anhang
Alphabetischer Wortschatz

onunla mit ihm/ihr, damit; mit dem dort 6, 7
ora dort, der Ort/die Stelle dort 3, 7, 8
orada dort, an dem Ort dort 3
oradan von dort 4, 7
orası der Ort dort, da 7
oraya dorthin 4
orayı den Ort dort 5
orta Mitte, mittel- 6, 7
orta şekerli mittelsüß 5, 7
... ortasında mitten in ... 10
otel Hotel 6
otobüs Bus 2
otobüs terminali Busbahnhof 10
otomobil Auto 9
oturmak sich setzen, sitzen; wohnen 2, 3
otuz dreißig 2
oynamak (Fußball usw.) spielen 4

Ö

öbür gün übermorgen 8
ödemek, -i (be)zahlen 7
ödev Aufgabe, Hausaufgabe 8
öğle Mittag 4
öğleden önce (am) Vormittag 5
öğleden sonra (am) Nachmittag 5
öğlen, öğleyin am Mittag 5
öğlende am Mittag 4
öğlene doğru gegen Mittag 7
öğrenmek lernen 5
öğretmen Lehrer/-in 3
öksürmek husten 8
öksürük Husten 8
öksürük şurubu Hustensaft 8
ön Vorderseite 6
önce vorher; erst, zuerst 6, 7
önce, -den (zeitlich) vor 5
önünde davor 6
örmek stricken 8
öyle so 5
özlemek, -i jmdn. vermissen 10

P

pahalı teuer 6, 9
paket Packung, Schachtel, Paket 9
pansiyon Pension 4, 6
pansiyoncu Pensionsinhaber/-in 4

pantolon Hose 10
para Geld 7
parmak, *parmağı* Finger 8
pasaj Passage 6
pasaport Passport 10
pastırma Knoblauchschinken 9
patates Kartoffel 7, 9
patates tava Pommes frites 7
patatesli mit Kartoffeln 5
patlamak (hier) platzen 10
patlıcan Aubergine 7, 9
patlıcan salatası Auberginenpüree 7
pazar Sonntag; (Wochen-)Markt 6, 9
pazartesi Montag 6
peki na gut, und 2, 3, 5
perşembe Donnerstag 6
Perulu Peruaner/-in 3
peynir Käse 7, 9
peynirli mit Käse 5
pilav gekochter Reis 7
pis schmutzig, dreckig 8
pişirmek, -i etw. kochen 5
plaj Badestrand 6
Polonyalı Pole/Polin 3
porsiyon Portion 5
portakal Orange 7, 9
portakal rengi orangefarben 10
posta Post 4
posta kartı Postkarte 4
postacı Briefträger/-in 4
postane Postamt 4
profesör Professor/-in 4, 8
profiterol Süßspeise mit Schokolade 5
prova etmek anprobieren 10
radyo Radio 1

R

rahat bequem 9
rakı Anisschnaps, Raki 7
rastlamak, -e jmdm. begegnen 9
reçel Marmelade 7
reçete Rezept 8
reklam Werbung 10
reklamcı Werbegrafiker/-in 4
renk Farbe 9
renkli farbig 10

Anhang
Alphabetischer Wortschatz

restoran Restaurant 6
rica ederim bitte sehr/schön, keine Ursache 6, 7
rica etmek bitten 6, 7
roman Roman 5
Rus Russe/Russin 3
rüzgâr Wind 10
rüzgârlı windig 10

S

saat kaç? wie viel Uhr ist es? 5
saat kaçta? um wie viel Uhr? 5
saat, *saati* Stunde, Uhr 4, 5
sabah Morgen 5
sabahları morgens 5
sabahleyin am Morgen 5
sabun Seife 9
sade kahve schwarzer Kaffee 7
sağ (hier) rechte/r/s 6
Sağ ol/olun. Danke (dir/euch, Ihnen). 1
sağa nach rechts 6
sağanak yağış Wolkenbruch 10
sağlık Gesundheit 10
sahi (hier) apropos 10
sakın (+ Verneinung) ja/bloß nicht 9
saklı versteckt 7
salam Salami 9
salata Salat 7
salı Dienstag 6
salon Wohnzimmer 9
sana dir 1, 4
sandalye Stuhl 9
sanmak, -ır glauben, meinen 5, 7
sapmak, -e abbiegen 6
sarı gelb 10
sauna Sauna 6
sebze Gemüse 9
sekiz acht 2
sekreter Sekretär/-in 4
sekreterlik Sekretariat 4, 6
seksen achtzig 2
selam söylemek, -e jmdm. Grüße bestellen 4, 9
Selam. Grüße dich/Sie. 1
sen du 1
sende bei dir 3
seni dich 5
senin dein 1

seninle mit dir 6
sergi Ausstellung 6
serin kühl 5, 10
sessiz leise, ruhig 9
sevmek lieben, mögen 7
şey Sache, Ding 6
seyahat Reise 6
sıcak warm, heiß 5
sıcaklık Temperatur 10
sıfır Null 2
sıkıcı langweilig 4, 9
sıra Reihe 3
sırt Rücken 8
sigara böreği Blätterteigröllchen mit Käse 7
sigara içmek rauchen 5, 8
sinema Kino 1
sipariş Bestellung 2
siyah schwarz, Schwarz 9, 10
siz Sie, ihr 1
sizde bei euch/Ihnen 3
size Ihnen, euch 4
sizi euch, Sie 5
sizin Ihr, euer 1
sizinle mit euch/Ihnen 6
soğuk kalt 5
sokak, *sokağı* Straße, Gasse 6,7
sol linke/r/s 6
son Ende, letzte/r/s 4, 6
sonbahar Herbst 10
sonra dann, danach 5
sonra (mit einer Zeitangabe) in, nach 5
sonra, -den (zeitlich) nach 5
sörf yapmak surfen 6
sormak, -e fragen, jmdm. eine Frage stellen 4, 6
soru Frage 4
sorun Problem 9
Sorun değil. Kein Problem. 9
soyadı Nachname, Familienname 1
söylemek sagen 1, 4
söz Wort 7
sözlü mündlich 1
sözlük Wörterbuch 7, 9
spor Sport; (Kleidung) sportlich 5, 10
su Wasser 2
sulamak (Blumen) gießen 8
süpürmek staubsaugen, fegen 8
süre Dauer, Weile, Zeit 8

Anhang
Alphabetischer Wortschatz

sürekli (an)dauernd, immer 8
sürmek dauern 10
sürmek, -e auftragen 8
süt Milch 5, 7
sütlü mit Milch 5

Ş

şaka Scherz, Spaß, Witz 4, 5
şal Schal 10
şarap Wein 7
sarhoş betrunken 8
şef Chef 4
şehir Stadt 6
şehir merkezi Stadtzentrum 6
şeker Zucker 5
şekersiz ohne Zucker 5
Şerefe! Prost! 7
şikayet Beschwerde 8
şimdi jetzt, nun, derzeit 1, 4
Şimdi sıra sizde. Nun sind Sie an der Reihe. 3
şişe Flasche 2, 7, 9
şoför Fahrer/-in 1, 4
şöyle böyle es geht so, so lala 2
şu diese/r/s, der/die/das da 2
şubat Februar 10
şunlar die da 2
şunu den/die/das da 5
şununla mit dem da 6
şura da, der Ort/die Stelle da 3, 8
şurada da, an dem Ort da 3
şuradan von da 4
şuraya dahin 4
şurayı den Ort da 5

T

tabak Teller 7
tabii natürlich, selbstverständlich, klar 5
tablet Tablette 8
takmak (hier) umlegen 10
taksi Taxi 1, 6
tam ganz 7
tam pansiyon Vollpension 7
tamam alles klar, einverstanden, O.K. 5
tamir etmek reparieren 8
tane Stück 7, 9
tanımak, -i kennen 5

tanıştırmak jmdn. vorstellen 1
tansiyon Blutdruck 8
taraf Seite 6
taşınmak umziehen 9
taşınmak, -den ausziehen (aus) 9
taşınmak, -e (ein)ziehen (in, nach) 9
tatil Ferien, Urlaub 6
tatile çıkmak in Urlaub fahren 9, 10
tatlı Dessert, Nachspeise; süß 5, 7
tatmak kosten, schmecken 10
tava (Brat-)Pfanne 7
tavla Backgammon 5
tavuk Henne, Hähnchen 4
tavuk göğsü eine Milchspeise 5
taze frisch 5, 7
taze soğan Lauchzwiebel, Frühlingszwiebel 9
tek Einzel-, einzelne/r/s 7
tek kişilik für eine Person 7
tekrar wieder 5
telefon Telefon 5
telefon etmek, -e jmdn. anrufen 4
telefon kulübesi Telefonzelle 6
telefon numarası Telefonnummer 3
televizyon izlemek fernsehen 5
temizlemek, -i sauber machen, reinigen 8
temizlik yapmak putzen, sauber machen 5
temmuz Juli 10
teneffüs Pause 7
tenis Tennis 5
tenis sahası Tennisplatz 6
teras Terrasse 7
tereyağı Butter 7, 9
tesadüf Zufall 3
Teşekkür ederim. Danke schön/sehr. 1, 3
teşekkür etmek sich bedanken 1
teşekkürler vielen Dank 7
teyze Tante (mütterlicherseits) 2
tezgâhtar Verkäufer/-in 4
tırmanmak, -e klettern 6
tişört T-Shirt 8
tiyatro Theater 5
top Ball, Fußball 7
Topkapı Sarayı Topkapı-Palast 2
toplantı Sitzung 9
tost Toast 5
tramvay Straßenbahn 4
tramvay durağı Straßenbahnhaltestelle 6

Anhang
Alphabetischer Wortschatz

tren Zug, Bahn 6
tur Tour, Rundfahrt 6
tutmak halten; mieten 7, 8
tuvalet Toilette 6
tuz Salz 7
tuzluk Salzstreuer 7
tür Art, Sorte 5
Türk Türke/Türkin 3
Türkçe Türkisch 6
Türkçe kursu Türkischkurs 6

U

ucuz billig 6, 10
uçak Flugzeug 6, 9
uçak bileti Flugticket 6
uçuş Flug 10
uğramak, -e vorbeigehen, vorbeischauen 9, 10
unutmak, -i vergessen 8, 9
Uludağ Berg in der Türkei 6
uyanmak aufwachen, wach werden 7
uykucu Schlafmütze 5
uymak, -e passen (zu) 10
uyumak (ein)schlafen 5, 9
uzak, -e weit, entfernt (zu) 6
uzun lang 8, 10

Ü

üç drei 2
üçüncü dritte/r/s 7
üniversite Universität 4, 5
üst Oberseite 6
üstelik sogar 10
Üstü kalsın! Stimmt so! 7
üşütmek sich erkälten 8
ütü Bügeleisen 2
üzer- auf, über 6
üzgün traurig 2

V

vapur Schiff 6
var es gibt; haben, vorhanden sein 4, 5
var, -e (Uhrzeit) vor 5
varmak, -ır ankommen, erreichen 7
vermek, -ir geben 5, 7
veya oder 4

vişne Sauerkirsche 7, 9
vişne suyu Sauerkirschsaft 7
voleybol Volleyball 5, 8

Y

ya und 1, 2
ya ja, doch 10
yağış Schauer 10
yağmur Regen 10
yağmur yağmak regnen 10
yağmurlu regnerisch 10
yakın, -e nah (zu) 6
yakınlarda in der Nähe 6
yakışmak, -e jmdm. gut stehen 10
yaklaşık ungefähr, zirka 10
yan Seite 6
yanık (hier) Sonnenbrand, Verbrennung 8
yanımda bei mir 7
yani also, das heißt 4, 10
yanlış falsch 4
yanmak brennen 8
yapmak machen, tun 3
yapmak, -lik einen Beruf ausüben 4
yaprak sarma gefüllte Weinblätter 10
Yarasın! Zum Wohl! 7
yardım Hilfe 9
yardım etmek helfen 7
yardımcı olmak, -e jmdm. behilflich sein 10
yarım halb 5
yarım (Uhrzeit) halb eins 5
yarın morgen 5
yarın sabah morgen früh 5
yaş (hier:) Alter 4
yasak verboten 8
yaşamak leben 8
yaşında im Alter von 4
yatak Bett 7
yatmak sich (zum Schlafen) hinlegen, liegen 5
yavaş langsam 9
yavaş yavaş sachte 7, 9
yayan zu Fuß 6
yayla çorbası Joghurtsuppe 7
yaz Sommer 6, 10
yazılı schriftlich 1
yazın im Sommer 10
yazlık (ev) Sommerhaus, -wohnung 8, 9

Anhang
Alphabetischer Wortschatz

yazmak, -i schreiben; verschreiben; aufschreiben 5, 8, 9
yedi sieben 2
yel değirmeni Windmühle 6
yelken turu Segeltörn 8
yelken yapmak segeln 8
yemek Essen; etw. essen 4, 7
yemek listesi Speisekarte 7
yemek yapmak kochen 7
yemek yemek essen, speisen 4
yer Platz, Ort; Stelle 5, 8
yeşil grün, Grün 7
yetmiş siebzig 2
yıkamak waschen 5
yıl Jahr 6
yılbaşı Neujahr 6
yine wieder 1
yirmi zwanzig 2
yoğurt Joghurt 4, 8
yoğurtçu Joghurtverkäufer/-in 4
yok nicht da 2
yok nicht haben, nicht vorhanden 4
yok es gibt nicht/kein; nein 5
yol Weg 4
yolcu Reisende/-r 4
yolculuk Reise 9
yolda (olmak) unterwegs (sein) 5
yorgun müde 2
yormak (kendini) (sich) (über)anstrengen 8
yorucu anstrengend, ermüdend 4
yukarı, yukarıya nach oben 6
yukarıda, yukarda oben 6
yukarıya çıkmak nach oben gehen 6
yumurta Ei 7, 9
yunus Delfin 3
yüksek erhöht, hoch 8
yürümek gehen, laufen 6, 7
yürüyerek zu Fuß 6
yürüyüş yapmak wandern, spazierengehen 6
yüz (hier:) hundert 2
yüzme havuzu Schwimmbad, -becken 6
yüzmek schwimmen 3

Z

zaman Zeit 7
zeytin Olive 6
ziyaret etmek, -i besuchen 6
zor schwierig, schwer 4, 10
zararlı (olmak) schaden, schädlich (sein) 9

Anhang
Quellenverzeichnis

Seite 9: © Rabouan/hemis.fr/laif
Seite 10: © iStockphoto/AskinTulayOver
Seite 11: © fotolia/peterz
Seite 13: © fotolia/jokerpro
Seite 15: © C. Breitfeld
Seite 16: © fotolia
Seite 19: © fotolia/MaFiFo
Seite 21: © PantherMedia/JCB Prod
Seite 23: © G. Meier
Seite 25: © D. Tezel
Seite 26: © D. Tezel
Seite 28: © D. Tezel
Seite 29: © G. Meier
Seite 31: © G. Meier
Seite 32: © iStockphoto/mujdatuzel
Seite 33: © D. Tezel
Seite 35: © A. Tuğutlu
Seite 37: © G. Meier
Seite 39: © G. Meier
Seite 43: © G. Meier
Seite 44: © G. Meier
Seite 45: © A. Tuğutlu
Seite 46: © G. Meier
Seite 47: © fotolia/Miguel Cruz
Seite 49: links © fotolia/Alexey Averyanov, rechts © fotolia/NJ
Seite 50: © D. Tezel
Seite 54: © fotolia/Eray
Seite 55: © G. Meier
Seite 59: © PantherMedia/kantilal patel
Seite 60: © fotolia/Syphoto
Seite 62: © G. Meier
Seite 63: © iStockphoto/gaiamoments
Seite 64: © iStockphoto/3bugsmom
Seite 66: © fotolia/Gina Sanders
Seite 69: © fotolia/MuwiStar
Seite 70: © A. Tuğutlu
Seite 76: © iStockphoto/Eric Vega
Seite 79: © digitalstock/w. zikas
Seite 80: © iStockphoto/MichaelDeLeon
Seite 84: © D. Tezel
Seite 86: © D. Tezel
Seite 87: © G. Meier
Seite 88: © iStockphoto/vm
Seite 90: © iStockphoto/design-ist

Seite 94: © G. Meier
Seite 97: © D. Tezel
Seite 98: © G. Meier
Seite 101: © D. Tezel
Seite 102: unten © iStockphoto/Copit, oben © G. Meier
Seite 103: © iStockphoto/Copit
Seite 106: © D. Tezel
Seite 112: © iStockphoto/Sufi70
Seite 115: © D. Tezel
Seite 117: © fotolia/Valery Shanin
Seite 119: © iStockphoto/Cassianus12
Seite 120: © D. Tezel
Seite 122: oben © Pitopia/Peter Kaiser, unten © D. Tezel
Seite 124: © iStockphoto/burakpekakcan
Seite 126: © D. Tezel
Seite 129: © G. Meier
Seite 135: © D. Tezel
Seite 136: © D. Tezel
Seite 139: © G. Meier
Seite 141: © iStockphoto/DanDriedger
Seite 143: © fotolia/jokerpro
Seite 144: oben © fotolia/schneiderpics, unten © fotolia/Syp
Seite 145: © fotolia/heinzotto
Seite 147: © D. Tezel
Seite 151: © fotolia/William McKelvie
Seite 157: © G. Meier
Seite 158: © D. Tezel
Seite 161: © G. Meier
Seite 162: © D. Tezel
Seite 164: © G. Meier
Seite 165: © A. Tuğutlu
Seite 171: © G. Meier
Seite 177: © fotolia/Franz Pfluegl
Seite 178: © G. Meier
Seite 181: © D. Tezel
Seite 183: © D. Tezel
Seite 186: © iStockphoto/photocritical
Seite 188: © G. Meier
Seite 191: © D. Tezel
Seite 192: © iStockphoto/WillSelarep

Wortschatz einfach praktisch Türkisch
104 Seiten
ISBN 978–3–19–209614–3

Wortschatz:
einfach – praktisch – individuell!

Sie lernen Türkisch und suchen einen kompakten Wortschatz mit den wichtigsten Wörtern und Wendungen? Hier ist er: Der *Wortschatz einfach praktisch Türkisch* vermittelt Ihnen in 12 Kapiteln die wichtigsten 1.000 Vokabeln und verdeutlicht anhand von rund 400 Beispielsätzen die Anwendung und typische Zusammenhänge. Dazu gibt es viel Wissenswertes zu Sprachgebrauch, Landeskunde und Aussprache.

- 12 Kapitel mit den wichtigsten 1.000 Vokabeln
- Rund 400 einfache, aktuelle Beispielsätze und Redewendungen
- Zweispaltige Darstellung der Vokabeln (Türkisch–Deutsch), gegliedert in 50 Themenbereiche
- Klare Struktur mit vielen Info-Boxen, Cartoons und kurzen Tests zu jedem Thema
- Die Wörter können Sie im Internet anhören unter www.hueber.de/audioservice
- Die perfekte Ergänzung zum *Sprachkurs Türkisch*

Auch für Arabisch, Dänisch, Niederländisch, Polnisch und Russisch erhältlich.

www.hueber.de/tuerkisch-lernen

Kurzgrammatik
Türkisch
184 Seiten
ISBN 978–3–19–009559–9

Türkische Grammatik zum Nachschlagen und Üben!

Die *Kurzgrammatik Türkisch* ermöglicht Ihnen, sich solide und anwendungsbezogene Grammatikkenntnisse der türkischen Sprache anzueignen. Die übersichtliche und lernerfreundliche Nachschlagegrammatik eignet sich besonders zum Selbstlernen, ist aber auch als Ergänzung zum Unterricht einsetzbar.

- ▶ Leichte Einführung in die grammatischen Themen
- ▶ 13 Hauptkapitel – jeweils mit Tests zur Überprüfung und Festigung des Lernfortschritts
- ▶ Zahlreiche Beispielsätze mit deutscher Übersetzung
- ▶ Übersichtliche tabellarische Darstellung und leicht verständliche Formulierung der Regeln

Auch für Arabisch, Dänisch, Portugiesisch, Russisch und Schwedisch erhältlich.

Freude an Sprachen

Ideal für unterwegs: mit abwaschbarem, flexiblen Umschlag!

Mit Türkisch unterwegs
260 Seiten
MP3-Download (über 2 Stunden Abspielzeit)
ISBN 978–3–19–009718–0

Ihr Top-Reisebegleiter!

Der Urlaub ist die schönste Zeit des Jahres! Noch schöner wird er, wenn Sie sich in Ihrem Reiseland verständigen können. Der Sprachführer *Mit Türkisch unterwegs* setzt keine Vorkenntnisse voraus, führt Sie kurz in die vereinfachte Lautschrift und Grammatik ein und konzentriert sich dann auf das Wesentliche: Die Behandlung aller wichtigen Sprechsituationen, **plus** Urlaubswörterbuch zum Nachschlagen, **plus** Bildtafeln zum Zeigen vor Ort.

- ▶ Ideal für die Urlaubsvorbereitung und die Bewältigung der wichtigsten Reisesituationen (Übernachtung, Essen und Trinken, Notfälle, u.v.m.)
- ▶ Viele praktische Tipps und landeskundliche Informationen
- ▶ Kurze Einführung in die vereinfachte Lautschrift
- ▶ Mit integrierter Kurzgrammatik
- ▶ Unter www.hueber.de/audioservice: kostenfreier MP3-Download mit über 1.000 Tracks zum Anhören und Nachsprechen

Auch für Englisch, Französisch, Griechisch, Italienisch, Polnisch, Russisch und Spanisch erhältlich.

www.hueber.de/tuerkisch-lernen